中國學術思想 研究輯刊

十二編

林 慶 彰 主編

第 3 冊

方以智易學形上思想研究（上）

沈 信 甫 著

花木蘭文化出版社

國家圖書館出版品預行編目資料

方以智易學形上思想研究(上)／沈信甫 著 — 初版 — 新北市：
花木蘭文化出版社，2011〔民100〕
序 6+ 目 6+234 面；19×26 公分
（中國學術思想研究輯刊 十二編；第 3 冊）
ISBN：978-986-254-645-1（精裝）
1.（清）方以智　2.學術思想　3.易學
030.8　　　　　　　　　　　　　　　　　　　100015762

ISBN-978-986-254-645-1

9 789862 546451

中國學術思想研究輯刊
十二編　第 三 冊　　　　　　ISBN：978-986-254-645-1

方以智易學形上思想研究（上）

作　　　者　沈信甫
主　　　編　林慶彰
總 編 輯　杜潔祥
出　　　版　花木蘭文化出版社
發 行 所　花木蘭文化出版社
發 行 人　高小娟
聯絡地址　新北市永和區中正路五九五號七樓
　　　　　　電話：02-2923-1455／傳眞：02-2923-1452
網　　　址　http://www.huamulan.tw 信箱 sut81518@gmail.com
印　　　刷　普羅文化出版廣告事業
封面設計　劉開工作室
初　　　版　2011 年 9 月
定　　　價　十二編 55 冊（精裝）新台幣 90,000 元　　　版權所有‧請勿翻印

方以智易學形上思想研究（上）

沈信甫　著

作者簡介

　　沈信甫，私立輔仁大學生活應用科學系、輔系中文畢業（1997~2001），輔大中文所碩士畢業（2002~2006），國立臺灣師範大學國文研究所博士候選人（2011~）。曾任新北市黎明技術學院兼任講師（2010~2011）、現為桃園縣私立光啟高中日校代課老師（2010~）。

　　單篇論文著作：

1. 《輔大中研所學刊》第二十五期，〈郝大通《太古集》的道教象數易圖詮釋——以形上宇宙化生為中心的探討〉，2011 年 4 月，頁 173-194。
2. 《第四屆海峽兩岸青年易學論文發表會大會論文集》，〈《周易》〈咸〉卦感應思維探析〉，2003 年 11 月，頁 43-62。

提　　要

　　本書題為方以智易學形上思想研究，以方孔炤父子代表著作《周易時論合編》為探討的中心，希冀從原典的詮釋角度一窺方以智易學思想，並且發掘有待深入探究的相關詮釋議題。其內容主要分成五個部分：

（一）、緒論：旨在說明本書的研究緣由與目標、前人研究成果回顧、問題提出、研究方法與架構，以及研究範圍與意義等。

（二）、第二章：旨在探討方以智生平、著述、家學與師承，以及其思想規模與學術分期等。

（三）、第三章：旨在探討方以智易學的「三極說」——以無極、太極、有極三者為中心所展開的論述；其次，在理學思想上，闡述其易學「三理說」，分別從至理、物理、宰理等三個面向作一通釋；接著，論及「三極說」與「三理說」的涵蘊關係，以「費隱」釋義作為兩者間的聯繫，展開一綜合論述，並且說明在此涵蘊關係下的認知活動及其方式。

（四）、第四章：旨在探討方以智易學的宇宙生成根源及其意涵，以「大一」的概念作為宇宙生成根源，而此一概念與太極具有相同的意涵；其次，就宇宙生成過程及其內涵言，揭示出「太極－兩儀－四象」的宇宙間架，以及陰陽、乾坤、變等範疇的內涵；再者，論述方以智易學的宇宙結構論，可以細分為「哲學」與「科學」的兩重面向，最後作一綜合論述。

（五）、結論：第五章，旨在歸結本書的研究成果，作一扼要的彙整與說明，並且提出吾人將來可進一步研究的發展方向。

獻給在天之靈的祖父母，
感謝你們的撫育之恩。

目

次

方以智畫像

翻印自蔣國保，《方以智哲學思想研究》（合肥：安徽人民出版社），1987

「信密通幾方以智，甫弘質測圓而神」
——序賀沈生信甫仁棣碩士論文修訂出版

賴貴三

國立臺灣師範大學國文學系教授

　　沈生信甫仁棣畢業於私立輔仁大學生活應用科學系（中國文學輔系）及中國文學系碩士班。第一次與他相識是在 2006 年 6 月 12 日，受聘為論文口試校外委員，於輔大文學院會議室所舉行的論文答辯，其學位論文題目為《方以智易學形上思想研究——以《周易時論合編》為中心》，指導教授為著名的《易》學思想研究學者趙中偉教授。趙教授與筆者結交學緣近二十年，強將手下無弱兵，但見信甫學棣溫柔敦厚，論文嚴整篤實，回應問題不疾不徐，態度謙謹恭誠，允為後起俊秀，值得獎掖嘉許。故特別於論文口試之後，鼓勵他繼續深造，圓成研究高深學問的道德蘄嚮與生命志業。

　　俟後，信甫仁棣果然自我期許，並不負筆者當時深切肯定，報考國立臺灣師範大學國文學系博士班，並以「方以智道德思想研究」為研究計畫，賡續延申碩論成果，更進層樓。經由自我的戮力耕耘與預設高遠的學志，終於獲得青睞，如願以償考取臺灣師大博士班，可謂功無唐捐，有志竟成。博士班一年級時，信甫學棣選修本人所開設「周易研討」課程，積極問道，勤撰論文，教學相長，師生關係非常融洽和諧。期間，筆者籌備國際漢學研究所設立，俟兼創所所長時，於國際學術交流極為重視，並主動鼓勵學生爭取出國移地研究補助的機會。此時剛好教育部提出「學海揚珠」、「學海遺珠」等出國遊學補助專案計畫，信甫仁棣知悉此佳音，即躍躍欲試。遂在筆者贊許、推薦與保證之下，獲得新臺幣 48 萬元的一年期赴美遊學補助經費。信甫學棣

利用此一難得良機，補習深化英文能力，如願申請到美國俄亥俄州私立「芬利大學」（The University of Findlay），此校校訓「ScientiaLibertas et Religio」（Knowledge, Liberty, and Religion），與輔仁大學校訓「真善美聖」（Sauctitas, Bonitas, Pulchritude,Veritas）實有異曲同工之妙。客學一年，信甫仁棣人生視野大開，學術鑑識大進，可謂不虛此行，滿載而歸。

遊學歸國後，信甫仁棣又持續與筆者保持密切的學術共修、德業互動，學殖日進，學養日豐，深造學成指日可待。又在花木蘭文化出版社誠懇邀約之下，願意出資補助出版碩士論文。筆者遂鼓勵信甫仁棣藉此機會，認真修訂文稿，而今幾經增刪內容，終於定稿付梓。將行出版之際，特弁數言於力作之前，學以時而進，正如《荀子‧勸學》所言「真積力久則入」，信甫學棣當有更深一層的體會。

今年（2011）又適逢方以智（1611-1671）誕辰四百週年紀念，據悉大陸學者邢益海先生已經編輯完成《冬煉三時傳舊火——港臺學人論方以智》一書，匯集自 1972 年張永堂教授首篇研究論文起始，以迄目今如饒宗頤、勞思光、王煜、謝明陽、廖肇亨、楊儒賓、邱敏捷……等各專家學者的鴻文讜論，將由北京：華夏出版社發行問世；又將有《方以智全書》出版之役，以及紀念學術會議之展開，文會仁輔，盛況可期。此外，國立臺灣大學中國文學系蔡振豐教授，也正在執行國家科學委員會「方以智論著點校專題研究計畫」。目前信甫仁棣亦於每週三上午固定時程，主動義務參與校對《周易時論合編》與《藥地炮莊》諸書，成果豐碩深可期待。因此，信甫學棣碩論將正式出版之際，適逢其時，緣得其會，又增添了一層紀念意義，可謂學林嘉話。尤其，信甫仁棣即將於 2011 年 11 月間，與張碧蓉小姐締結鴛盟，誠如傳統囍聯云：「《易》曰乾坤定矣，《詩》云鐘鼓樂之。」此書固可為信甫仁棣人生大事之獻禮，藉此序先期祝福：「執子之手，與子偕老。」而信甫純孝，無忝所生，不忘先祖父母顧復提攜親恩，特別於扉頁題辭：「謹以此書獻給在天之靈的祖父母，感謝你們的撫育之恩。」孝弟仁本，即此可證。

又筆者嘗與信甫學棣於電子郵件中，討論到四書教育的政策問題時，筆者有言曰：「……經典教育仍須落實在生活與生命之中，所謂文化菁華或糟粕，最好不要淪為主觀的論斷，回歸教育常態，以放下與減法的方式，肆應當前文教環境；而從政者、教育者、學術者能以身教代替言教，以身作則，我想四書的思想不須要再去背負所謂奴化思想的罵名，當有一天我們徹然發

覺文化失根、思想沉淪的時候，再起死回生，革故鼎新、返本開新吧！教育與教材只是一種啓蒙開識，去取分判價值優劣，端賴學習者的才學識德，能有機緣從傳統經典中擷精取華，這種文化養分才能培育出『獨立的思想』與『自由的精神』，誠如胡適之先生之所期待。在傳統文化花果飄零的現當代，風簷展書讀，古道照顏色，典型在夙昔，神交古人，以意逆志，其樂云何！」因此，衡觀方以智一生，傳統士大夫與現代知識份子的特質，可謂彰明較著，當筆者詠讀其〈獨往〉詩云：「同伴都分手，麻鞋獨入林。一年三變姓，十字九椎心。聽慣干戈信，愁因風雨深。死生容易事，所痛爲知音。」即不免有時代與生命的共鳴同感，方以智可謂至性至情之人，而信甫仁棣此書所論，即在《易》學形上思想上，表彰了其學、其志與其德。

　　方以智秉承家學淵源，據《清史稿》本傳記載：「以智生有異秉，年十五群經子史略能背誦。博涉多通，自天文、輿地、禮樂、律數、聲音、文字、書畫、醫藥、技勇之屬，皆能考其源流，析其旨趣。」可謂經史子集四部各學術領域，皆卓然有成；而方以智提倡「通幾」與「質測」之學，傳世諸論著中，《通雅》與《物理小識》爲百科全書式的專著，被譽爲「十七世紀罕無倫比的百科全書」。學術與道德生命融匯合一，成就斐然，名聞遐邇，實非虛傳。方氏其名「以智」，原出《周易・繫辭傳》：「蓍之德圓而神，卦之德方以智。」其父方孔炤（1590-1655）爲他取名時，曾說：「蓍圓而神，卦方以智，藏密同患，變易不易。」而其字「密之」，亦源於《周易・繫辭傳》接續前文：「……聖人以此洗心，退藏於密。吉凶與民同患。神以知來，知以藏往，其孰能與此哉！」因此，方氏名「以智」、字「密之」，名、字相輔相成，箇中的《易》學文化意義確實十分深邃，值得翫味再三。

　　方氏累代傳《易》，至方以智而集其大成，纂爲《周易時論合編》一書，《周易》以「時」爲重，以「中」爲主，昔魏代王弼（226-249）《周易略例》有「卦以存時」、「爻以示變」、「象以明體」、「象以盡意」四大體系之宏論，宋朝程頤（1033-1107）《伊川易傳・序》有「至微者，理也；至著者，象也。體用一源，顯微無間」之警語，信甫仁棣此書上下綜論方氏《周易時論合編》的《易》學形上思想，凡分五章，於緒論暢敘研究的緣起目標、文獻回顧、問題提出、方法架構與範圍意義等諸面向；於第二章知人論世，綜理其生平論述、家學師承、思想規模、學術分期，俱有驗證；第三章鋪陳方氏「三極說」——無極、太極、有極，開展通釋其「三理說」——至理、物理、宰理，

而以《中庸》第十二章「君子之道，費而隱」之「費隱」釋義作爲兩者間的關鍵，探賾索隱，鉤深致遠，誠屬有得有見；第四章以「太一」概念作爲宇宙生成的根源，探討方以智《易》學中對於宇宙生成根源及其意涵的看法，並與《周易‧繫辭傳》「太極→兩儀→四象→八卦」的宇宙間架，以及陰陽、乾坤、變易等範疇的內涵，以「哲學」與「科學」兩重面向，綜合論述方以智《易》學中的宇宙結構論，深入肯綮，起例發微，卓然有成；第五章結論，歸結總體研究成果，扼要彙整與說明，提出未來進一步發展的方向，細密圓融，讀書有自得之樂，研學有入德之門，後生可畏，爲人師者能得英才而教學相長，衷心愜意，歡喜之至。

本序以「信甫」仁棣名字爲鳳頂格嵌聯，節取方以智字「密之」之「密」，別號「弘智」之「弘」，以及其名字淵源所自之《周易‧繫辭傳》，結合其學術進路的「質測」與「通幾」兩大旨趣，命爲斯篇，聊以爲記，並期師生相勉旃焉。

賴貴三謹識於中華民國 100 年（2011）9 月 4 日週日雲澹風輕近午天
韓國首爾外國語大學天藏山下 GlobeeDorm601 室客座講學旅次

自 序

盛夏的心，微笑著！此刻的我，驪歌清唱，展翅翱翔。

德國哲學家黑格爾（Georg Wilheom Friedrich Hegel，1770～1831）曾說過：「一個有文化的民族，竟然沒有形而上學——就像一座廟，其他各方面都裝飾得富麗堂皇，卻沒有至聖的神那樣。」這不僅道出黑格爾對於形上學的驚訝與讚美，同樣地，這一席話也正代表著我所以撰寫本論文的緣故。

本論文的完成與修訂出版，端賴於家人、師長們和女友及諸多學友的支持與鼓勵。首先，由衷地感謝趙師中偉的指導與關懷，在當年論文寫作過程中，對學生信甫適時地予以引領，點化裁成，傾囊相授，讓學生獲益匪淺。這些點點滴滴，今日回憶起來，趙老師對我的影響不僅是知識傳授，更重要地是在他身上，我看見了為一位知識份子該有的責任感與使命感。同時，我也要特別感謝口試委員王金凌老師、賴貴三老師對論文提出的寶貴意見與指正，使得此論文能夠在修改後趨於完善。至於，老師們對學生信甫的肯定與期許，這些話將內化為學生日後研究的動力。

回憶起 2006 年辛苦奮鬥的寫作期間，承蒙中研院近史所張壽安老師、如實佛學研究室許洋主老師，國防大學謝仁真老師、南投人乘寺大福法師等人的幫助與精神上的啟發。尤其在許老師的鞭策下，使得學生亦步亦趨、咬緊牙關地完成。再者，感謝輔大的學長姊，如高瑞惠、吳德育等人都曾適時地予以協助。另外，感謝在如實佛學研究室上課的台大陳平坤、林建德、洪嘉琳與華梵釋大參等學長姊，以及政大黃偉銘、師大黃美珠等人的幫助，而在東吳進修推廣部修習日文期間，則有黃文儀學姊一同相伴。在輔大求學期間，有同學黃勁傑、楊淨雯、許正蕾等人的相互砥礪，更有熱心的學弟吳浩宇商

借書籍。同時，在情緒低潮時，有學妹羅喬憶、林秋碩、柳至芳等人加油打氣與陪伴，以及友人何佳駿、潘柏年的鼓勵，在此一併致謝。2008 年考上師大博士班之後，我懇請賴貴三老師指導博士論文。老師便告知我可以向花木蘭出版社接洽出版事宜，才有此一機會。求學期間，有王開府、林素英、賴貴三、陳廖安、謝聰輝與台大夏長樸等老師們的教導，另有學長陳義堯、同學呂慧鈴、廖雅慧的鼓勵，以及得到台大蔡振豐老師與李忠達學弟的協助，取得寶貴的方以智參考資料，謹此致謝。

同時，感謝父母親、姊妹和女友張碧蓉以無比的包容與諒解，讓我能夠專心地撰寫與修訂論文，才會有今日所呈現的成果。最後，謹在此將論文獻給辭世不久的祖父母，感謝他們在我幼年時莘莘養育，讓我的生命充滿著堅強與勇敢的「意志力」。猶記得許洋主老師在上課時曾說，立志走在學術之路上的人，就要有 "alone, lonely, but powerful." 的心理準備。此時，這句話一直縈繞於心底。而我也深信著 "This is not the End , because it is the Beginning."

本論文為學習之作，尚有許多淺陋罅隙之處，盼博雅君子與前輩，能夠不吝予以指正。

沈信甫　　2006 年 6 月 21 日　謹識於輔仁大學利瑪竇自修室

2011 年 3 月 27 日　復識於泰山自宅

第一章　緒　論

第一節　研究緣由與目標

　　本文旨在研究方以智易學形上思想，以方孔炤父子合著的《周易時論合編》為探討的中心，希冀從客觀如實的角度一窺方以智思想，並且發掘出有待深入探究相關的詮釋議題。

一、研究緣由

　　明末清初（1602～1701，相當於十七世紀）的方以智（1611～1671），在中國思想史、中國佛教史及中國科技史上，有著劃時代的特殊意義與隱晦未彰的地位。方以智的家學傳統，向來以易學著稱，從曾祖父方學漸為始，下逮其次子方中通為止，治《易》共歷經五代之久。方以智治《易》，主要受到其父方孔炤、老師王宣及黃道周三人的影響，其易學思想主要以圖書象數之學為中心開展出來。其中，本文著重在探究方以智易學形上思想的部分，期盼對原典的爬梳與詮釋的過程中，擷取方以智易學思想的精華，以重現其原貌與風采。

　　在《周易時論合編圖象幾表》一書中，方以智編錄有二百六十多幅圖式，匯集了自漢唐、宋明以來圖書象數之學的精華。一方面繼承邵雍、朱熹等人圖書象數之學的思想，另一方面也反映出方氏家學的易學觀。是故方以智易學思想，實有研究之價值與必要。綜觀今日學者的研究領域，琳瑯滿目，擁有一定的研究群，足謂有著豐碩可期的研究成果。

　　在此前提之下，何故本文會想投入此一研究領域呢？主要理由在於方以

智易學形上思想仍有可開拓的空間與探討的面向。

（一）《周易時論合編》的思想內涵有待闡明：回顧方以智易學思想的研究成果時，吾人以爲，假使能夠適當地運用中國經典詮釋的特質，從「我注六經」的客觀把握延伸至「六經注我」的主觀詮釋，將《周易》的經傳文、歷代注疏、方以智的觀點等三者統攝爲一。在解釋者與被解釋者（《周易》文本）中，打開一條通往視域融合的大門，並且透過圖象思維的詮釋方式，消解文字詮解的窒礙，彰顯出圖書象數之學的具象化之特質。

（二）《周易時論合編》的思想體系有待建立：回顧方以智易學思想的研究成果時，吾人認爲，有些詮釋者的觀點未能透顯方以智思想的原義，論述過於簡化。加上方以智逃禪後的遣詞用句過於晦澀艱深，因而原典部分尚未獲得確切的詮釋與闡明，以致某種程度上，忽略一些重要的語句，未能深入把握住方以智按語中的微言大義，失之可惜，陳之未詳。針對這些問題，本文認爲仍有待著墨的必要，是以有一整體的體系，才能夠見其思想之堂奧。

（三）前人研究成果中未有觸及之處：回顧方以智易學思想的研究成果時，吾人以爲，方以智易學思想中，有一些地帶，詮釋者尚未觸及與闡述，由於前修未密，後出轉精之故，有待進一步地爬梳與揭示。

基於以上三點，乃是本文主要的研究緣由。吾人心懷如履薄冰的態度，在檢視與援引前人的研究成果後，在本文之中，希冀對於方以智易學形上思想，能夠得到進一步的闡釋與發揮，以揭示其形上思想的整體面貌。

二、研究目標

本文研究目標，主要可分爲兩個層面而言：

針對方以智易學形上思想，本文分爲本體論與宇宙論兩個層面來論述，此一分法乃援引西方形上學的定義，目的在用以檢視中國傳統哲學中與之相應的「雖無形式上的系統，卻有實質上的系統」〔註1〕的内涵，以期盼藉由本文的探討能夠顯現出中國傳統哲學一向只有「隱態的形上學」〔註2〕之底蘊。

〔註 1〕 馮友蘭曾謂：「中國哲學家的哲學，雖無形式上的系統，⋯⋯但實質上的系統，則固有也。⋯⋯即是要在形式上無系統之哲學中，找其實質的系統。」見氏著，《中國哲學史》全二冊（臺北：臺灣商務印書館，1947 年 10 月增訂八版），冊一，「第一篇子學時代」，頁 1：13〜14。
〔註 2〕 沈清松說：「中國傳統哲學一向只有隱態的形上學，而無顯態的形上學；有深

（一）本體論方面

1、本體論（ontology）一詞直到 17 世紀才出現，第一個爲本體論下定義的是德國哲學家沃爾夫（Christian Wolff，1679～1754）。〔註3〕近年來，大陸學者俞宣孟主張本體論是一門關於「是」的學問，其適當的譯名應爲「是論」。俞氏認爲，所謂本體論就是運用以「是」爲核心的範疇，邏輯地構造出來的哲學原理系統。它有三個基本的特徵：

(1) 從實質上講，本體論是與經驗世界相分離或先于經驗而獨立存在的原理系統，這種哲學當然應歸入客觀唯心主義之列；

(2) 從方法論上講，本體論採用的是邏輯的方法，主要是形式邏輯的方法，到了黑格爾發展爲辨證邏輯的方法；

(3) 從形式上講，本體論是關于「是」的哲學，「是」是經過哲學家改造以後而成爲的一個具有最高、最普遍的邏輯規定性的概念，它包容其餘種種作爲「所是」的邏輯規定性。〔註4〕

依據此段文意，吾人可以歸納出本體論的幾點特徵分別爲：它是先驗而獨存的原理系統，它採用形式邏輯的方法，以及它具有最高、最普遍的邏輯規定性的概念等。換言之，本體論即是超驗的學問，不僅超越於經驗現象界，而且它還是一種具有普遍性的哲學概念。

2、在中國傳統哲學中，一般而言，所謂本體論是指關於「道」的論述，亦即「道論」。對此，趙師中偉先生指出：

在我國哲學中，「道」不僅作爲萬物化生之本體，是第一因；又是宇宙化生之源，化生一切萬有。即是「道」具有本體論及宇宙論的雙重內涵。〔註5〕

刻的形上思想，而無嚴整的形上體系。」見氏著，《物理之後——形上學的發展》（臺北：牛頓出版社，1987 年 1 月），第十二章，頁 387。換言之，中國傳統哲學自有一套形上學，只不過在發展的形態上，迥異於西方的形上學，如沒有使用本體、實體等哲學術語，但是在關懷宇宙、人生的根源問題上，則是相一致的。

〔註3〕　見俞宣孟，《本體論研究》（上海：上海人民出版社，1999 年 5 月），「第一章」，頁 3～19 引。

〔註4〕　同上注，第一章，「四、基本特徵」，頁 27。

〔註5〕　見氏著，《道者，萬物之宗——兩漢道家形上思維研究》（臺北：洪葉文化事業有限公司，2004 年 4 月），「第一章第一節形上學研究第一根元，爲學問之母」，頁 4。是書承蒙趙師中偉先生惠贈，謹在此致謝。

由此可知，就本體論而言，「道」作爲萬物根源的本體，與《易傳》中的「太極」同樣是萬物之所以然者，它們不是一個具體的存在物，也不落入於經驗相對性之中。換言之，它們是萬物的本原，亦即爲「存有者的存有」。是故本文在探討方以智易學形上思想時，也是依循這樣的思路來闡述，並針對主要的哲學範疇，如「太極」、「理」、「氣」、「一」等，逐一地加以討論，希冀能夠呈現出方以智易學的核心概念。

（二）宇宙論方面

1、宇宙論（Cosmology）〔註6〕的模式可分爲兩種，一是科學的宇宙論，屬於天文觀測所得到的經驗事實，在時空範疇中，將「天」視爲與地相對的物質天，針對宇宙的起源、星系的結構等進行探索；另一種是哲學的宇宙論，屬於因果邏輯所推論出來的抽象概念，在時空範疇中，將「天」視爲萬物化生的本原，是一超驗的形上天，以追求最高層次的普遍規律。由此可見，宇宙論的內涵包含以經驗現象爲主的「自然秩序」之結構和以「存有者的存有」爲主的「形上秩序」之結構兩者，是以放諸中西方所探討的宇宙論之內容，可謂兼而有之，各具特色。〔註7〕

〔註6〕 肖巍指出：「西方人的『宇宙』基本上是一個空間的概念，有兩個重要的詞來表達它：一是 cosmos，來自希臘文 kosmos（本義是秩序，與混沌 chaos 相對），意指作爲秩序體系的宇宙。cosm－前綴即表與整體宇宙（秩序）有關的事項。二是 universe（拉丁文 universo），表示萬有，包羅萬象的宇宙，uni－聯合的前綴，versare，多方面、通用的意思。普遍性（university），共相（universal）和大學（university）等概念都源於此。」見氏著，《宇宙的觀念》（北京：中國社會科學出版社，1996 年 12 月），〈導言〉，頁 1～2。

〔註7〕 吳志鴻分析說：「一般而言在研究中國的宇宙論時，依然會參照西方的範疇分類方式，來進行討論。但根本的內容上，還是有些差異。……總結中西方的宇宙論，最根本的不同是在於西方研究宇宙，將它視爲外在的客體研究；中國則並不認爲宇宙是外在的，而宇宙的根本是與心性相通的，研究宇宙亦是研究自己。因此，中國宇宙論的特色之一，便是天人關係。強調著內外之對立相互消弭，人與自然融爲一體。這部分是研究中國宇宙論，必須提到的，否則無法瞭解許多的思想的。」見氏著，《兩漢哲學中宇宙論思想之研究》（臺北：私立輔仁大學哲學系研究所博士論文，2002 年 6 月），「第一章第二節『宇宙論』所關涉的問題」，頁 21～24。另外，本文援引其表格，以玆說明中西方宇宙論的特色。如下（表一）所示：

表一：「中西方宇宙論的特色」對照表

項　目	西方宇宙論	中國宇宙論
宇宙的起源	有	有

2、在中國傳統哲學中，就《易傳》而言，以「一陰一陽之謂道」作為宇宙化生的總原則，邏輯地發展出「數」的宇宙論，形成一套有秩序的宇宙結構。因而它是一個和諧、完美和邏輯嚴密的整體，並且藏寓著自然的生生不息的力量，透顯出具有豐盈創造力與生命力的宇宙本體。

是故本文在探討方以智易學形上思想時，便根據上述兩種宇宙論模式的內涵，分為「哲學的宇宙結構論」和「科學的宇宙結構論」兩者來探討，試圖勾勒出方以智易學的宇宙論思想之輪廓及意涵。另外，本文在撰寫期間，一方面汲取方以智易學中理論學說的精華，作為吾人思維激盪的資糧，並冀求能夠為其建立一個形上思想的體系，完整地掌握住其核心思想。

第二節　前人研究成果的回顧與問題提出

一、前人研究成果的回顧

方以智的思想，在中國思想史、中國佛教史及中國科技史上，有著劃時代的特殊意義與隱晦未彰的地位。回顧方以智思想的研究成果，可以豐富多元來形容之。

若就研究發表的種類言，有專書、期刊與論文集、學位論文、外文資料等，本文按照甲、乙、丙、丁的順序來分類，設此為「母目」；以人文社會學科的研究方法言，大致上可概括為：一「文學類」、二「史學類」、三「哲學

宇宙的結構	有	有
宇宙的目的性或機械性	有	無
宇宙的規律	有	有
時間	有	有
空間	有	有
物性	有	有
因果性	有	無
研究的角度	靜態	動態
歷史演變	科學未與哲學分離時（17世紀前），宇宙論是哲學與科學相互混合的。	在西方科學未衝擊時（近代以來），宇宙論的思想是哲學與科學不分離且相互影響的。

類」、四「小學類」、五「科學類」、六「社會類及其他」等六種研究形態，設此為「子目」。各分類的判準，則是依照作者所使用的研究方法來歸類，於每個「母目」底下各立六個「子目」，依序排列。〔註8〕

所收錄的篇目，原則上以「桐城方氏家族」〔註9〕與方以智的師承淵源為主，期盼能夠為方以智思想的研究成果作一全盤式的鳥瞰與匯整，並且梳理出一條簡明的研究史脈絡。（見附錄一：方以智思想研究書目暨期刊一覽表，頁241～254）。從附錄一的內容可知，在這六種的研究形態中，「文學類」，主要偏重於詩學及其時代文藝思潮之研究；「史學類」，考察其生平事跡，知人論事；「哲學類」，多集中在幾部重要著作上，描繪出方以智會通三教與集大成的思想特色；「小學類」，留心於《通雅》中《切韻聲原》的聲韻學研究；「科學類」，反映出其早年的物理知識，以及「質測」和「通幾」之學的理論特色；「社會類及其他」，考察當時結社運動、學風轉變、著述問題等。若加以綜合歸納方以智思想研究的重心，約可列舉出如下幾個部分：

（一）考證《周易時論合編》的作者及方以智晚節等問題；

（二）探討方以智的詩學；

（三）探討方孔炤父子的易學思想，以《周易時論合編》為中心；

（四）探討《通雅》以及《切韻聲原》的聲韻訓詁學；

（五）探討《東西均》、《藥地炮莊》的思想；

（六）方以智思想通論及其哲學方法學；

（七）探討方以智的科學思想，論其「質測」與「通幾」之學；

（八）探討方以智家學與西學之間的交涉；

（九）探討桐城方氏學派；

（十）探討明末三教會通思想；

（十一）探討明清之際逃禪遺民思想。

承上所述，其中，第一項，牽涉與方以智相關的考證問題；第二項至第七項中，主要是呈現方以智在各種學術領域中，其思想整體的樣貌；第八項

〔註8〕 以本文所蒐羅的情形而言，可以發現到「哲學類」、「小學類」、「科學類」等三類的研究比率佔多數，而「文學類」、「史學類」與「社會及其他類」等三類的研究比率就明顯地減少。或許這樣的論斷有失公允之處，然而，本文的目的僅是客觀地指出近幾十年來學界對於方以智思想研究的走向與關注面的比重而已。

〔註9〕 見本論文附錄三：方以智家世表，頁252。

至第十一項中，涉及到方以智及其時代背景、政治、經濟、社會、思想等綜合性問題的探討。

二、問題提出

　　方以智思想的研究，隨著時代發展的腳步，以及研究面向推陳出新的演進下，逐步累積爲多元化的豐碩成果。因而，每一部前人的作品，皆有一定程度的參考價值。是故吾人依循著此一研究史的脈絡下，馬首是瞻，步步爲營，置身於這一研究領域的行列中，共同與方以智的思想相互激盪、觀摩，並試圖內化爲自身思維的精神資糧。

　　然而，面對著眾家林立的作品時，吾人的心緒則是喜憂參半。喜的是，每位研究者將方以智思想探討的益發全面而深刻，所開展的議題愈趨於五花八門，不勝枚舉，逐漸顯豁出方以智隱晦未彰的地位。就討論的研究成果言，則有大同小異的傾向。〔註 10〕憂的是，由於方以智遣詞用句過於晦澀艱深，以致部分原典未能得到如實的闡釋，加上其傳世的著作佚失頗多，或流於私人收藏，或館藏於大陸安徽博物館與圖書館，導致材料上取得不易，徒增研究上的困擾與侷限。〔註 11〕再者，研究者的學識涵養，或淺或深，因此在見解上不盡相同，

〔註 10〕如四十年代侯外廬，〈方以智——中國的百科全書派大哲學家〉（上、下篇）二文，是近代研究方以智哲學思想的開拓者，爲方以智思想研究奠定初步的基礎（見《歷史研究》第 6 期、第 7 期，1957 年 6 月，頁 1～21 及同年 7 月，頁 1～25）。之後，隨著研究風氣的萌芽，關於方以智思想的研究，所探討的面向愈趨廣泛。如六十年代張永堂，《方以智的生平與思想》一書，是全面闡述方以智思想的專論，涉及到其思想中「均的哲學、知識主義、物理研究、三教合一」等的討論（見臺灣大學歷史學研究所博士論文，1977 年 6 月），可謂對後來的研究者打下良好的基礎。張氏此書一出，與後來七十年代劉君燦，《方以智》（臺北：東大圖書股份有限公司，1988 年 8 月）、八十年代羅熾，《方以智評傳》（南京：南京大學出版社，1998 年 12 月）等相較，皆可見到關於方以智研究的議題之延續與開展的情況。

〔註 11〕從早期研究方以智名家的張永堂先生已指出說：「由於目前學界對方以智的研究還不太多，因此可資參考的研究成果非常有限，這在無形中增加了本研究不少困難。其次，方以智逃禪後的著述艱深難解，不易閱讀；而且都是以『烹炮燒煮』的方式撰著，與一般以注經解經方式者異，因此對其思想體系不易把握。此外，方以智的著作頗多散佚，有很多重要抄本雖已發現，卻尚未整理出版，這也是本研究遭遇到的困難之一。」（見臺灣大學歷史學研究所博士論文，1977 年 6 月，頁 2）到晚近十餘年的學者謝仁眞亦認爲：「方以智的著作受到滿清以來長期的湮滅，以至於許多資料隱而未現，而所發現的資料，除少數的刊印流傳外，如《物理小識》、《藥地炮莊》、《通雅》、《東西均》外，其餘則

使得方以智思想研究的成果，百花齊綻，各成一家之言，實屬自然平常之事。

反觀於方以智易學思想研究的作品數量，便明顯地減少許多。〔註 12〕是故吾人站在前人既有的研究基礎上，予以檢討與省察之際，發現到方以智易學思想研究，尚有兩個部分的問題，有待進一步發掘及探討。例如：

（一）文獻徵引問題：方以智的易學著作，除了典藏在大陸安徽博物館的《易餘》手抄本外，就屬方孔炤父子編錄的《周易時論合編》一書。前者因為諸多限制之故，使得吾人無法親閱，只能轉引自其他書籍中的記載；〔註 13〕後者適逢張永堂先生於 1975 年自日本內閣文庫尋獲並攜回台灣，並在 1983 年（民 72）委由文鏡文化事業公司負責出版。〔註 14〕是故，在此前提之下，本文撰寫的材料便是依據後者的原典為主，再輔以方以智其他的文獻資料，共同來闡述其易學思想的內涵。

（二）詮釋進路問題：一般而言，中國傳統哲學的特色，就是以「實質上的系統」的形式來展現其豐富的內涵與深刻的義蘊。當吾人面對著每一思想家的著作，欲探求其思想時，如本論文以方以智《周易時論合編》的形上思想為中心來展開探討，就會衍生出一些詮釋進路的問題。例如：

1、探討形上思想的意義：方以智易學思想是否重視形上思想的部分？如果有，那麼其易學思想是否自成一套體系？又各個重要的哲學範疇，如「太極」、「理」、「陰陽」等是否有自相矛盾之處？

只有抄本或刻本，或存於私人圖書館，或存於大陸的安徽博物館與圖書館，至於部分資料則被編入《方氏七代遺書本》，這些抄本或刻本取得不易，造成研究上一定的困擾。」見氏著，《方以智哲學方法學研究》（臺灣大學哲學研究所博士論文，1994 年 6 月），「第一章緒論」，頁 12。由此可知，學界對於方以智著作文獻取得的多寡，仍須借助於大陸方面豐富的典藏文獻，才能做進一步深入的研究。關於方以智以及桐城方氏學派的著作在大陸或其它國家的收藏情況，可參見本論文附錄五：桐城方氏學派著作表，頁 289～301。

〔註 12〕關於方以智易學研究的專著，代表者有蔣國保，《方以智哲學思想研究》（合肥：安徽人民出版社，1987 年 12 月）；朱伯崑，《易學哲學史》（臺北：藍燈文化事業股份有限公司，1991 年 9 月），冊三，第四編，頁 381～581；張其成，《象數易學》（北京：中國書店，2003 年 6 月），第二章，頁 134；汪學群，《清初易學》（北京：商務印書館，2004 年 11 月），第一章，頁 73 等。

〔註 13〕見本論文附錄七：《易餘》部分原文（轉引），頁 305～322。

〔註 14〕此書的發現與刊行，無疑地對研究方以智思想的學者而言，實為學術界的美事一樁。至於張氏發現的原由，見氏著，〈方孔炤〔周易時論合編〕一書的主要思想〉（《國立成功大學歷史學系歷史學報》第 12 期，1985 年 12 月），頁 179、219。

2、探討形上思想的方法：在闡述方以智易學思想時，吾人是否找到一種合適的研究方法來加以檢視？此一研究方法是什麼？其內涵又是如何？運用此一研究方法時，能否達到方以智易學思想的統一性之目的？

3、探討形上思想的內涵：方以智易學思想如果重視形上思想的話，那麼其內容與意涵分別是什麼？又藉由對其形上思想的探討，可否具體地反映出他的思想特色？

關於以上三個問題，吾人可以簡要的說明如下：

其一，相較於西方哲學而言，中國傳統哲學僅具有「實質上的系統」，原因乃是其「形式上的系統」沒有彰顯出來之故。因而，使得中國傳統哲學本身只開展出一套隱而未顯的哲學形態之系統。〔註15〕

其二，在每一學科領域中，都會強調其方法論的重要性，是以在探討方以智易學形上思想時，本文所採行的研究方法有二：一為「創造的詮釋學」研究法，另一即為「本體詮釋學」研究法，詳見本章第三節的論述。

其三，中國傳統哲學中的形上思想之內涵，一般而言，包含著本體論與宇宙論的二重性內涵。就本體論而言，以研究「存有者的存有」為主，亦即是對宇宙本質的探討；而就宇宙論而言，主要是探究宇宙發生的根源及其生成過程的內容。

質言之，本文一方面依循著所提出來的這些問題意識，試圖在前人研究成果的基礎上，亦步亦趨，希冀能夠有所承繼與創新；另一方面，藉由研究方法的深刻闡釋下，吾人可以如實地還原方以智易學思想，並且更深入地展示其思想面貌。

第三節　研究方法與進程

一、研究方法

本文的研究方法，主要參考傅偉勳（1933～1997）的「創造的詮釋學」（Creative-Hermeneutics）研究法，〔註16〕以及成中英（1935～）的「本體詮

〔註15〕同注2，「第十二章　總結與展望」，頁387。
〔註16〕見傅偉勳，《從創造的詮釋學到大乘佛學——「哲學與宗教」四集》（臺北：

釋學」（Onto-Hermeneutics）研究法。〔註17〕以下分別說明之。

（一）「創造的詮釋學」研究法

此一研究法乃是傅偉勳教授所倡言的「創造的詮釋學」研究法。是故本文將以「實謂」、「意謂」、「蘊謂」、「當謂」、「創謂」（原作「必謂」）〔註18〕等五個層次的詮釋進路來張舉出方以智易學形上思想，其方式如下：

1、在「實謂」層次上，本文將考察《周易時論合編》的編錄問題，將此「樸素的原始資料」〔註19〕作一客觀如實的呈現，讓吾人在進行原典研究（textual studies）時，做到所徵引的每條文獻都是有憑有據，如實地展開討論。

2、在「意謂」層次上，本文將針對《周易時論合編》中方以智所作按語的內容，儘量從事「客觀」的語意分析的工作，並且設法達到「如實」了解方以智按語的真正意思或涵義。在此一層次上，大致可從三種方式展開分析：其一，運用「脈絡分析」〔註20〕（contextual analysis），就方以智所作按語在不同的特定脈絡範圍下，分析出該語句的脈絡意義及蘊涵（contextual meaning

東大圖書股份有限公司，1999年5月），〈創造的詮釋學及其應用——中國哲學方法論建構試論之一〉，頁1～46。

〔註17〕今觀成中英的著作中，雖然沒有明言指出此一概念是否可以當作一種研究方法來運用，但是，仔細檢視成氏對「本體詮釋學」的基本主張時，便可以發覺此一思維模式，已儼然構成一套對「本體意義」所作的一種詮釋學的研究進路。是故，本文依循著成氏對「本體詮釋學」的看法，作為一種研究方法，用以解析方以智易學中的形上思想。關於「本體詮釋學」的內涵，可參見氏著，《本體詮釋學》第二輯（北京：北京大學出版社，2002年3月），〈序〉、〈世紀會面〉，頁1～2與頁1～14，以及成氏主編，《本體與詮釋》（北京：生活·讀書·新知三聯書店，2000年1月），〈從真理與方法到本體與詮釋〉（代前言）、〈何為本體詮釋學〉，頁1～11、15～25。

〔註18〕第五層次原作「必謂」，今更名為「創謂」一詞。見傅偉勳，〈現代儒學的詮釋學暨思維方法論建立課題——從當代德法詮釋學爭論談起〉一文，收錄於江日新主編、成中英等著，《中西哲學的會面與對話》（臺北：文津出版社，1994年12月），頁134。該文的注中有提及更改為「創謂」的緣由，其注四曰：「1991年12月下旬，我應香港法住學會會長霍韜晦教授之邀，為『安身立命』研討會主講一場，事後又另外演講三場，其中一場涉及創造的詮釋學。韜晦兄聽後建議，我把最高一層的『必謂』改為『創謂』，更能表達其中旨趣。我當時感到，他的用辭建議很有道理，故即改用『創謂』。」前揭書，頁151。因此，本文乃依循傅氏後來的定見而論。

〔註19〕傅偉勳指出：「『實謂』祇是「習常地說出了口」，雖然帶有某種意義與指謂，仍須待人予以理解及詮釋；也就是說，它仍停留在純客觀性的語辭呈現狀態，祇呈現為『樸素的原始資料』而已。」同注16，頁13。

〔註20〕同注16，頁20～21。

and implication）；其二，運用「邏輯分析」〔註21〕（logical analysis），透過對方以智相關著作中前後文的語句之對比和對照，設法儘予消除方以智所作按語中看似祇是表面上的思想，或語句表達的前後矛盾或不一致性（contradiction or inconsistency）；其三，運用「層面（或次元）分析」〔註22〕（dimensional analysis），希冀能夠看出方以智按語所呈現出來的所有思想內容的多層義涵（multidimensional meanings），並且以平面析解的方式，試圖探得方以智所作按語中的脈絡意義。因此，此一層次的工作重點在於，儘予消除方以智按語中看似表面上語句表達的不一致性，以掌握住方以智按語中原本的意向。

3、在「蘊謂」層次上，本文將試圖尋繹出《周易時論合編》中的形上思想的理路線索，並且對方以智所作按語與古今中外詮釋者的看法作一前後思維聯繫的探索工作，希冀透過梳理與統計的工夫，歸納出方以智按語中重要哲學範疇的出處與比重，亦即探討方以智按語中種種範疇間的可能義蘊、思想史的發展脈絡，以及其語言表達在思想史上積澱的歷史深度。〔註23〕

4、在「當謂」層次上，本文將通過在《周易時論合編》表面結構下進而發掘出其中的深層結構，據此判定方以智按語的義理根基與整體架構的內涵，以重新安排其思想的脈絡意義、層次義蘊等輕重之次序。〔註24〕

5、在「創謂」層次上，本文試圖在方以智按語的義理根基上，發掘其思維歷程中所完成的自我轉化（self-transformation）的地方，從而由歷史上批判的繼承者（a critical inheritor）角色轉變成一位創造的發展者（a creative developer）。〔註25〕這部分的探索工作，是吾人側重的核心。

本文在傅偉勳「創造的詮釋學」研究法的啓發下，試圖呈現出一辯證開放的學問性格，並且適時地發掘出方以智在受到中國傳統思想的影響下，如何融合出具有延續（continuation）、繼承（inheritance）、重建（reconstruction）、轉化（transformatin）與前近代性（pre-modernity）的思想特色。〔註26〕

（二）「本體詮釋學」研究法

此一研究法乃是由旅美華裔學者成中英所倡導的「本體詮釋學」研究法。

〔註21〕同注 16，頁 23。
〔註22〕同注 16，頁 26。
〔註23〕同注 16，頁 33。
〔註24〕同注 16，頁 34。
〔註25〕同注 16，頁 39～40。
〔註26〕同注 16，頁 45～46。

是故本文將以「本體詮釋學」的詮釋角度作為論述的重心，運用於探討《周易時論合編》中的方以智按語所呈現的形上思想之內涵。

在《周易時論合編》中，方以智大部分的按語內容，主要是圍繞在「三極說」與「三理說」兩者關係上展開一連串的討論。是故本文針對方以智按語中重要的哲學範疇如太極、理、氣、陰陽等進行探討，以揭示其中所蘊含的「本體詮釋」的意義。析言之，「『本體』是中國哲學中的中心概念，兼含了『本』的思想與『體』的思想。本是根源，是歷史性，是時間性，是內在性；體是整體，是體系，是空間性，是外在性。『本體』因之是包含一切事物及其發生的宇宙系統，更體現在事物發生轉化的整體過程之中。因而『道』之一詞是本體的動的寫照，而『太極』一詞則為本體的根源涵義。就其質料言本體是氣，就其秩序言本體則是理。」〔註27〕

由此可知，就作為萬物的根源而言，指的是求其「本」，亦即寓含形上學的宇宙生成論及本體論兩個層次；再者，就思想家的思想體系而言，指的是明其「體」，也就是建構一套完整的體系與系統，來說明思想家的形上思維的面貌與發展。要言之，在每一個思想家所建構的本體論體系中，「本體」既是具有本源性、惟一性、普遍性等的概念，同時，在宇宙萬物中所呈現的也即是一種「動態的、發展的概念。從事物的本源到事物成為一個存在，一個體系，是一個實在。」〔註28〕

總而言之，本文將依照著傅偉勳的「創造的詮釋學」研究法，以及成中英的「本體詮釋學」研究法所揭櫫的內涵，二者並重，相輔相成，來進行撰寫的工作，並且將這些方法融貫於吾人的行文之中，希冀透過如是的「內化」過程，開顯出方以智易學形上思想，以達致豐富具體的成果。

二、研究架構

本文的研究架構，以《周易時論合編》為中心，依照上述二種研究方法的特長，用以闡述方以智易學思想在明清之際的易學史上有何種發展的面貌。這一方式不同於以政治或經濟上等外緣觀點來解釋，而是從各個易學家思想上的繼承與創新，來檢視易學傳統的發展變化和演進的軌跡。

〔註27〕 此段話是學者成中英對「本體詮釋學」研究法所做的主要定義。同注17，《本體與詮釋》，〈從真理與方法到本體與詮釋〉（代前言），頁5。
〔註28〕 同注17，《本體詮釋學》第二輯，〈世紀會面〉，頁8。

　　是故，在本文中試圖分別由「微觀」與「宏觀」的二種角度，以詮釋方以智易學形上思想及其時代學風的轉變。所謂「微觀」，指回歸原典，「依文釋義」，「以義顯旨」，如實地還原方以智易學思想，並分別探討方以智易學的義理、象數及圖書三種向度之內涵。所謂「宏觀」，指將方以智易學思想置於易學史，以及整個中國思想史的脈絡來省察，亦即是將明末清初的時代思潮、學風轉變作為方以智易學思想的橫向面。而以歷代易學史的發展演變，和今日易學名家的研究成果，作為方以智易學思想的縱貫面。希冀從方以智易學思想的「點」，延伸到明清之際學術思想的「線」，而再拓展至歷代易學史演變軌跡的「面」，最後則張舉出穿梭古今易學、橫跨中西哲學的「體」，如此由「點」、「線」、「面」到「體」的豁顯，意謂著方以智易學形上思想的體系之建立。

　　以下，簡述本文的章節架構，以便張舉出研究進程的輪廓：

　　（一）總論：第二章，旨在探討方以智的生平、著作、家學傳統與早年師承，以及其思想規模與學術分期等。

　　（二）方以智易學的本體論思想：第三章，旨在探討方以智易學中以「三極說」——有極、無極、太極三者為中心所展開的論述；其次，就理學思想上，闡述其易學的「三理說」，分別從物理、宰理、至理等三個面向作一通釋；接著，論及「三極說」與「三理說」的涵蘊關係，以「費隱」的釋義作為兩者間的關鍵，展開一綜合的論述，並且說明在此一涵蘊關係下的認知活動及其方式。

　　（三）方以智易學的宇宙論思想：第四章，旨在探討方以智易學中對於宇宙生成根源及其意涵的看法，而以「大一」的概念作為宇宙生成的根源，此一概念與太極具有相同的意涵；其次，就宇宙生成的過程及其內涵言，揭示出「太極——兩儀——四象」的宇宙間架，以及陰陽、乾坤、變等範疇的內涵；再者，論述方以智易學中的宇宙結構論，可以細分為「哲學」與「科學」的兩層意義，並且作一綜合論述。

　　（四）結論：第五章，旨在歸結本文的研究成果，作一扼要的彙整與檢討，並且提出吾人未來可進一步發展的方向。

　　以上四個部分即是本文的基本架構。在章節間的安排，有著邏輯地排列與延展，環環相扣、層層遞進。希冀由第二章的探討，對方以智的生平、著作、學術淵源與思想規模等作一基本的介紹；接著，在第三章的探討中，闡述方以智易學的本體論思想之主要範疇，以揭明其本體論核心概念的要旨；

再者，在第四章的探討中，闡述方以智易學的宇宙論思想之內涵、生成過程以及宇宙結構論，以開展其宇宙論中「哲學」與「科學」的兩種面向。最後，在結論中，總括方以智易學形上思想體系的內涵與價值。

第四節　研究範圍與意義

一、研究範圍

（一）方以智的著作

方以智的著作可以汗牛充棟、龐大駁雜來形容之。經由前人研究成果的發掘與探討之後，糾合眾人之力，才逐步揭示出其每部重要著作的思想內涵與價值。是以限於吾人的學識與興趣之偏頗下，無法在短一時間內涉獵其所有的著作與相關的議題。因此，就本文的選取材料而言，便以《周易時論合編》中方以智所作按語的內容為重心，就其形上思想所涉及的議題作為切入點，從這些點向外輻散出去，試圖與其他著作聯繫在一起，希冀能夠藉此掌握住方以智哲學思想的全貌。

然而，前一節中所言的《易餘》手抄本，吾人一直無法親眼目睹，實為研究上的一大憾事與侷限。就學術研究的嚴謹性而言，這一不足之處是顯而易見，並且容易遭人質疑與責難。但是，吾人依循著有幾分材料說幾分話的原則，亦步亦趨，盡力蒐羅在前人著作中記載著《易餘》的隻字片語，並於本文各章節的討論中，適時地加以徵引，以作為佐證方以智易學思想的一致性與完整性。當然，吾人還是由衷地寄望大陸方面的學者能夠早日完成《易餘》〔註 29〕的出版工作，使得其書的內容得以呈現在世人面前，有利於後人作深入的研究。

（二）方以智思想的面向

吾人在面對一位「集大成」〔註 30〕的思想家時，心中總是充滿著雀躍不

〔註 29〕 參見本論文附錄七：《易餘》部分原文（轉引），頁 279。正值吾人撰寫論文之際，於 2006 年 1 月據悉北京中國社會科學院哲學研究所的姜廣輝教授口述說：「這幾年來，大陸學者龐樸正著手為《易餘》作注釋。」是以吾人希冀此書能早日出版問世。

〔註 30〕 方以智《東西均‧茲燚黈》曰：「所謂集大成者，能收古今之利器，以集成一大林栗蓬也；而使萬劫高者時時化兩用之，卑者時時畏而奉之，黠者時時竊

已的喜悅，而方以智的思想便是此中的代表者與最佳的寫照。由前一節的研究史脈絡可知，方以智的思想內涵，除了深受儒學思想的影響外，還兼有莊學與禪宗思想合流的傾向。另外，他還吸收佛學中的天台、華嚴、唯識、禪宗等各宗派的思想理論，形成一種融合儒釋道三教的思想特色，使得方以智思想呈現出豐富而深奧的哲理思維，此亦為研究方以智思想整體面向的重要脈絡。然而，限於吾人筆力之不足，現階段無法作進一步的探討，因而，在理解方以智的整體思想時，不免會有所缺漏之處。然而，這一不足的地方，便是本文研究上的主要侷限，也期望在將來的研究生涯中，能夠補足此一缺漏，並作深入的考察。

二、研究意義

（一）繼承前人研究的精華

　　學界對於方以智思想的研究，其成果可謂豐碩而多元。經由上述所作的研究史脈絡中可知，其研究的重心約有十一個部分，而本文的焦點側重在方以智易學思想上，以《周易時論合編》中的方以智按語為中心，探討其形上思想的內涵。在眾多大家的作品中，本文汲取諸家中較能契合方以智義理根基的看法，去蕪存菁，以呈現方以智易學形上思想的深層結構與內涵底蘊為最終的歸宿。

（二）依原典而闡述管見

　　在吾人研究之初，首要工作是對於《周易時論合編》中方以智的按語進行爬梳與歸納的工作。接著，再行思索如何重新安排其思想的脈絡意義、層次義蘊等輕重之次序。在此過程中，不免會碰到一些難題，如方以智思想中的詞句過於晦澀艱深，須費時日廣覽諸書，才能略窺其意蘊之一二，尤其在論述上須小心此類情形。因此，本文儘可能以回歸原典的方式，「依文釋義」，「以義顯旨」，如實地還原方以智易學思想的內涵，並借助上述二種研究方法的特長，雙管齊下，為方以智易學形上思想尋繹出一條具體而詳實的思想脈絡。

　　而做之，賢者時時以死守之，主天下人時時衣而食之，故萬劫為其所妄，而人不知也。」見方以智著、龐樸注釋，《東西均注釋》（北京：中華書局，2001年3月），頁287。

（三）初步建構方以智易學形上思想的體系

在面對豐碩而多元的研究成果時，吾人心中不免為之膽戰心驚。一方面深怕自身的理解與詮釋的視野會對方以智的著作與思想產生誤解；另一方面，也擔心未能善加徵引前輩名家厚實的研究成果而失其真味。因此，吾人夾雜在此種心境下，亦步亦趨，依循著問題意識的引導，從本體論與宇宙論兩個層次的角度，開展出方以智易學形上思想的內涵，並且希冀能夠初步為其建構一套思想體系。

第二章　方以智的生平、著作、學術淵源與分期

　　本文主要以明清鼎革之際的桐城方以智爲探討的對象，而所要討論的內容包括四個部分：一是從歷史上知人論事的角度，介紹方以智的生平；二是簡要說明方以智所傳世的著作；三是說明方以智家學中的易學淵源，以形塑出方以智所受到的影響層面及其思想面貌；四是概括方以智的思想規模與學術分期。希冀透過這四部份的論述，能夠更加深入瞭解方以智的學思進程。

第一節　方以智的生平

　　方以智（明神宗萬曆三十九年～清聖祖康熙十年，1611～1671），字密之，號曼公，安徽桐城人。別號眾多，乃是隨著明末政治上的「改朝換代」〔註1〕、避禍自保而變名，〔註2〕曾「自署其號曰『浮山愚者』。自披緇後，故無常名，初在天界爲無可，既入匡廬爲五老，一居壽昌爲藥地，或爲墨歷，人訛嘩之，又名之曰木立，其最後稱爲愚者也。」〔註3〕再者，根據《明史・列傳》的記

〔註1〕　有關明代歷任皇帝在位的起訖時間，見本論文附錄二：明王朝諸帝年號、廟號對照表，頁276～277。
〔註2〕　張永堂指出：「（方以智）別號很多，早年稱浮山愚者、龍眠愚者、宓山、鹿起山人；明亡後改稱吳秀才，又稱吳石公；流寓嶺南時期稱愚道人、愚者智、笑翁；逃禪梧州之初法名行遠，號無可；至天界改名大智，又稱弘智；此外還稱五老、藥地、浮庭、墨歷、木立、愚者大師、樂廬大師、簡參上人、極丸老人、浮度智、閗翁。」見王壽南主編、傅武光等著，《中國歷代思想家》（十四）（臺北：臺灣商務印書館，1999年6月更新版），氏撰〈方以智〉，頁309。由此可知，方以智當時較爲人所熟知的別號具已概見於此。
〔註3〕　見清・李瑤著，《南疆繹史》全四冊（臺北：成文出版社，1968年9月），冊

載，僅傳有父親方孔炤的事跡，相反地，提及方以智生平的部分只能從其中的「伏闕訟父冤」〔註4〕一事略窺一二。甲申國變，由於具有明遺民身分，在入清逃禪之後，方以智行事終究隱晦而不彰。關於方以智的生平，以張永堂先生所劃分的六個時期較能具實地表現出其一生的梗概。〔註5〕本文僅依循著張氏之見的分法，在每一時期中，對方以智的事跡作一扼要的陳述。〔註6〕

一、在鄉時期（1611～1629），即一歲至十九歲

　　方以智於明神宗萬曆三十九年（1611）十月生於安徽桐城。其取名的由來，據其次子方中通在《物理小識》中所言，乃是曾祖父方大鎮以《周易·繫辭上傳》中「蓍之德圓而神，卦之德方以知」〔註7〕爲命名。其注曰：

> 曾祖廷尉野同公，命老父之名曰：「蓍圓而神，卦方以智，藏密同患，變易不易」，故老父稱「宓山氏」。〔註8〕（《物理小識·藥性總論》）

一，卷十六，〈摭遺·無可〉，頁1：1873～1874。

〔註4〕 《明史·列傳》曰：「子檢討以智，國變後棄家爲僧，號無可者也，伏闕訟父冤，膝行沙堁者兩年。帝爲心動，下議，孔炤護陵寢功多，減死戍紹興。」見清·張廷玉等奉敕撰、楊家駱主編，《新校本明史并附編六種》全十二冊（臺北：鼎文書局，1975年6月），冊九，卷二百六十，列傳第一百四十八，〈鄭崇儉傳附：方孔炤〉，頁9：6745。

〔註5〕 張永堂認爲：「方以智的一生約可分爲六個時期：（1）在鄉時期（1611～1629），即一歲至十九歲；（2）出遊及流寓金陵時期（1630～1639），即二十歲至二十九歲；（3）仕宦北京時期（1640～1644），即三十歲至三十四歲；（4）流離嶺南時期（1644～1650），即三十四歲至四十歲；（5）逃禪前期（1651～1664），即四十一歲至五十四歲；（6）逃禪後期（1664～1671），即五十四歲至六十一歲。」同注2，氏撰〈方以智〉，「三、略傳」，頁327。

〔註6〕 任道斌於《方以智年譜》中，每立一卷便分爲一期，共有七個時期。其目錄的卷次分別爲：卷一、童年與青少年時期（1611～1633）；卷二、流寓南京（1634～1639）；卷三、北京「曼寓」的生活（1640～1644）；卷四、流離嶺南（1645～1650）；卷五、從梧州、廬山、桐城到閉關南京、廬墓合山（1651～1658）；卷六、禪游江西（1659～1664）；卷七、晚年青原山的活動及其他（1665～1671～1794）。關於方以智生平事跡的詳細史料記載，參閱氏著，《方以智年譜》（合肥：安徽教育出版社，1983年6月），卷一至卷七，頁24～291。亦可參見本論文附錄四：方以智年譜簡表，頁280～288。

〔註7〕 《周易·繫辭上傳》第十一章曰：「是故，蓍之德圓而神，卦之德方以知，六爻之義易以貢。聖人以此洗心，退藏於密，吉凶與民同患。」見國立編譯館主編，《十三經注疏分段標點》全二十冊（臺北：新文豐出版公司，2001年6月），冊一，頁1：586。

〔註8〕 見方以智錄、王雲五主編，《物理小識》人人文庫版（臺北：臺灣商務印書館，

〈繫辭上傳〉中所謂「退藏於密」，意思是「言其道深微，萬物日用而不能知其原，故曰『退藏於密』，猶藏諸用也」。由此可知，方大鎮取其名爲「以智」與「密之」的字號，用意在期許他具有如《周易》般藏神於智、寓變易於不易的智慧與胸襟。又方中通在《陪詩・哀述》：「多才絕世古今奇，十歲能文七歲詩。……石上閒名鑴漢篆，印泥落處幾人知。」的詩句下，曾描述其父親生平的簡介謂：

> 老父三歲知平仄，七歲賦詩，十歲屬文，十五歲讀罷十三經、廿一史，舉之指掌。童角時即名播海內，生平著作百餘種，別有書目總名之曰《浮山全書》。至百家技藝，若書法、若畫、若奕、若圖章、弗克枚舉。〔註9〕

由此可知，方以智自幼年時即有異於常人的稟賦。年七歲至十歲間，便已能賦詩屬文；待十五歲時，少承家訓，遍覽群經子史，略能背誦，博雅多通，足見他早年已經打下厚實的學術根基。又由於早年誦讀於桐城南山之下，十五歲時從學於白瑜（生卒年不詳），十七八歲時師事王宣（1565～1654）。前者爲一傳統儒生，博通經史，對於方以智的影響主要在嚴謹的治學態度；而後者入其曾祖父方學漸門下，晚徑以《易》爲名，對於方以智的影響主要在物理考究和象數易學這兩方面。是故方以智在早年得二位先生師承，逐漸爲其往後形塑爲「集大成」的思想傾向預留伏筆。

二、出遊及流寓金陵時期（1630～1639），即二十歲至二十九歲

正值二十年少的方以智，因不甘居於街談巷尾之側，乃載籍出遊，遍及江淮吳越間，結交江東的名賢諸公如楊廷樞〔註10〕（1595～1647）、陳子龍〔註11〕（1608～1647）、夏允彝〔註12〕（1596～1645）等人，以文會友，力倡《大雅》之風，以正氣名節相互推舉標榜。今據《清道光桐城續修縣志》和友人徐芳《懸榻編》所云：

1978 年 2 月），《物理小識・藥性總論》，頁 8。
〔註9〕 見汪世清輯，《方中通《陪詩》選抄》，收錄於余英時，《方以智晚節考》增訂版（臺北：允晨文化實業股份有限公司，1986 年 11 月），「附錄」，頁 330 引。
〔註10〕 楊廷樞，蘇州吳縣人。舉崇禎庚午南京解元，以文名世，學者稱爲維斗先生。
〔註11〕 陳子龍，字臥子，號大樽，松江華亭人。崇禎進士，曾任紹興推官和兵科給事中。
〔註12〕 夏允彝，字彝仲，號瑗公，上海松江人。

比冠，著書數萬言，與江左諸賢儔，力倡大雅，以正氣名節相推尚
前。〔註13〕

愚者少時嘗避地金陵，與吳門楊維斗、陳臥子、夏彝仲諸子善。
〔註14〕

由此可知，方以智於弱冠之年已逐漸展現其詩詞文章的才華，正如好友王夫之
（1619～1692）評價其詩文特色曰：「姿抱暢達，早以文豪譽望動天下」，〔註15〕
由此可見一斑。此外，清‧周亮工（1612～1672）於《讀畫錄》中亦謂：

公名以智，幼稟異慧，生名門，少年舉進士。自詩文詞曲、聲歌書
畫、雙鉤塡白、五木六博以及吹簫撾鼓、優俳平話之技，無不極其
精妙。〔註16〕

周亮工與方以智爲同榜進士，時相過從，應曾親見其詩畫作品，足見方以智
能詩擅畫之名已顯揚於當世。又其早年學詩的歷程中，曾結識雲間派詩人陳
子龍而互相唱和，〔註17〕是以陳子龍在《安雅堂稿‧答方密之》中曾曰：

自莫州聞訃奔逝之餘，病幾委篤。抵廬之後，哀痛小定，即從李子

〔註13〕 清‧廖大聞等修、金鼎壽纂，《清道光桐城續修縣志》（清道光七年 1827 年刊
本）（臺北：成文出版社有限公司，1975 年臺 1 版），卷之十四，人物志，〈理
學‧方以智〉，頁 514。

〔註14〕 見明‧徐芳，《懸榻編》（清初楞華閣刊本，出版年月不詳），卷三，〈愚者大
師傳〉，頁 6。相關的傳紀記載，亦可參見《南疆繹史》云：「無可少嘗避地南
都，與吳中楊廷樞、陳子龍、夏允彝輩相友善。」同注 3，冊一，卷十六，〈摭
遺‧無可〉，頁 1：1873。

〔註15〕 見王夫之，《船山全書》全十六冊（長沙：嶽麓書社，1996 年 2 月），冊十一，
《永曆實錄》卷一，〈李文方列傳〉，頁 11：393。

〔註16〕 見清‧周亮工撰，《讀畫錄》，收錄於周駿富輯，《清代傳記叢刊》第七十一冊
（臺北：明文書局，1985 年 5 月），藝林類，卷二，〈釋無可〉，頁 23。

〔註17〕 《青原志略‧詩堂》曰：「愚少取何、李，遇陳臥子而聲合，觸事感激，遇姜
如須而盡變，後此厄寓比干，《騷》之亂曲，候蟲寒蟬，不自覺其悉索矣。」
見方以智著、笑峰大然編、施閏章補輯，《青原志略》，收錄於杜潔祥主編，
《中國佛寺史志彙刊》第三輯第十五冊（臺北：丹青圖書公司，1985 年 11
月），卷十三，「雜記」，總頁 15：700。關於方以智詩論淵源與詩學特色的研
究，可參見謝明陽，《明遺民的「怨」「群」詩學精神——從覺浪道盛到方以
智、錢澄之》（臺北：大安出版社，2004 年 2 月），「第三章『怨』的詩學精神
——以覺浪道盛、方以智爲主」，頁 63～114；廖肇亨，〈藥地愚者大師之詩學
源流及旨要論考——以「中邊說」爲討論中心——〉，《佛學研究中心學報》
第 7 期，2002 年 7 月，頁 257～293；方錫球，〈論方以智詩學思想的文化美
學特色〉，《文學評論》2005 年第 1 期，頁 60～72。

問足下近狀。李子云：「密之近有信來，在金陵甚豪頓，躍馬飲酒，壯士滿座，或引紅粧，曼歌長嘯，殊自快也。」因出足下詩文二編讀之。……密之名家盛年，多才負氣，又當亂世，不能爲人主建一奇、立一策，故不禁其言之頹激而恢蕩也。」〔註18〕

李子，指李雯〔註19〕（1608～1647）。足下，指方以智。由陳、方二人的書信中可知二事，一爲方以智在南京時甚爲豪頓，或呼朋飲酒，以詩文相酬唱；或引紅粧，曼歌而長嘯。二爲方以智感慨亂世之下，人民流離而疾苦，自己卻無力爲君主建功立策，是故此時所作詩歌不免流露出「頹激而恢蕩」的風格。〔註20〕

　　另外，關於方以智早年的風流韻事，有一回夜晚曾與孫臨〔註21〕（1611～1646）查探姜垓（1614～1653）與李十娘幽會之住所，佯裝成盜賊的模樣，推門喧鬧，嚇壞姜、李二人。是以其往日風流的情景則記載於余懷的《板橋雜記》，其曰：

萊陽姜如須游於李十娘家，漁於色，匿不出戶。方密之、孫克咸並能屏風上行，漏下三刻，星河皎然，連袂間行，經過趙、李，垂簾閉戶，夜人定矣。兩君一躍登屋，直至臥房，排闥闖張，勢如盜賊，如須下床跪稱：「大王乞命！毋傷十娘！」兩君擲刀大笑曰：「三郎郎當！三郎郎當！」復呼酒極飲，盡醉而散。〔註22〕

由此可見，方以智也曾是一位放浪不羈、飲酒縱樂的狂生。然而，方以智流寓南京期間，除了與詩壇友人相善、躍馬飲酒之外，亦參與黨社事務，接武

〔註18〕見明・陳子龍撰，《安雅堂稿》全二冊，收錄於《明代論著叢刊》第三輯（臺北：偉文圖書出版社有限公司，1977年9月），下冊，卷十七，頁2：1171～1173。

〔註19〕李雯，字舒章，上海松江人，爲詞人。復社主盟，與陳子龍、宋征輿並稱雲間三子。著有《雲間三子新詩合稿》。

〔註20〕廖肇亨認爲：「影響方以智詩論最大的兩股當世的文學思潮，一是七子、陳子龍『格高調古』的主張；另一則是『悲歌慷慨』的變雅之風，兩者構成了方以智詩論的基調。」見氏著，《明末清初遺民逃禪之風研究》（臺北：國立臺灣大學中國文學研究所碩士論文，1994年5月），「第六章第二節逃禪遺民文學主張之一——以方以智『節宣說』爲討論中心」，頁133。

〔註21〕孫臨，字克咸，安徽桐城人，爲詩人，方以智妹夫。明崇禎年間，曾與方以智、方文、周岐、錢秉鐙等人成立詩社澤社，以文會友。

〔註22〕見清・余懷著，《板橋雜記》（臺北：國立中央圖書館藏書，出版年月不詳），下卷，軼事，頁25。

東林，主盟復社，自詡爲清流之士。〔註23〕曾與宜興陳定生貞慧〔註24〕（1604
～1656）、廣陵冒辟疆襄〔註25〕（1611～1693）、商邱侯方域朝宗〔註26〕（1618
～1654）等人相交善，並稱爲明末四公子。如據《皖志列傳稿》所載謂：

> 以智少負才望，勵名節，與宜興陳貞慧、如皋冒襄、商邱侯方域相
> 善，海內所稱四公子者也。〔註27〕

另外，方以智應試南京時，曾與冒襄同遊京城，並爲冒襄媒言名姬董小宛〔註28〕
（1623～1651）。據冒襄於《影梅庵憶語》中曾追憶與董小宛邂姤之片段云：

> 己卯（1639）初夏，應試白門，晤密之云：「秦淮佳麗，近有雙成，
> 年甚綺，才色爲一時之冠。」余訪之，則以厭薄紛華，挈家去金閶
> 矣。……予日遊兩生間，獨咫尺不見姬，將歸棹，重往冀一見，姬
> 母，秀且賢。勞余曰：「君數來矣。予女幸在舍，薄醉未醒。」然稍
> 停復他出，從兔徑扶姬于曲欄，與余晤，面暈淺春，纈眼流視，香
> 姿玉色，神韻天然，嬾慢不交一語。余驚愛之，惜其倦，遂別歸，
> 此良晤之始也。時姬年十六。〔註29〕

由此可知，方以智與冒襄過從甚密，曾聽聞過冒襄生命中綺麗的愛情故事。
於此期間，又因爲其父方孔炤得病而開始立志學習醫理，對此，方以智於《物

〔註23〕關於明末復社的活動事跡，可參見李京圭，《明代文人結社運動的研究——以
復社爲主》（中國文化大學歷史研究所博士論文，1989年12月）。

〔註24〕陳貞慧，字定生，宜興人，明都御史陳于廷子。傳見清・趙爾巽等奉敕撰、
楊家駱主編，《楊校標點本清史稿附索引》全十八冊（臺北：鼎文書局，1981
年9月），冊十七，卷五百一，列傳二百八十八，〈遺逸二〉，頁17：13851～
13852。

〔註25〕冒襄，字辟疆，別號巢民，如皋人。父起宗，明副使。傳見《清史稿》，同上
注，卷五百一，列傳二百八十八，〈遺逸二〉，頁17：13851。

〔註26〕侯方域，字朝宗，商丘人。父恂，明戶部尚書；季父恪，官祭酒，皆以東林
忤閹黨。傳見《清史稿》，同上注，卷四百八十四，列傳二百七十一，〈文苑
一〉，頁17：13319～13320。

〔註27〕見民國・金天翮撰，安徽省《皖志列傳稿》（民25年刊本），收錄於《中國方
志叢書・華中地方》第629號（臺北：成文出版社有限公司，1975年臺1版），
冊一，卷一，〈方以智傳〉，頁70。

〔註28〕董小宛，名白，一字青蓮，別號青蓮女史，爲明末著名的「金陵八艷」之一。
其生平事跡見於冒襄《影梅庵憶語》中載有二人從相識、相戀、完婚，至其
病死的經過。

〔註29〕見清・冒襄，《影梅庵憶語》，收錄於王德毅主編，《叢書集成續編》全280冊
（臺北：新文豐出版公司，1989年7月），冊211，「文學類・情艷小說」，《香
艷叢書》三集，卷一，頁8，總頁644。

理小識‧延胡索》中自白剖析其緣由謂：

> 崇禎丁丑（1637），老父爲南京臬卿時，宴集散，疑鰷鮹腹悶，誤服
> 香油，遂痛而嘔。醫家以爲陰病，服藥不效，因而下閉。一醫以萬
> 應丸三服而不下，迷急幾死。金申之來視之，此藥禍也，當服黃連、
> 延胡索。諸醫曰：「服涼藥則不救」，智卜於天，服申之藥而愈。……
> 以智于是學醫。（《物理小識卷之五‧醫藥類下‧延胡索》）〔註30〕

就方以智習醫的經歷而言，有一著名的例子便是崇禎十二年（己卯，1639）
黃宗羲（1610～1695）鄉試於南京時，不巧得病瘧，爲此，方以智還爲之切
脈診斷。〔註31〕由此可知，方以智自幼年到少年期間，於道問學之事，涉獵
廣泛，戮力不懈，「自天文、輿地、禮樂、律數、聲音、文字、書畫、醫藥、
技勇之屬，皆能考其源流，析其旨趣，著書數十萬言」。〔註32〕

三、仕宦北京時期（1640～1644），即三十歲至三十四歲

　　由於早年奠定良好的學術基礎，年二十九歲的方以智出於鄉座余颺（1603
～？）的門下，〔註33〕次年崇禎十三年（庚辰，1640）赴京，中進士第。〔註34〕
當是時，海內流寇四起，政局動搖，其父方孔炤於崇禎十一年（戊寅，1638）
以僉都御史巡撫湖廣。撫楚時，擊賊李萬慶、羅汝才等人於承天，八戰八捷。

〔註30〕同注8，卷之五，「醫藥類下」，〈延胡索〉，頁114～115。

〔註31〕黃宗羲《舊思錄‧方以智》曾謂：「己卯，余病瘧。子遠拜求茅山道士，得藥
　　　　一丸致余。余知其爲絕瘧丹也，念朋友之眞切，不忍虛其來意，些少服之，
　　　　而委頓異常。密之爲我切脈，其尺脈去關下一尺取之，亦好奇之過也。」（冊
　　　　一，頁1：366～367）；又其於《南雷詩曆‧病瘧》亦曰：「憶昔己卯歲，此病
　　　　經冬夏。……密之診尺脈，好奇從肘下。子遠（吳道凝）截瘧丸，瘻頓增吐
　　　　瀉。」（冊十一，卷一，頁11：247）見明‧黃宗羲著、沈善洪主編，《黃宗羲
　　　　全集》全十二冊（杭州：浙江古籍出版社，2005年1月）。

〔註32〕《清史稿》曰：「以智生有異稟，年十五，群經、子、史，略能背誦。博涉多
　　　　通，自天文、輿地、禮樂、律數、聲音、文字、書畫、醫藥、技勇之屬，皆
　　　　能考其源流，析其旨趣。著書數十萬言，惟《通雅》、《物理小識》二書盛行
　　　　於世。」傳見〈遺逸一‧方以智〉，同注24，冊十七，卷五百，列傳二百八十
　　　　七，頁17：13833。

〔註33〕《物理小識》曰：「余颺之老師言，水晶所在，夜有火光，日從而掘之，水晶
　　　　埋土中，久則化。」方中德按云：「余颺之太老師，諱颺，崇禎丁丑進士，老
　　　　父以己卯（1639）出其門。」同注8，卷之七，「金石類」，〈水晶〉，頁175。

〔註34〕據《清道光桐城續修縣志》云：「己卯舉於鄉，庚辰成進士。」同注13，卷之
　　　　十四，人物志，〈理學‧方以智〉，頁514。

惟因香油坪之役，楚師援絕，川、浣二師不至而告敗，當時方孔炤因力主剿賊
而與時相楊嗣昌〔註35〕（1588～1641）、熊文燦〔註36〕（？～1640）意見相左，
遂被誣陷以坐失軍機之名而罹禍下獄。據清・馬其昶《桐城耆舊傳》曰：

> 時流賊俶擾楚豫，因益議廣儲積備器械，爲固圍計城，賴以全服，
> 除補原官，尋以僉都御史巡撫湖廣。……擊賊李萬慶等，於承天
> 八戰皆捷，時總理熊文燦主撫議納……賊宵遁，公知賊狡謀，下
> 令楚軍將止屯勿進，而楚軍二將已迫，嗣昌檄違節制，深入至香
> 油坪，賊果大集。楚師援絕，遂潰先是……公乃獨率下千餘人，
> 疾馳抵竹山，而楚師已前潰六日，於是公至，亦被圍，嗣昌之代
> 文燦也，亦專主撫，而公主剿，異議。至是遂劾公失機，逮下獄。
> 〔註37〕

由於方孔炤撫楚時忤楊嗣昌、熊文燦等人而招致下獄之苦。坐獄期間（1640
～1642）方孔炤巧遇黃道周（1585～1646），黃氏亦因禍被廷杖下刑部獄，由
於二人同是鑽研《易》理之人，遂相結識。是故二人在白雲庫講《易》朝夕，
繫獄兩年期間，彼此析《易》衍圖，時有發明。據黃道周於崇禎辛巳（1641）
所作七言古詩〈方仁植先生每覓易象詩以謝之〉曰：

> 白雲庫中百二日，宛轉呻吟裂血碧。玄黃初寫十二圖，龍馬已嚼三
> 寸膝。桐城方公受此經，苦無部署同批繩。自言詮經家三世，義理
> 象數向雜纏。〔註38〕

由此可知，方黃二氏所論者有《河圖》《洛書》之學，進而方孔炤自言其三世
家傳易學，有一部分是與黃道周相互切磋而得，因而凸顯現方氏易學傳至方
孔炤身上已呈現出義理與象數兼賅的思想特色。於此期間，方以智亦時往探

〔註35〕楊嗣昌，字文弱，武陵人。萬曆三十八年進士。改除杭州府教授。遷南京國
子監博士，累進戶部郎中。天啓初，引疾歸。傳見《明史》，同注 4，冊九，
卷二百五十二，列傳第一百四十，〈楊嗣昌傳〉，頁 9：6509。

〔註36〕熊文燦，貴州永寧衛人。萬曆三十五年進士。授黃州推官，遷禮部主事，歷
郎中。傳見《明史》，同注 4，冊九，卷二百六十，列傳第一百四十八，〈熊文
燦傳〉，頁 9：6733。

〔註37〕見馬其昶撰，《桐城耆舊傳》，收錄於沈雲龍主編，《近代中國史料叢刊》第四
十一輯（臺北：文海出版社，1969 年），卷五，〈方巡撫傳〉第四十七，總頁
246～249。

〔註38〕見方孔炤著、方以智編，《周易時論合編》全五冊（臺北：文鏡文化事業公司，
1983 年），冊五，《圖象幾表》，頁 5：25。所謂白雲庫或西庫，指明代的詔獄
或刑部獄之意。

監而從學之，〔註 39〕這便是方孔炤父子易學的學思進程中著名的小插曲——
「西庫論《易》」。〔註40〕由於父親遭受不白之冤，方以智憤而爲父訟冤請命，
膝行而身懷血疏，日夜號泣於宮廷的長安門外，歷時達兩年之久。一日，崇
禎皇帝朱由檢（年號 1628～1644）退朝聞之，乃歎息而語曰：「求忠臣必於孝
子之門」，遂詔斬河南某巡撫而赦免方孔炤，並於壬午（1642）擢用方以智爲
翰林院檢討，擔任史官之職。〔註41〕

四、流離嶺南時期（1644～1650），即三十四歲至四十歲

　　甲申國變，李自成破北京，崇禎皇帝縊死煤山，明朝淪亡。方以智聽聞
乃哭於殯宮東華門外，不料卻被賊寇所俘，拘囚二十來日，拷刑不屈，而乘
間脫逃抵南京。時南明弘光朝初立，馬士英〔註42〕（約 1591～1646）、阮大鋮
〔註 43〕（1587～1646）用政亂事，尤其阮大鋮挾其夙怨，恣意妄行，誣陷搜
捕復社諸名士，方以智亦被牽連其中。〔註44〕據《皖志列傳稿》曰：

　　　京師既陷，以智往哭愍皇帝梓宮。至東華門，爲賊所縛，降之，不可，

〔註39〕方中德《周易時論·敬跋》曰：「老父（方以智）訓之曰：『三世家學而偷息，
　　　　祇支罪無逃矣。祖父（方孔炤）以朱、邵爲飲食，而守雌閭修，所編《時論》，
　　　　千載津梁。……我自少好詩書，嘗云曠達，行其謹曲，寔自便耳。通籍後，
　　　　侍西庫者二年，始自猛省刻勵，然好與生庵、元瑞，辨考務博，專窮物理。』」
　　　　同上注，冊五，《圖象幾表》，頁 5：31。
〔註40〕方孔炤《周易時論合編·凡例》曰：「自在西庫，與石齋公論《易》表法，邵子
　　　　舉槩而已，細差殊未合也，故衍二十四圖。易歷相追，今十餘年，究之本無追
　　　　不合者，其有待乎？……議勤穀城，失執政之指，以將衄致逮，琅當西庫者兩
　　　　年，逐與黃石齋摹据，亦一幸也。」同上注，冊五，《圖象幾表》，頁 5：57～66。
〔註41〕安徽省《皖志列傳稿》曰：「至是懷血疏，伏闕訟父冤，閱兩載不得請，日夜
　　　　號哭宮門外，一日，懷宗退朝，歎息語中官曰：『求忠臣必於孝子之門』，河
　　　　南巡撫某，坐失機問大辟，其子爲講官，薰衣飾容止，陽陽如平常，今進士
　　　　方以智父入獄，顧哀痛若是，是亦人子也。」於是詔斬某巡撫而釋孔炤，以
　　　　智故舉庚辰進士，至是擢檢討。」同注 27，冊一，卷一，〈方以智傳〉，頁 70。
〔註42〕馬士英，字瑤草，貴州貴陽人。萬曆時進士。崇禎末起爲兵部右侍郎，總督
　　　　廬州、鳳陽等處軍務。與阮大鋮於南京擁立福王朱由崧，史稱南明弘光朝。
〔註43〕阮大鋮，字集之，號圓海，安慶懷寧人。爲明末有名的戲曲作家，撰有詩文
　　　　《詠懷堂全集》。
〔註44〕昔日阮大鋮組織中江社時，曾延攬方以智的好友錢澄之入社，後因方以智力
　　　　勸錢澄之退其社，此一事件讓中江社因而式微，遂招致阮大鋮的忌恨而埋下
　　　　禍因。有關方、阮二人的舊仇夙怨，可參見朱倓，〈明季桐城中江社考〉，《中
　　　　央研究院史語所集刊》第 1 本第 2 分，1971 年 1 月再版，頁 251～265。

乃加刑焉。兩股受刑至見骨，卒不屈。自成敗，奉父南奔，弘光立，
馬士英、阮大鋮用事。……時復社諸名士周鑣、顧杲、楊廷樞、黃宗
羲、陳貞慧、吳應箕等，亦聚講留都，指大鋮將爲賊內應，爲〈公揭〉
逐之。……。及復冠帶起用，而左光先、陳子龍等復劾之，大鋮卒殺
周鑣，諸名士或死或竄匿，以智故不慊大鋮，遂亡命。〔註45〕

此一慘案係起因於復社成員撰〈留都防亂公揭〉，欲以此一宣言驅逐閹黨的阮
大鋮，不料，阮大鋮舉朝得勢之後，眾人遂慘遭構陷，紛紛罹難。當時剛任
檢討不久的方以智，亦因受此案牽連，迫使著他不得不再次逃亡南奔，結束
短暫的仕宦生涯，變姓名而「褣衣散髮，賣藥五嶺間」，〔註46〕支身流離於嶺
南一帶賣藥維生。據《方以智密之詩抄・流寓草・變擬古詩五首》云：

嶺外稀繁霜，草木不黃落。窮巷生陽風，客心乃蕭索。……此地羅
浮山，古人嘗採藥。……我欲依神仙，神仙不可托。〔註47〕

客心，指遊子的心情。蕭索，指冷落衰頹的意思。羅浮山，爲粵中名山，又
名蓬萊山，相傳東晉・葛洪（約 250～330）曾於此地得仙術。是故方以智漂
泊於嶺南時，行如一根草芥，安貧而簡居，希冀能夠在山中過著仙人般的生
活。然而，可歎的是，在面對朝代鼎革之際，其內心仍舊懷抱著「袖手戎裝
書檥便，苟全抱膝即橫行」〔註48〕般力挽狂瀾的心志，欲從遊於仙人之樂終
究是不可依託之事。

於此期間，方以智遇上同年進士南海參議的姚奇胤，遂被延攬入姚氏署
中，與粵中舊臣瞿式耜（1590～1650）等人冊立共主。南明隆武元年（丙戌，
1646）十月桂王即位肇慶，以翌年爲永曆元年（丁亥，1647）。因爲方以智以
與推戴，功擢左中允，充經筵講官。此時，朝中司禮太監王坤與劉鼐兩人因
舉薦方以智之事而不合，方以智聽聞後，遂掛冠求去。待永曆三年（己丑，

〔註45〕同注27，冊一，卷一，〈方以智傳〉，總頁 70～71。
〔註46〕《明遺民錄》曰：「南都馬、阮當國，誣其汙僞命，入之六等罪中，舉朝大嘩，
　　　　乃已。嘆曰：『是尚可爲邪？』褣衣散髮，賣藥五嶺間。」見孫靜庵編著，《明
　　　　遺民錄》，收錄於《明末清初史料選刊》（杭州：浙江古籍出版社，1985 年 7
　　　　月），卷五，〈方以智〉，頁 35～36。
〔註47〕同注 6，卷四，「流離嶺南（1645～1650）」，頁 134 引。
〔註48〕《方以智密之詩抄・流寓草・再示諸子》曰：「危冠原自有長纓，才子忘家學
　　　　將兵。十載藤囊知未俗，今朝杵臼托殘生。堪憐越國含秦淚，強作吳歌變楚
　　　　聲。袖手戎裝書檥便，苟全抱膝即橫行。」同注 6，卷四，「流離嶺南（1645
　　　　～1650）」，頁 136 引。

1649），朝中又進方以智爲禮部尙書東閣大學士，召入直，方以智卻稱故疾，屢詔不起。〔註49〕

五、逃禪前期（1651～1664），即四十一歲至五十四歲

由前述可知，方以智在歷經流離嶺南、困頓顛簸的境遇，再加上親見朝中宦臣日相水火，黨爭不斷之後，心中實無仕宦之情。此段期間，對於自身萌退的宣示與國事紛擾的憂心，方以智一方面進言「十次辭疏」，以明其堅定的辭意；另一方面又上有〈蒭蕘妄言〉五策，以陳言救國圖強的方針。〔註50〕然而，方以智心中不免念茲在茲於父親方孔炤年邁已老，當隱退而居，盡其孝心。但是，面對著忠、孝兩難全的抉擇下，方以智遂感慨地嘆曰：「我生不辰，丁國季運，歸則負君，出則負親，吾其緇乎？」〔註51〕於是便興起離家爲僧的念頭。

自永曆三年起（己丑，1649）方以智即隱居於廣西平樂的平西山，隔年（庚寅，1650），因同學錢澄之〔註52〕（1612～1693）乘舟來訪，相約同飲於新興侯焦璉的幕中。待方以智自昭江欲返家途中，聽聞平樂已遭清軍攻陷，家人被俘，問其蹤跡所在。當時，方以智爲免於友人嚴煒〔註53〕受其牽累，乃以薙髮僧服與清軍將帥馬蛟麟相見。〔註54〕於是馬蛟麟問他云：「官服在左，白刃在右，吾子其擇焉？」〔註55〕方以智乃辭左而受右。清帥馬氏見狀，欽佩其志氣之凜然，遂爲之解縛，禮敬甚恭，並送他到梧州雲蓋寺供養爲僧。

方以智逃禪梧州幾年後，〔註56〕在永曆七年（癸巳，1653）返回桐城，

〔註49〕傳見王夫之《永曆實錄・李文方列傳》，同註15，冊十一，卷一，頁11：393 ～394。

〔註50〕關於「十次辭疏」與〈蒭蕘妄言〉的詳細內容，見方以智，《浮山文集前編》，收錄於四庫禁燬書叢刊編纂委員會撰，《四庫禁燬書叢刊・集部》第一百一十三冊（北京：北京出版社，2000年），卷之十，《獪峒廢稿》，頁640～649。

〔註51〕安徽省《皖志列傳稿》曰：「時孔炤已老，隱於皖桐，而朝臣日相水火，以智慨然曰：『我生不辰，丁國季運，歸則負君，出則負親，吾其緇乎？』遂僧服棄官。」同註27，冊一，卷一，〈方以智傳〉，頁71。

〔註52〕錢澄之，原名秉鐙，字幼光，明亡後改名澄之，字飲光，安徽桐城人。

〔註53〕嚴煒，字伯玉，常熟人，大學士嚴訥之孫，授光祿寺卿，隱居迴仙洞。

〔註54〕傳見明・錢秉鐙撰，《所知錄》，收錄於李宗侗主編，《中國學術名著》第七輯（臺北：世界書局，1971年1月），〈永曆紀年〉，頁62～63。

〔註55〕安徽省《皖志列傳稿》：「間行至平樂，爲清帥馬蛟麟所得，語之曰：『官服在左，白刃在右，吾子其擇焉？』以智趨而右，蛟麟笑而禮之。」同註27，冊一，卷一，〈方以智傳〉，頁71。

〔註56〕張永堂指出：「方以智於永曆五年初逃禪梧州，故大約自永曆五年（一六五一

省親於白鹿山莊。當時，皖開府李芃來訪，曾以朝服誘逼方以智，問其出家的決心是否已定，並且告訴他曾在獄中查監時，遇一和尚正要減死出獄，其面容卻憂喜不動，便覺此人是一真和尚，為日後方以智拜師的因緣埋下伏筆。是以錢澄之〈住壽昌觀濤奇禪師塔銘〉中載有此一事跡，其曰：

> 初，吾鄉方密之自嶺外薙染還里，皖開府李中丞（李芃）召問：「信已出家耶？」方曰：「信矣。」曰：「若信，吾指汝一師。」問為誰，曰：「覺浪和尚也。吾嘗到太平察獄，親至獄中，和尚趺坐佛前不起，獄囚皆合掌誦佛號，聲徹圜扉，滿獄旃檀香，即地獄天堂矣。既減死，予復入獄驗之，問曰：『和尚，旨下矣，請出獄。』皆疑出即正法也，和尚顏色不動，曰：『好！』曳仗便走，隨予至獄門。予笑曰：『和尚大喜！旨下，放免汝矣！』和尚曰：『放也好。』顏色如故。其初無懼容，其後無喜色，是真和尚也，固當師。」密之聞言，即至天界禮杖人為師，今所稱青原智禪師是也。〔註57〕（《田間文集·住壽昌觀濤奇禪師塔銘》）

由於清吏李芃的一席話，促成方以智前往天界寺禮「曹洞宗」〔註58〕僧人覺浪道盛〔註59〕（1592～1659）為師，隨即閉關高座寺看竹軒（竹關），並開始

年）至清康熙十年（一六七一年）前後二十一年是逃禪時期。其間又分為前後兩期，自永曆五年至康熙三年（一六六四年）為逃禪前期；自康熙三年至康熙十年為逃禪後期。」同註2，氏撰〈方以智〉，「三、略傳」，頁335。

〔註57〕見清·錢澄之撰、彭君華校點，《田間文集》（合肥：黃山書社，1998年8月），卷二十三，墓誌銘類，頁456～457。所謂薙染，指剃髮為僧之意。

〔註58〕禪宗的發展從中唐到北宋之間，由惠能所代表的「南禪」經由青原行思、南嶽懷讓兩系而陸續分成「五家七宗」。其中五家是：（一）由洞山（807～869）、曹山（840～900）所開創的「曹洞宗」；（二）由臨濟義玄（？～866）所開創的「臨濟宗」；（三）由仰山（814～890）所開創的「溈仰宗」；（四）由雲門文偃（864～949）所開創的「雲門宗」；（五）由清涼文益（885～958）所開創的「法眼宗」。加上嗣後由臨濟發展出來的黃龍慧南（？～1069）所開創的「黃龍派」與楊岐方會（？～1049）所開創的「楊岐派」，則形成所謂的「五家七宗」。見李仁展《覺浪道盛禪學思想研究》（國立臺灣師範大學國文研究所碩士論文，2004年11月），「第四章第一節會通五家思想的歷史淵源」，頁67。

〔註59〕覺浪道盛，號覺浪，別號杖人，閩浦張氏人。幼習舉子業，年十五入贅，十九因大父坐亡，有疑，遂萌生出塵。其生平詳見劉餘謨，〈傳洞上正宗二十八世攝山棲霞覺浪大禪師塔銘並序〉，《天界覺浪盛禪師全錄》，收錄於《中華大藏經·嘉興續藏》第二輯第一百三十六冊（臺北：修訂中華大藏經會印行，1968年），卷十七，總頁57723～57727。關於覺浪道盛的研究，專書計有日·荒木見悟著，《憂國烈火禪》（東京：研文出版社，2000年）；李仁展，同上註，「第

撰寫《藥地炮莊》，此後他便以「逃禪遺民」〔註60〕的身分自居。是故全祖望
（1705～1755）於〈周先生囊雲集序〉中曾謂：

> 當時如林閣學增志、方閣學以智、熊給事開元，皆逃禪之最有盛名者，
>
> 然不能不爲君子所譏。〔註61〕（《鮚埼亭集外編・周先生囊雲集序》）

全祖望認爲，明末清初逃禪遺民者當中以林增志〔註62〕、方以智、熊開元〔註63〕
（1599～1676）三人最爲有名。由於他們爲求自保而遁入佛門的形跡，其發心
是否爲眞，不免遭彼輩君子所譏笑。全祖望所言的「逃禪」一詞，早自唐・杜
甫〈飲中八仙歌〉一詩中有云：「蘇晉長齋繡佛前，醉中往往愛逃禪。」〔註64〕

二章道盛的背景、生平與著作」，頁7～42；謝明陽，《明遺民的莊子定位論題》
（臺北：國立臺灣大學出版委員會，2001年10月），頁45～96；楊儒賓，〈儒
門別傳——明末清初《莊》《易》同流的思想史意義〉，收錄於鍾彩鈞、楊晉
龍主編，《明清文學與思想中之主體意識與社會——學術思想篇》，（臺北：中
央研究院中國文哲研究所，2004年12月）頁245～289。期刊則有日・荒木見
悟著、廖肇亨譯，〈覺浪道盛初探〉，（《中國文哲研究通訊》第9卷第4期，
1999年12月），頁77～94；謝明陽，〈明遺民覺浪道盛與方以智「怨」的詩學
精神〉，（《東華人文學報》第3期，2001年7月），頁433～462。

〔註60〕關於明末清初逃禪遺民的類型，廖肇亨分析爲五類：「（一）終身出家而且嗣
位爲住持，如方以智、晦山戒顯、金堡、林增志。（二）終身出家，但並未開
堂付法者，如周齊曾、髡殘石谿。（三）出家之後，亦未逾越僧人本分，然中
途還俗者。如屈大均、曾燦。（四）表面上出家，實則不以此爲然者。如呂留
良、歸莊。（五）欲出家而未出家者，如吳偉業、方文、顧有孝。以上五種類
型是以與佛門關係的深淺作爲判分的依據，這五類之間，幾乎不可能有所交
集。遺民一旦逃禪，其行爲模式必不脫前述四種類型。」同注20，「第二章第
二節　遺民逃禪動機與方式之多樣性」，頁17～18。

〔註61〕見清・全祖望撰，《鮚埼亭集》全二冊（臺北：華正出版社，1977年3月），
外編，卷二十五，序三，頁993。

〔註62〕林增志，瑞安人。崇禎中進士，官右中允。隆武時，以入閣召，未赴。閩亡，
爲僧，住溫州之頭陀寺。有僧來受戒者，問：「曾殺人否？」僧自言少時從闖
賊，曾刺殺某官，增志怒，以錫杖撞殺之。山民喧：「大和尚殺人」，乃潛入泰
順峰門山中，闢田造寺，曰「香林」，隱居焉。與遺老董龍溪父子多唱和詩，
自稱讓菴和尚。死葬寺之對山。傳見清・徐鼒撰、清・徐承禮補遺，《小腆紀
傳》，收錄於周駿富輯，《清代傳記叢刊》全二百零二冊（臺北：明文書局，
1985年5月），第六十九冊，「遺逸類四」，卷二十四，列傳十七，頁249。

〔註63〕熊開元，字元年，號魚山，嘉魚人。天啓乙丑進士，除崇明知縣，調繁吳江。
崇禎朝，徵吏科給事中，以官知縣時徵不及額，貶二秩外用，不赴。……劾
首輔周延儒，與給事中姜垛同受廷杖，下獄，所謂熊、姜之獄也。……汀州
破，棄家爲僧於蘇州華山巖，師事南嶽和尚（繼起弘儲）。又住休寧仰山，自
號藥庵。傳見《小腆紀傳》，同上注，卷二十四，列傳十七，頁248～249。

〔註64〕見唐・杜甫著、清・仇兆鰲注，《杜詩詳注》全四冊（臺北：正大印書館股份

此七古詩句底下，仇兆鰲（1638～1717）注曰：「持齋而仍好飲，晉非眞禪，直逃禪耳。逃禪，猶云逃墨、逃楊，是逃而出，非逃而人。《杜臆》云：『醉酒而悖其教，故曰：逃禪，後人以學佛者爲逃禪，誤矣。』」〔註65〕另據清・浦起龍（1679～？）於《讀杜心解》中注曰：「逃禪，即是事佛。《杜臆》以背其教爲逃禪，穿鑿可笑。」〔註66〕其中仇、浦二氏所徵引的《杜臆》，乃是明・王嗣奭究心杜詩之注箋，王氏則認爲「『逃禪』蓋學浮屠術，而喜飲酒，自悖其教，故云。而今人以學佛者爲逃禪，誤矣。」〔註67〕由此可知，明清時人對於「逃禪」一詞的涵義至少持有兩種看法：一是認爲逃禪乃是悖其佛教戒律之意，以王嗣奭爲代表；二是認爲逃禪即事佛之意，以浦起龍、仇兆鰲爲代表。就方以智的情況而言，當屬後者之意。

再者，所謂「遺民」的意涵，是指「處江山易代之際，以忠於先朝而恥仕新朝者也。」〔註68〕如《史記・管蔡世家》曰：「於是封叔鮮於管，封叔度於蔡：二人相紂子武庚祿父，治殷遺民。」〔註69〕意謂由管叔、蔡叔二人統治著殷商前朝的百姓。

由此可知，屬於「逃禪遺民」之列的方以智，乃是一位不仕清朝卻又薙髮披緇，由儒入佛的晚明士大夫，足見其敏感而複雜的身分。也因爲如此，入清之後，其行事終究隱晦而不彰，而著作也隨之湮沒不彰。

然而，在天界師事道盛禪師的同時，於永曆九年（乙未，1655）家中卻傳來不幸的噩耗，其父方孔炤辭世。是以方以智聞訊此一突如其來的訃音，哀痛不已，旋即破關奔喪。是年冬於合明山下結廬於墓側，守父喪長達三年之久，足見他守喪之孝心。於此期間，方以智仍舊殫力著述，並囑咐其三子中德、中通、中履繼續編撰《周易時論合編》，倡以「三教歸易」〔註70〕的學術宗旨。

有限公司，1974 年 6 月），冊一，卷二，頁 1：222。

〔註65〕同上注，冊一，卷二，頁 1：222。

〔註66〕見清・浦起龍，《讀杜心解》（臺北：古新書局，1976 年 2 月），卷二之一，〈飲中八仙歌〉，頁 227。

〔註67〕見明・王嗣奭撰，《杜臆》，收錄於《中華國學叢書》（臺北：臺灣中華書局，1970 年 10 月），卷之一，〈飲中八儦歌〉，頁 8。

〔註68〕見謝正光，《清初詩文與士人交遊考》（南京：南京大學出版社，2001 年 9 月），頁 6。

〔註69〕見漢・司馬遷撰，《史記三家注》全二冊（臺北：七略出版社，1991 年 9 月），上冊，卷三十五，頁 1：616。

〔註70〕方以智於《象環寤記》中曾言儒釋道三教之說，實是「沂其原同，則歸於《易》耳。」是故本文據此化約而爲「三教歸易」一詞，以明其易學思想的學術宗

六、逃禪後期（1664～1671），即五十四歲至六十一歲

　　方以智晚年拜入覺浪道盛門下不久，永曆十三年秋（乙未，1659）其師覺浪道盛圓寂於金陵，方以智聞訊痛悼落淚，與諸法兄和記莂居士一行人，建塔於棲霞山以祭拜其師。[註71] 至康熙三年冬（甲辰，1664），乃應于藻（生卒年不詳）、倪震與吉安士人的邀請，爲完成覺浪道盛復興曹洞宗之宿願，而入主青原山淨居寺法席。[註72] 是以好友施閏章 [註73]（1618～1683）於〈無可大師六十序〉中曾謂：

> 無可大師，儒者也。嘗官翰林，顯名公卿間。去而學佛，始自粵西遭亂棄官，白刃交頸，有托而逃者也。後歸事天界浪公，閉關高座數年，刳心濯骨，渙然冰釋於性命之旨。嘆曰：「吾不罹九死，幾負一生！」古之聞道者，或由惡疾，或以患難，類如此矣。……其初入青原，爲笑公掃塔；旋去廬山，而廬陵于明府（于藻）以七祖道場，固請駐錫，師乃留數載，著書說法，皈者日眾。……其汲汲與人開說，囊括百家，掀揭三乘，若風發泉湧，午夜不輟。士大夫之行過吉州者，鮮不問道青原；至則聞其言未嘗不樂而忘返，茫乎喪其所恃也。[註74]（《施愚山集・無可大師六十序》）

由此可知，在施閏章賀方以智六十大壽的序文中，透過其文筆而形塑出方以智逃禪前後期的大致情景。如在前期中，方以智曾親歷清帥以「白刃交頸」的生死關頭，遂「有托而逃者」，入寺爲僧；在後期中，則禮天界覺浪道盛爲師，閉關多年，領悟到天地性命之旨；又逢吉州知縣于藻等諸士人之請託，

旨。見方以智著、李學勤校點，《東西均》（上海：中華書局，1962 年 11 月），附《象環寱記》，頁 160。

〔註71〕《遂初堂集・傳祠上正宗三十三世攝山棲霞覺浪大禪師塔銘》曰：「嗣法弟子二十七人，記莂居士四人建塔，卜得棲霞，全身歸葬千佛嶺之右。」同注 6，卷六，「禪游江西（1659～1664）」，頁 212 引。

〔註72〕方中通《陪詩》卷三，《省親集・隨侍入青原》詩前注曰：「于慧男、司直先生嗣君也，時令廬陵，特請老父主青原法席。老父辭之不獲，遂將沄林付笑峰和上門人無倚。甲辰之冬，始入青原方丈。」同注 6，卷六，「禪游江西（1659～1664）」，頁 231 引。

〔註73〕施閏章，字尚白，號愚山、蠖齋，晚號矩齋，安徽宣城人。其詩文與宋琬齊名，世稱「南施北宋」。關於施閏章的研究，可參閱呂妙芬，〈施閏章的家族記憶與自我認同〉，（《漢學研究》第 21 卷第 2 期，2003 年 12 月），頁 305～336。

〔註74〕見清・施閏章撰，何慶善、楊應芹點校，《施愚山集》全四冊（合肥：黃山書社，1992 年 11 月），冊一，《文集》，卷九，壽序一，頁 1：166～167。

入主青原山，承紹曹洞宗法脈，開堂弘法，闡述其會通三教而終之以「三教歸易」之說。〔註75〕此後，在方以智以及諸青原學人所共同帶領的講學活動下，〔註76〕儼然形成一股「峰別道同」〔註77〕的青原學風，其名聲便就此在江西一帶傳揚開來。是以其摯友王夫之於《搔首問》中說道：

乃披緇以後，密翁雖住青原，而所延接者，類皆清孤不屈之人士，

且興復書院，修鄒（東廓）、聶（豹）諸先生之遺緒，門無兜鍪之客。

其談說，借莊、釋而欲藥之以正。又不屑遣徒眾四出覓資財。〔註78〕

所謂「修鄒、聶諸先生之遺緒」，指復興明中葉以來士人講會活動的盛況。兜鍪之客，指帶兵打仗的軍人。此處，王夫之所言方以智晚年的住持生活，頗與事實相出入，如謂方以智「門無兜鍪之客」、「不屑遣徒眾四出覓資財」等。

〔註75〕 施閏章，〈無可大師六十序〉曰：「師少聞而好之，至是研求遂廢眠食，忘死生，以爲《易》理通乎佛氏，又通乎老莊。每語人曰：『教無所謂三也，一而三，三而一者也。譬之大宅然，雖有堂、奧、樓、閣之區分，其實一宅也。門徑相殊，而通相爲用者也。』故嘗有《周易時論》、《炮莊》等書，其說無所不備，學者以爲汪洋若河漢；而參伍錯綜，條理畢貫。《易》曰：『同歸而殊途，一致而百慮。』殆謂此也。」同上注，冊一，《文集》，卷九，壽序一，頁1：166～167。由此可知，方以智晚年思想傾向於會通三教，以「三教一家」作爲具體的寓意。

〔註76〕 關於方以智入主青原法席之後，所推動「荊杏雙修」的青原講學活動，其背後的成員，包括他的許多嗣法弟子、受業門生等青原學人，以及其它亡明遺民、地方官紳等的資助護持。這些講學活動的事跡，可詳見於劉浩洋，《從明清之際的青原學風論方以智晚年思想中的遺民心志》（臺北：國立政治大學中國文學研究所博士論文，2003年7月），「第三章第二節青原學人與往來人士」，頁126～151。該文對於方以智晚年思想的鑽研與爬梳，用功甚勤，面面俱到，體系完備，在吾人耳目之內，堪稱近年來方以智思想研究成果中不可多得的佳作。

〔註77〕 「峰別道同」一詞，據陳鳴皋，〈青原峰別道同說〉曰：「三教名異實同，宗別道合：亙古及今，照耀天壤。吾儒學孔孟，行仁義，敦孝弟，上紹危微精一之旨，乃爲登峰詣極；釋氏禮三寶，明心性，闡宗風；道家祖猶龍，著爲《道德》，福善禍淫，欲人登峰詣極。此『峰別道同』，張賁山太史品題於前，而『三教一家』，藥地老人書額於後，此心同也。」同注17，冊十四，卷一，「山水道場」，頁14：95。所謂三寶，指佛教義理的佛、法、僧三者。猶龍，指老子，語出《史記·老子韓非列傳》：「走者可以爲罔，游者可以爲綸，飛者可以爲矰，至於龍，吾不能知其乘風雲而上天。吾今日見老子，其猶龍邪！」同注69，下冊，卷六十三，頁2：858。張賁山，即張貞生，字幹臣，號賁山，廬陵人。順治戊戌進士，官至翰林院侍讀學士。而「峰別道同」四字，原是張貞生在淨居寺三一堂前的題字，其事始末詳見《青原志略》，同注17，冊十四，卷一，「山水道場」，〈谷口別峰〉，頁14：94～95。

〔註78〕 同注15，冊十二，《搔首問》，頁12：635。

〔註79〕這無非反映出王夫之對逃禪遺民者的既定形象與心目中的理想，在他看來，逃禪遺民的形象應該是刻苦自勵、遯居山林的僧侶，而不該假藉講學之名而進行著隱忍復明的救國傳薪之事業。〔註80〕

　　日後，廣東「粵難」事發，〔註81〕方以智受粵西友人牽連，遭致罹難，於康熙十年（辛亥，1671）自吉州被押赴嶺南受審，舟行贛江時，殉節於萬安惶恐灘以終，〔註82〕享年六十又一。據方中通《陪詩·哀述》：「波濤忽變作蓮花，五夜天歸水一涯。……慚愧荷薪憂力薄，且憑燈火照衰麻。」詩句下注曰：

　　　辛亥十月七日舟次萬安，夜分波濤忽作，老父即逝，而風浪息云。

〔註79〕有一例反證，乃是張貞生在〈修青原方丈募疏〉中，記載有青原僧徒浴溪的事跡曰：「見藥公雖修藥樹堂、歸雲閣，而新舊方丈尚未全新，遂效苦行頭陀，沿門擊坼，又為僧所難者。」見清·張貞生著，《庸書》，收錄於四庫全書存目叢書編纂委員會撰，《四庫全書存目叢書·集部》（臺南：莊嚴文化事業有限公司，1997年2月），冊二百二十九，卷九，頁229：235。藥公，指藥地老人，即方以智。由此可知，青原道場為修建禪堂樓閣的費用，其僧徒們不免要「沿門擊坼」，沿路向人托缽，以籌募資金。因此，王夫之的評論不可盡從，須詳加辨析其緣由，才不會被片面之言所誤。

〔註80〕王夫之《愚鼓詞·十二時歌和青原藥地大師》曰：「申，早來粥飯見無因，老年牙齒見鍋焦，屯。酉，莫道閉門遮百醜，哞哞蘿下帶金鈴，狗。戌，背面日頭當面出，脊梁何罪背燈光，屈。亥，江豚又把秋風拜，一日功成也是天，壞。」同注15，冊十三，頁13：623～624。由此可知，方以智於青原道場聚徒講學，一時人聲鼎沸，四方之民皆有往來，流言蜚語亦隨之而來，難保不被清廷官方所側目，此時，王夫之以歌詞為喻，「背面日頭當面出，脊梁何罪背燈光」，勸他莫肩負起造反「復明」的心志，以免致禍。

〔註81〕關於導致方以智罹罪致死的「粵難」事件，有論者以「一陣謎團」來形容之。據劉浩洋的分析指出：「學界現有的共識是：第一，「粵難」絕對是政治事件，此事必屬逆案無疑；第二，「粵難」的整肅對象主要是方以智，但同時還波及到遠在桐城的方氏一門；第三，「粵難」過後，清人對方以智語多忌諱，致使方以智的學術思想竟爾湮沒不彰。」同注76，「第三章小結」，頁152～153。

〔註82〕學界對於方以智的死因，係究「自沉」或是「病卒」存有兩派說法。其中，學者余英時於《方以智晚節考》中，經由史事的縝密推論下，重現當年方以智抉擇以「自沉」完節則幾乎已成定讞。其詳細的論證，見氏著，同注9，〈方以智晚節考〉、〈方以智晚節考新證〉、〈方以智晚節新考〉、〈方以智自沉惶恐灘考〉等篇，頁1～136、167～246。又有關方以智的罪由，究竟是被「誣陷」還是「涉案」，由於史料尚付之闕如，時人隱諱其事，是故至今仍舊處於文獻不足的膠著狀態。然而，近年來有論者初步推斷說：「第一，方以智的罪由似乎不全是遭人誣陷，甚至還可能直接涉入復明的逆案中；第二，方以智雖然不是清廷所要緝捕的『緊要正犯』，但必定是相關的『從犯』，而從方以智高坐禪堂的行跡來判斷，則『罪行』不外乎掩護、藏匿、私助、聯繫等情事。」同注76，「第三章小結」，頁154。

〔註83〕
由此可知，方以智爲完名全節，並免於方門子孫受其牽累，在夜半趁江上忽然波濤湧起時，憂憤而自沉以終，一代哲人溘然謝世。

第二節　方以智的著作

明清鼎革之際，兵馬倥傯，古籍文獻頗多亡佚。尤其是晚明諸遺老，或避時難，或滅影山林，所傳世的著作更是湮沒不見。是以方以智就是一個顯而易見的例子。關於方以智的著作，據學者張永堂指出：

> 據方昌翰《桐城方氏七代遺書》的考證，方以智除了《通雅》五十二卷、《物理小識》十二卷、《藥地炮莊》九卷載入《四庫全書》（其實《藥地砲莊》只有存目，而未著錄）以外，見於《經義考》者有《易餘》二卷；家藏抄本有十八種、即《稽古堂詩文集》、《嚳言》、《滕寓信筆》、《冬灰錄》、《象環寱記》、《此藏軒別集》、《此藏軒尺牘》、《廬墓考》、《東西均》、《鼎薪》、《正韻箋補》、《切韻聲源》、《一貫問答》、《猨峒廢稿》、《曾宜編》、《經考》、《禪樂府》諸書；他如《學易綱宗》、《易籌》、《諸子燔疴》、《四書約提》、《漢魏詩風》、《陽符中衍》、《旁觀鐸》、《太平鐸》、《烹雪錄》諸書百餘種，已佚去無存。〔註84〕

從上述可知，方以智所傳世的著作僅是所有著作中的一小部分，許多珍貴的文獻，大多已亡佚，而一些尚存而未刊行的手稿則待後人繼續的發掘。此處，本文僅就傳世的幾部重要著作，列舉其概要作一說明。〔註85〕一是博物學方面，有《通雅》、《物理小識》等；二是思想方面，有《東西均》、《周易時論合編》等。以下，將分別說明之。

〔註83〕見汪世清輯，《方中通《陪詩》選抄》，同注9，「附錄」，頁330引。

〔註84〕同注2，張永堂撰〈方以智〉，「四、著述」，頁342。張氏亦指出：「目前臺灣公藏方以智著作有《浮山文集前編》十卷（中央研究院歷史語言研究所傅斯年圖書館）、《通雅》五十二卷、《物理小識》十二卷、《藥地炮莊》九卷（史語所傅斯年圖書館。已由廣文影印）、《愚者智禪師語錄》四卷（嘉興藏，藏國家圖書館，今收入《中華大藏經》）、《兩粵新書》（偽書）、《印章考》（《篆學瑣著》）等。」前揭書，頁346。

〔註85〕本文所討論的著作僅就方以智逃禪前期爲限，至於逃禪後期的著作如《藥地炮莊》、《青原志略》、《青原愚者智禪師語錄》等，因觸及儒釋道三教思想的交涉與會通問題，非吾人目前的筆力所能處理，故擬究《通雅》、《物理小識》、《東西均》、《周易時論合編》等四部著作略加說明。

一、《通雅》

《通雅》一書五十二卷，以考證名物、象數、訓詁、音聲等爲主，是方以智早期著作中的佳作。今察其內容可知，方以智治學以博學多聞、詳徵博考爲務。關於此書撰寫的經過，方以智於崇禎十四年（辛巳，1641）在上江小館曾爲此題記曰：

> 函雅故，通古今，此鼓篋之必有事也。不安其藝，不能樂業；不通古今，何以協藝相傳，詎曰訓詁小學可弁髦乎？理其理，事其事，時其時，開而辨名當物；未有離乎聲音文字，而可舉以正告者也。……今以經史爲概，遍覽所及，輒爲要刪。古今聚訟，爲徵攷而決之，期於通達。免徇拘鄙之誤，又免爲奇僻所惑。不揣愚瑣，名曰《通雅》。雖挂一漏萬，然從今以往，各出所核，歲月甚長，備物致用，採獲省力，諒亦汲古者所樂遊之苑囿也。〔註86〕（《通雅‧自序》）

由此可知，《通雅》一書中的思想根抵是立基於經史訓詁。在文字音韻的考證上，對於事理時勢、語音流變，窮源溯委，以求辨名當物；在經史的考證上，廣采博覽，對於古今之聚訟，詳加考徵而斷疑，觀古今之變而通達其理。是故方以智爲此曠日長久而欲求備物致用，最終是要達到「函雅故，通古今」而「協藝相傳」的通變實用之目的。再者，同學錢澄之於《田間文集‧通雅序》中有言曰：

> 往予與愚道人（方以智）同學時，竊見其帳中恆有秘書，不以示人，閒掩而遽覽之，則皆所手抄成帙。凡生平父師所詁、目所涉獵，苟有可紀者，無不悉載。即一字之疑、一音之訛、一畫之舛，亦必詳稽博考，以求其至是。人言道人生平手不釋卷，搦管處指爲之腫，要其三十年心血盡在此一書矣。書成，名曰《通雅》，猶之鄭樵之爲《通志》，馬端臨之爲《通考》，以言其無不該也。〔註87〕（《田間文集‧通雅序》）

由於方以智早年從學於老師王宣時，即養成「隨聞隨決，隨時錄之」的習慣。因此，舉凡祖父師長的典籍訓詁，自身的聞見，只要是可資記載的事物，都詳加條列。尤其是對字書中的形音義，每喜好辨其眞偽，明其源流，

〔註86〕見方以智著、侯外廬主編，《方以智全書第一冊：通雅》全二冊（上海：上海古籍出版社，1988 年 9 月），上冊，〈自序〉，頁 1：3。

〔註87〕同註 57，卷十二，序類，頁 227～228。

務求詳稽博考。如此，日積月累的精核之下，歷時三十年的心血而完成此書。《通雅》定名爲「通」字，指其體例如同宋‧鄭樵《通志》和元‧馬端臨《文獻通考》一樣採摭浩博，言無不賅，是以「免古今之聚訟」。〔註88〕而「雅」字，則意謂此書似可列爲雅學之林。〔註89〕關於《通雅》在學術思想史上的意義，當可從《四庫全書總目‧通雅五十二卷提要》看出端倪，其言曰：

> 明中葉以後，以博洽著者稱楊慎，而陳耀文起而與爭。然慎好僞說以售欺，耀文好蔓引以求勝。次則焦竑亦喜考證，而習與李贄游，動輒牽綴佛書，傷於蕪雜。惟以智崛起崇禎中，考據精核，迥出其上，風氣既開。國初顧炎武、閻若璩、朱彝尊等沿波而起，始一掃懸揣之空談。雖其中千慮一失，或所不免，而窮源溯委，詞必有徵，在明代考證家中，可謂卓然獨立者矣。〔註90〕

由此可知，方以智早年所從事文字音義的考證，正反映出此時的學術思潮由宋明理學轉變到清代乾嘉考證之學的過渡時期，是以《通雅》中考據精核的治學方法，〔註91〕便成爲日後開啓乾嘉考證之學的先河。

二、《物理小識》

《物理小識》一書十二卷十五類，以「物理」冠書名，實有其象徵意義。〔註92〕是書編成於崇禎十六年（癸未，1643），隨附於《通雅》一書之後，合

〔註88〕方以智《物理小識‧序》曰：「《通雅》四十卷已行，《小識》十二卷尚在子宣手，《通雅》以通稱，謂免古今之聚訟。」同注8，頁1。

〔註89〕方以智《通雅‧凡例》曰：「此書本非類書。何類也？強記甚難，隨手筆之，以俟後證，久漸以雜，雜不如類矣。……古人倣《爾雅》體，若《廣》、《埤》之類，皆與〈方言〉〈釋名〉同規，不載所出，直以意取〈玉篇〉之字耳，無益後學。此書必引出何書，舊何訓，何人辨之，今辨其所辨，或折衷誰是，或存疑俟考，便後者之因此加詳也。士生古人之後，貴集眾長，必載前人之名，不敢埋沒。此書每則上標一語，倣《爾雅》之遺，使觀者望而知之，然後尋繹下方。」同注86，上冊，頁1：5。

〔註90〕見清‧永瑢、紀昀等纂修，《景印文淵閣四庫全書》全一千五百冊（臺北：臺灣商務印書館，1986年3月），冊八五七，子部十，雜家類存目二，頁857：2。

〔註91〕梁啓超認爲：「密之學風，確與明季之空疏武斷相反，而爲清代考證學開其先河，則無可疑。他的治學方法有特徵三端，一曰尊疑，二曰尊證，三曰尊今。」見氏著，《中國近三百年學術史》（臺北：臺灣中華書局，1935年9月初版），〈十二、清初學海波瀾餘錄〉，方密之條，頁150。

〔註92〕方以智《物理小識‧自序》曰：「盈天地間皆物也。人受其中以生，生寓於身，身寓於世，所見所用，無非事也；事一物也。聖人制器利用以安其生，因表

刊而行世。是以當時捐資刻印的廬陵縣官于藻曾在官署春音堂爲此書題記云：

> 《物理小識》一書，原附《通雅》之末，蓋是大師三十年前居業遊
> 學之餘，有聞隨錄，以待旁徵積考者也。〔註93〕（《物理小識・序》）

于藻的《物理小識・序》寫於方以智三十三歲之際，與《通雅》成書，略相
先後之別。就二書的整體內容來看，同樣是博雅考覈的著作。進而，于藻又
言謂：

> 《小識》以紀物用，核其實際，誠案頭所不可少者，子宣獨（揭暄）
> 于物理有深入處，醉心此書，因田伯（方中德）、位白（方中通）、
> 素北（方中履）所編而重抄之，余故捐俸爲倡，公諸斯世，天道律
> 曆之符，山澥五行之蘊，禮樂制作之矩，人間日用之宜，因物付物，
> 得此條理，群疑立決，享其不欺，豈不快哉？余既捐俸爲倡，公諸
> 斯世矣。今重訂而梓之，以廣其傳。〔註94〕（《物理小識・序》）

從于藻的題記可知，方以智《物理小識》一書的治學目的在於「以紀物用，
核其實際」。是書除了闡明物理之學外，還囊括天道律曆、禮樂制作等方面，
誠可謂士大夫案頭讀書不可缺的參考之作。關於是書的編定，則是交由弟子
揭暄與方門三子合力重抄與編錄而成，並由于藻負責資助此書刊行的費用。
因而，《物理小識》才得以流傳至今，成爲標誌著方以智在自然科學成就的代
表著作。

　　合觀《通雅》與《物理小識》可知，二書同爲方以智崇實精神的反映。
此一早期的治學成就，乃成爲引領清代乾嘉考證之學的前導。

三、《東西均》

　　《東西均》一書共二十八篇，〔註95〕其成書約在方以智於廬山大悟而欲
意投奔天界寺前一年（清順治九年，1652）左右。就其書名的意義而言，「均」

理以治其心：器固物也，心一物也。深而言性命，性命一物也；通觀天地，
天地一物也。」同注8，頁1。

〔註93〕同注8，《物理小識・序》，頁1。

〔註94〕同注8，《物理小識・序》，頁1。

〔註95〕《東西均》的篇目依序計有：〈東西均・開章〉、〈東西均記〉、〈擴信〉、〈三徵〉、
〈盡心〉、〈反因〉、〈公符〉、〈顛倒〉〈生死格〉、〈奇庸〉、〈全偏〉、〈神迹〉、〈譯
諸名〉、〈道藝〉、〈不立文字〉、〈張弛〉、〈象數〉、〈所以〉、〈所以附：聲氣不
壞說〉、〈容遁〉、〈食力〉、〈名教〉、〈疑信〉、〈疑何疑〉、〈源流〉、〈無如何〉、
〈茲燚䴵〉、〈消息〉等二十八篇。

〔註 96〕指使不調和的、相對的兩端趨向和諧之意,而「東西」則意謂世間一切相互對立的概念,又兼具著東方的儒道和西傳的佛學三者間的交涉與會通。因而,是書取名為「東西均」實寓有全均東西而又兼涵三教思想的意義。〔註 97〕

　關於方以智《東西均》的思想研究,近年來已有幾部論文與多篇期刊問世。〔註 98〕茲根據劉浩洋的析論以見其概要,其曰:

> 爲了深入闡發此種「全均東西」的學說,於是方以智乃發展出一套藉由四個理論範圍所依序建構而成的理論體系:首先,是提出「無始兩間皆氣」的氣類思想。……其次,是提出「反因輪起公因」的象數思想。……其三,是提出「無所不學則無所不能」的心性工夫。……最後,是提出「代明錯行無一不可」的全均思想。〔註 99〕

由此可知,《東西均》一書的思想根柢乃是方以智以家傳易學與理學爲核心,加上援引釋氏內典而成一通貫三教的「全均思想」。〔註 100〕是以方以智於《東

〔註 96〕方以智《東西均‧開章》曰:「均者,造瓦之具,旋轉者也。董江都曰:『泥之在均,惟甄者之所爲。』因之微均平,爲均聲。樂有均鐘木,長七尺,繫弦,以均鐘大小、清濁者;七調十二均,八十四調因之。均固合形、聲兩端之物也。古呼均爲東西,至今猶然。」見方以智著、龐樸注釋,《東西均注釋》(北京:中華書局,2001 年 3 月),頁 1。所謂「均」是造瓦而使均平的器具,如旋轉的陶鈞,也是用以調節樂器使其均聲的工具,如均鐘木,其意思乃引申爲一切事物都是處在互爲兩端而又均衡調和的狀態。

〔註 97〕方以智《東西均‧開章》曰:「兩間有兩苦心法,而東、西合呼之爲道。道亦物也,物亦道也。物物而不物于物,莫變易、不易於均矣。……東起而西收,東生而西殺。東西之分,相合而交至;東西一氣,尾銜而無首。以東西之輪,直南北之交,中五四破。觀象會心,則顯仁藏密而知大始矣。密者,輪尊傳無生法忍以藏知生之用者也,昭昭本均如此。」同上注,頁 2~5。又曰:「孔子復生,必以老子之龍佛;佛入中國,必喜讀孔子之書,此吾之所信也。」前揭書,《東西均‧擴信》頁 32。

〔註 98〕對此,可參閱本論文附錄一:「方以智思想研究書目暨期刊一覽表」,頁 259~276,即可見一斑。

〔註 99〕同注 76,「第三章第一節藥地愚者及其方氏易學」,頁 93~101。劉浩洋對於方以智思想的研究與關注留心甚久,從早年的《方以智《東西均》思想研究》(政大碩論,1997)一書,以專書爲主題作探討;到晚近的《從明清之際的青原學風論方以智晚年思想中的遺民心志》(政大博論,2003)一書,亦延續方以智思想的課題,擴大爲學術思想與社會等層面的交涉,爲後來的研究者提供不少可資觀摩的地方。

〔註 100〕「全均思想」又可稱爲「均的哲學」。張永堂認爲:「方以智以《東西均》一書爲主而提出的哲學思想,我們可以總括之爲均的哲學,它主要是想在

西均·神迹》中曾謂：

> 吾所謂補救其弊者，正以代明錯行，無一不可也。厚貌飾情，方領矩步，食物不化，執常不變，因因循循，汩汩沒沒，非霹靂以礦碑汋發之，縱橫側出以波翻之，坐牛皮中，幾時仰搔苛養乎？是謂以禪激理學。悟同未悟，本無所住，《易》《莊》原通，象數取證，明法謂之無法，猶心即無心也，何故諱學，以陋樴株？是謂（以理學）激禪。惟我獨尊之弊，可以知白守黑之藥柔之，是謂以老救釋。然曳尾全生之說既深，惟有退縮、死于安樂者，傴僂偷匿，匿焉已。又藉口谿谷之學，以苟免爲明哲。悲乎！悲化山河大地而肉矣，是謂以釋救老。……今而後儒之、釋之、老之，皆不任受也，皆不閡受也。〔註101〕（《東西均·神迹》）

此段文意即爲方以智著名的炮製三教之說。所謂代明錯行，指日月交替而明，四時輪轉而行。方領矩步，比喻受儒家的教化而端莊正容之樣貌。因因循循，指遵循舊習而無所變動。汩汩沒沒，指因守舊不知變通而沉淪。霹靂，指急而響的雷聲，此喻破除既有的規矩法度。而「霹靂以礦碑汋發之」，意謂使用禪機讓人破除執念，就如同以石柱敲打使人立刻清醒。「縱橫側出以波翻之」，指公案中以非邏輯或不可解之語，令人參究。坐牛皮中，比喻陷於思維的瓶頸而不能參透。仰搔苛養，指受到刺激而奇癢難耐，此喻被禪機所圍而難受。在方以智看來，晚明理學之弊在於儒者囿於定見與舊習，每遇禪門中通脫的機鋒便轉不過話來，這就是「以禪激理學」，暗喻以打禪語來刺激冥頑不靈的人。

　　然而，人們在參究禪門義理時，本有開悟與未悟之別，不須過於執著。另外，對於儒道二家，方以智認爲，《易》《莊》原可會通，其方式在於「宇宙間的最高至理藏寓於圖書象數之中，《易經》與《莊子》二書所表達的思想，不過都是對於此一至理的一種展現，故《易》《莊》之旨本即貫通，並可用象數來作證明。」〔註102〕在方以智看來，以儒家所言的教化法度，比況於佛家

> 事物均衡發展下求取進步。它是一種調和哲學，同時也是一種進步哲學。∴是代表這種哲學的象徵符號，而隨泯統、交輪幾、集大成、中道思想，以及懷疑精神、學術進化觀則是它的具體內容。這種哲學在方以智整個思想體系中佔有最核心的地位。」同注 2，氏撰〈方以智〉，「六、方以智均的哲學」，頁 370。

〔註101〕 同注 96，《東西均·神迹》，頁 158～160。

〔註102〕 見謝明陽，《明遺民的莊子定位論題》（臺北：國立臺灣大學出版委員會，2001年 10 月），「第三章第二節象數式的論證」，頁 108。

所言的無法，就像儒家言心性，本是靈明虛玄，其意等同佛家之無心。是以儒者能夠具體地講性論心，而禪門卻要故作禪語，隱諱而不明言，其義理就如同狹隘的根基。因而，「以理學激禪」，諷其好打禪語而不直接講明。

　　因此，方以智以爲，晚明三教末流的弊病，一是佛教的惟我獨尊之病，須以老莊不自炫燿的藥來解，故以老救釋。而另一是道家的隱逸混跡之病，如莊子的「曳尾全生之說」，〔註103〕老子的「谿谷之學」，〔註104〕須用佛教開悟破執的藥來解，故以釋救老。是故方以智認爲，會通儒釋道三教，使共一其一，而不會有聽憑一教之說，或者受到各自的偏弊所妨礙。由此可知，《東西均》一書的理論體系，正是方以智晚年欲以「代明錯行無一不可」的全均思想來達到兼容諸家、會通三教的調和哲學。

四、《周易時論合編》

　　《周易時論合編》一書爲方孔炤與方以智父子二人所合著的易學著作。〔註105〕所謂「合編」是指綜合歷代諸家對於易學的議論與見解。而「時論」之意涵是強調「時」的觀念，「乃是《易》學之核心，而《易》的極致，即在於知『時』，並能隨時處中而不偏倚」。〔註106〕是書於清順治十七年（1660）

〔註103〕語出《莊子・秋水》曰：「莊子持竿不顧，曰：『吾聞楚有神龜，死已三千歲矣。王巾笥而藏之廟堂之上。此龜者，寧其死爲留骨而貴乎？寧其生而曳尾於塗中乎？』二大夫曰：『寧生而曳尾塗中。』莊子曰：『往矣！吾將曳尾於塗中。』」意謂莊子寧可適性逍遙而全其生，不爲世俗之名物所累。見清・郭慶藩，《莊子集釋》（臺北：貫雅文化事業有限公司，1991年9月），卷六下，〈秋水〉第十七，頁604。

〔註104〕語出《老子》第二十八章曰：「知其雄，守其雌，爲天下谿。爲天下谿，常德不離，復歸於嬰兒。知其白，守其黑，爲天下式。爲天下式，常德不忒，復歸於無極。知其榮，守其辱，爲天下谷。爲天下谷，常德乃足，復歸於樸。樸散則爲器，聖人用之則爲官長。故大制不割。」見王弼注、樓宇烈校釋，《老子周易王弼注校釋》（臺北：華正書局，1981年9月），頁74～75。

〔註105〕學界對於《周易時論合編》作者問題的斷定，大致上約有四種說法：一是《時論》爲方孔炤所撰、二是《時論》爲方以智所撰、三是《時論・圖象幾表》爲密之所撰，而《時論・經傳部分》爲潛夫所撰、四是《時論》全書兩部分均爲父子二人合著。關於這四種說法中各家論述的看法，可參見彭迎喜，〈《周易時論合編》的作者問題〉（《清華大學學報》（哲學社會科學版），第13卷第4期，1998年），頁66～70。

〔註106〕見劉謹銘，《方孔炤《周易時論合編》之研究》（臺北：文化大學哲學研究所博士論文，2004年5月），「第一章第三節方孔炤學思進程與《周易時論合編》」，頁28。

由白華堂開始刊刻，其內容則分為兩個部分，一是《周易時論合編圖象幾表》
〔註107〕（以下簡稱《圖象幾表》）八卷，二是《周易時論》經傳部分的「上下
經上下繫說卦序卦雜卦」〔註108〕十五卷，共二十三卷。從內容可知，《周易時
論合編》中兩個部分的編纂，都是由方孔炤託付方以智主持其事，並且由方
以智命兒侄輩們共同編錄而成。

　　關於此書的編寫，其實是歷經一段漫長而艱辛的過程，總共經過三次的
易稿與四次的編錄，可謂是方孔炤父子孫三代以接力賽的方式將其完成。在
這段歷時甚久的撰寫與編錄的過程中，亦能如實地反映出方氏四世易學思想
的發展。其編撰的歷程，大致可分為四階段。

　　第一階段即方孔炤自崇禎四年（辛未，1631）至崇禎七年（甲戌，1634）
的廬墓期間（1631～1634）。當是時，因逢父親方大鎮謝世，方孔炤回家鄉白
鹿山莊守喪。此期間，方孔炤重讀祖父的易學著作，潛沈隱居，而撰成《周
易時論》一書。〔註109〕是以方以智於〈《時論》後跋〉中曾謂：

> 家君子（方孔炤）自辛未（1631）廬墓白鹿三年，廣先曾王父（方
> 學漸）《易蠡》，先王父（方大鎮）《易意》而闡之，名曰《時論》。
> 〔註110〕（《周易時論合編·時論後跋》）

由此可知，方孔炤於白鹿的廬墓期間，已先將祖父的《易蠡》與《易意》二
書抄錄在《周易時論》初稿內。繼之，第二階段始於崇禎十三年（庚辰，1640）
至十五年（壬午，1642）間，方孔炤因香油坪之役兵敗而遭構陷下獄。在此
期間，黃道周亦因案而同處西庫，二人朝夕論《易》，析衍《易》圖，方孔炤
深受黃道周象數易學的影響。因而，在出獄後的兩年期間，方孔炤留心於歷

〔註107〕《周易時論合編圖象幾表》八卷中，每卷的標題爲「皖桐方孔炤潛夫授編」，
　　　　底下繫有編錄者孫方中德、方中通、方中履、方中泰四人；再較者：潭陽後
　　　　學游藝（卷之一，頁 5：69）、宋山後學左銳（卷之二，頁 5：161）、子壻曹
　　　　臺岳（卷之八，頁 5：651）四人，以及參訂者：任鵃立竹西兆及蛟峯（卷之
　　　　四，頁 5：327）二人，共有十人參與編錄校對的工作。
〔註108〕《周易時論》經傳部分十五卷中，每卷的標題爲「皖桐方孔炤潛夫論述」，底
　　　　下繫有編錄者孫方中德、方中通、方中履、方中泰四人；再較者：廣昌後學
　　　　揭暄（卷之一，頁 1：3）、莆田後學余佺（卷之五，頁 2：703）、西昌後學郭
　　　　林（卷之九，頁 4：1393）、環山後學方兆克（卷之十四，頁 4：1711）、子壻
　　　　左國鼎（卷之十五，頁 4：1723）五人，共有九人參與編錄校對的工作。
〔註109〕方孔炤《周易時論合編·凡例》曰：「忽忽廬白鹿之墓三年，重讀祖父之書，
　　　　述成《時論》，優游丘壑足矣。」同注 38，冊五，〈凡例〉，頁 66。
〔註110〕同注 38，冊五，〈《時論》後跋〉，頁 51。

代圖書象數的發展與蒐羅《易》圖，重新修訂《周易時論》。

接著，甲申（1644）國變之後，方孔炤退隱而居鄉，此即第三階段。方孔炤對《周易時論》進行第三次撰寫的工作。順治十一年（甲午，1654），方孔炤將《周易時論》繫辭部分的稿子，由長孫方中德轉交給閉關高座寺的方以智審閱。是以方以智於〈繫辭提綱〉中載有此事，其曰：

> 老父晚徑一紀《時論》，三易藁矣。中德持〈繫辭〉來高座關中，拜而讀之，誠萬法之統御包決也。午會當明後世幸甚，甲午中夏，日在參九，不肖男以智謹記。〔註111〕（《周易時論合編卷之九·繫辭提綱》）

同年冬天，方孔炤又再將其餘的稿件全數交由方以智。是以《藥地炮莊·齊物論》中記有此事，其曰：

> 老父在鹿湖環中堂十年，《周易時論》，凡三成矣！甲午之冬，寄示竹關，窮子展而讀之。公因反因，真發千古所未發。……不肖子以智時閱此論，謹識之以終卷。〔註112〕（《藥地炮莊卷之一·齊物論》）

由此可知，方孔炤在此時期的稿件中，已闡發公因反因之論。此一觀點，亦為方以智的易學思想所繼承之。然而，隔年（乙未，1655）方孔炤不幸辭世。在臨命前，方孔炤曾遺命囑咐兒孫續編《周易時論》一書。因此，從國變後到身亡的期間，方孔炤隱居於桐城故居撰寫《周易時論》歷時長達十二之久（1644～1655）。

之後，方以智聞喪，旋即破關奔喪，盧墓守孝三年，此為第四階段（1655～1658）。當是時，順治十二年（乙未，1655）至順治十五年（戊戌，1658）期間，乃遵從父命繼續進行《周易時論》的整理與修訂工作。由此可知，《周易時論合編》的成書歷程，從草創的《周易時論》到「合編」成《周易時論合編》一書，可謂是方氏四世研《易》薪火相傳的學術志業之具體展現。

綜上所述，關於方以智的學術思想，一般而言，有所謂「前實而後虛」之論斷。〔註113〕究其原因，實以逃禪前後作為其思想轉變的判準。在逃禪以

〔註111〕同注38，冊四，卷之九，〈繫辭提綱〉，頁4：1391。

〔註112〕見清·方以智撰，《藥地炮莊》全二冊（臺北：廣文書局，1975年），上冊，卷之一，〈齊物論〉，頁1：245～246。

〔註113〕同注76，「第三章第一節藥地愚者及其方氏易學」，頁87。劉氏並按曰：「學者口中的『前實後虛』，乃指方以智的治學重心自博學研究移往哲理探索的路向轉變，並非指其治學精神產生了空疏蹈虛的情形；事實上，若就方以智畢

前，聞見賅博，考覈詳實，故稱為「實」，以《通雅》和《物理小識》二書為早期的作品；而在逃禪以後，潛心體道，旁通諸家，究心玄思，故稱為「虛」，以《藥地炮莊》與《周易時論合編》為晚期的代表作。至於其思想的虛實轉變之處，則是另一晚期之作的《東西均》。〔註114〕方以智在《東西均‧象數》中曾謂：

> 虛即實，實即虛；一即萬，萬即一；豈有通至理而不合象數者乎？
> 執虛理而不徵之象數者，是邊無而廢有也。執一惡賾，則先為惡賾
> 之心所礙。何謂萬即一，何謂實即虛乎？何謂一多相即之一真法界
> 乎？真易簡者，不離繁多而易簡者也。〔註114〕（《東西均‧象數》）

方以智認為，虛與實，一與萬的概念，都是並行合徹而不相悖離。作為形上本體的至理雖是應然之理，但是究其實然，仍不離以象數為實徵。反之，執一虛理而不徵之於象數，則是循無而廢有之偏。猶如執定一念而未能細加探求，實為此一心念所障蔽。假使吾人知道虛實、一萬，本是相即之故，究能瞭解萬物中的虛實體用之理，是一真易簡者。由此可知，從實以通其虛，而復由虛而知其實，虛實相即。而所謂方以智思想的虛實轉變，只是就治學方法的路向不同而言，其思想內涵仍舊有著內在理路的一致性。

第三節　方以智的家學與師承

對於一位思想家的人格與學識的塑造，除了時代背景的影響之外，最重要的便是他的家學。明清以降，安徽桐城在當時是一個人文薈萃，商業繁盛的地區。由於經濟的發達、文風的昌明，桐城一帶便形成以氏族為中心的知識社群，如張、姚、馬、左、方等五大著名的望族。他們多半由務農耕讀發跡，進而科舉登第，高官顯爵。其中，桐城方氏一族尤為後人所稱道，冒懷辛曾指出：「桐城方氏是一大族，分桂林方、會宮方，魯𧮪方三支，方以智屬於桂林方一系。」〔註116〕由此可知，桐城方氏一族在當時是人才濟濟，名家

　　　生的思想歷程來看，則其力學崇實的立場，實未嘗一日改變。」前揭書，注7，頁87。

〔註114〕冒懷辛曾於〈方以智的生平與學術貢獻——方以智全書前言〉中指出，《東西均》不僅是「他哲學思想和方法的奠基之作」，而且還認為它是「方以智最早完整地論述其哲學思想的主要著作」。同注86，頁21、27。

〔註114〕同注96，《東西均‧象數》，頁203。

〔註116〕見氏撰，〈方以智的生平與學術貢獻——方以智全書前言〉，收錄於侯外廬主

輩出，尤以桂林方一系較為人所熟知，如方以智、方孝標（1617～？）、方苞
（1668～1749）、方東美（1899～1977）等大家都出於此一支系。以下，將就
方以智的家學傳統與早年師承作一說明。

一、家學傳統

　　方以智出身在安徽桐城的理學世家，自曾祖父方學漸以來累世以學問相
傳，至方以智始匯歸諸家而集大成，其後方門三子則轉為專門分科。是以清‧
馬其昶於《桐城耆舊傳》中曾云：

> 方氏自先生曾祖明善（方學漸）為純儒，其後廷尉（方大鎮）、中丞
> （方孔炤）篤守前矩，至先生（方以智）乃一變為宏通賅博，其三
> 子中德、中通、中履並傳父業，於是方氏復以淹雅之學，世其家矣。
> 〔註117〕

　　日後，方以智入主青原道場，其同門大別禪師與弟子興月在《藥地炮莊‧
炮莊發凡》中亦曾描述其學術淵源曰：

> 浮山大人（方以智），具一切智，淵源三世，合其外祖（吳應賓），
> 因緣甚奇。一生實究，好學不厭。〔註118〕（《藥地炮莊‧炮莊發凡》）

由上述二則可知，方以智廣博的學識涵養，主要淵源於他累世的家學傳統。
再者，方氏一族亦以易學為名，從方學漸、方大鎮、方孔炤、方以智，至方
中通等共歷五代之治《易》傳統。〔註119〕另外，還受到其外祖吳應賓宗一圓

編，《方以智全書》，同注86，頁4。

〔註117〕同注37，卷六，〈方密之先生傳〉第六十，總頁305。

〔註118〕同注112，上冊，頁1：5～6。

〔註119〕有關明末桐城方氏家學治《易》的傳承問題，學界有四世說和五世說二種。
　　　（1）狹義的四世說：明‧李世洽〈白華堂藏板題記〉云：「桐山方氏，四世
　　　　　精《易》，潛夫先生研極數十年，明此一在二中、寂歷同時之旨。」見
　　　　　《圖象幾表》，頁5：2。原書影可參閱本論文附錄八：《周易時論合編圖
　　　　　象幾表》目錄編碼及書影，頁322～341。其中，「四世說」的人物分別
　　　　　是指曾祖父方學漸（1540～1615）著《易蠡》十卷、祖父方大鎮（1560
　　　　　～1631）著《易意》四卷、父方孔炤（1591～1655）著《周易時論合編》
　　　　　及《周易圖象幾表》共全二十三卷、方以智（1611～1671）除了參與《時
　　　　　論》的增訂編輯外，也著《易餘》二卷、《學易綱宗》等。見馮錦榮，〈方
　　　　　以智の思想──方氏象數學への思索──〉的〈序章〉，（京都大學文學
　　　　　部中國哲學史研究室，《中國思想史研究》第十號，（一九八七年度論文
　　　　　集，1987年12月），頁63。
　　　（2）廣義的五世說：除了四世說之外，本文認為亦應包括方以智長子方中德

三之學的啓發，以及老師王宣及黃道周二人易學的影響。而所謂「淵源三世，合其外祖」，指的是方以智的四位先輩：

（一）曾祖方學漸（1540～1615）

　　方學漸，字達卿，號本菴。娶趙銳之女趙愼爲妻，師事張甑山。方學漸以「布衣主壇席者二十餘年」，築有桐川會館，「日與同志講習性善之旨，掊擊空幻，於是有〈心學宗〉、〈性善繹〉、〈桐川語〉諸篇，遠近慕風，競爲社會。」〔註120〕年七十五卒，學者私謚爲明善先生。是以桐城方氏之學逮自於此發跡。方學漸的思想主要以宋明理學爲擅長，黃宗羲（1610～1695）於《明儒學案》有云：

> 少而嗜學，長而彌敦，老而不懈，一言一動，一切歸而證諸心，爲諸生祭酒二十餘年，領歲薦，棄去，從事於講學，見世之談心，往往以無善無惡爲宗，有憂焉。……先生受學於張甑山、耿楚侗，在泰州一派，別出一機軸矣。〔註121〕

由此可知，方學漸在心性論方面，主張「一切歸而證諸心」，〔註122〕反對王學左派王龍溪〔註123〕（1498～1583）「無善無惡」的四無說，而力主「性善說」。〔註124〕其爲學的進路屬於王艮〔註125〕（1483～1541）泰州學派一脈，因從學

　　　　（1632～1708？）（著有《易爻擬論》）、次子方中通（1634～1698）（著
　　　　有《周易深淺說》）在内，只可惜方以智二子的著作至今已佚，未能窺
　　　　見其思想面貌。見本論文附錄五：桐城方氏學派著作表，頁296。
　　　　然而，上述（1）的四世說也有散佚的問題，所幸著作中的部分文獻仍保留在
　　　　《周易時論合編》裡。因此，本文強調的是方氏家學治《易》的整體性與著
　　　　作客觀存在的特殊性，有意地忽略學術上「存佚與否」的嚴謹性問題，故本
　　　　論文採取廣義的五世說爲準據。
〔註120〕傳見《桐城耆舊傳》，同注37，卷四，〈方明善先生傳〉第二十八，總頁152。
　　　　又方學漸的名字乃取意於《周易・漸卦》，其〈彖辭〉曰：「漸之進也，女歸
　　　　吉也，進得位，往有功也。進以正，可以正邦也。」〈象辭〉曰：「山上有木，
　　　　漸，君子以居賢德善俗。」同注7，冊一，頁1：440～441。
〔註121〕見明・黃宗羲，《明儒學案》全二冊（臺北：河洛圖書出版社，1974年12月），
　　　　下冊，卷三十五，泰州學案四，〈明經方本菴先生學漸〉，頁2：52～53。
〔註122〕方學漸曰：「性具於心，謂之道心。善學者求道於心，不求道於事物，善事心
　　　　者，日用事物皆心也。」同上注，下冊，卷三十五，泰州學案四，〈心學宗〉，
　　　　頁2：54～55。
〔註123〕王畿，字汝中，號龍溪，浙之山陰人。弱冠舉於鄉，嘉靖癸未下第，歸而受
　　　　業於文成。傳見《明儒學案》，同上注，上冊，卷十二，浙中學案二，〈郎中
　　　　王龍溪先生畿〉，頁1：1～3。
〔註124〕方學漸曰：「誠者善之本體，幾者誠之發用。本體既善，發用亦善，但既發用

於張緒、耿定理〔註126〕二人門下，而在思想風格上另有新意。再者，在工夫論方面，主張「崇實論」，反對虛無之論，以矯正王學末流只依附靈明本體不言工夫，而流於虛無的弊端。另外，在治學的進路上，則主張「藏陸於朱」，其目的是藉由朱子格物窮理之學以補陽明心性之學的不足。以上這三項思想特色，明顯地具有調和朱陸之學的傾向，遂成爲方氏之學在理學論述上的基本方針。〔註127〕是故方學漸的好友葉燦（生卒年不詳）曾謂：

> 先生潛心學問，揭性善以明宗，究良知而歸實，掊擊一切空幻之說，使近世說無礙禪而肆無忌憚者無所開其口，信可謂紫陽（朱熹）之肖子，新建（王陽明）之忠臣。〔註128〕（〈方明善先生行狀〉）

再者，與友人講學於會館之際，方學漸遂殫精竭慮，鑽研易學與醫學。〔註129〕在易學著作方面，有《易蠡》十卷，僅有存目。今日所見者，僅有部分的原典收錄於方孔炤父子編錄的《周易時論合編》中，尚待吾人做進一步的爬梳與發掘。〔註130〕茲舉一例而言，在解釋《周易‧乾卦》時，曾引其言曰：

> 《蠡》曰：大人以賢立法，以聖爲用，不見易簡之理，歸賢人之久大乎？制之而名以化之耳。百物不廢而道以德凝。眾人，生性也，情其性也；聖人，成性也，性其情也。知生其生者，知所以蘊〈乾〉

則其善有過、有不及。就其過不及名之爲惡，是善本嫡派，惡乃孽支；善本本來，惡則半途而來，非兩物相對而出也。」同上注，下冊，卷三十五，泰州學案四，〈心學宗〉，頁2：54。

〔註125〕王艮，字汝止，號心齋，泰州之安豐場人。七歲受書鄉塾，貧不能竟學。傳見《明儒學案》，同上注，上冊，卷三十二，泰州學案一，〈處士王心齋先生艮〉，頁1：68～70。

〔註126〕耿定理，字子庸，號楚倥，天臺（耿定向）之仲弟也。傳見《明儒學案》，同上注，下冊，卷三十五，泰州學案四，〈處士耿楚倥先生定理〉，頁2：43～44。

〔註127〕關於方氏理學的「性善說」、「崇實論」、「藏陸於朱」等三個特點，可參閱同注2，張永堂撰〈方以智〉，「五、思想淵源」，頁354～358。

〔註128〕葉燦，〈方明善先生行狀〉，見劉君燦，《方以智》（臺北：東大圖書股份有限公司，1988年8月），「第一章第二節方以智的家世」，頁7引。

〔註129〕方以智《物理小識》曰：「藥知其故，乃能用之，反因約類，盡變不難，先曾祖本菴公，知醫具三才之故。」又其底下長子方中德注曰：「先高祖封御史，諱學漸，號本菴，高景逸總序其書，門人謚明善先生，精醫。」同注8，卷之五，「醫藥類下」，〈何往非藥〉，頁108。

〔註130〕在《周易時論合編》一書中，方學漸《易蠡》的名稱，或有簡寫爲《蠡》者。

〈坤〉之門；知存其存者，知所以標道義之門。〔註131〕（《周易時
論合編卷之一・乾卦》）

方學漸認爲，《周易》中論及道德境界的層次有大人、聖人、賢人與眾人之別。
其中，由於大人「以賢立法，以聖爲用」之故，是以其層次爲高。《易》道的
彰顯在於使「百物不廢」〔註132〕而生生不息，並且由此來涵養吾人的德性。
在性情關係上，一般的凡人，是「生性」之類，其情乃緣事而發，受欲望所
牽累，故曰「情其性」；而聖人，則是「成性」之類，其情乃依天理而本具，
循理而動，故曰「性其情」。〔註133〕在萬物生成的根源上，只要吾人能夠知曉
《易》道乃是「生其生者」的根源，也就可以推知〈乾〉〈坤〉是《易》道的
另一種別稱，此即「乾坤其《易》之門」〔註134〕的意思。再者，吾人要是瞭
解《易》道爲「存有者的存有」之意，也就能夠知曉「成性存存」乃是「道
義之門」〔註135〕的意涵。是故方學漸所著《易蠡》一書，便被視爲方氏五代
易學的開山之作。

（二）祖父方大鎮（1560～1631）

方大鎮，字君靜，號魯嶽。早傳父學，萬曆十七年（1589）進士，累遷
大理寺少卿。〔註136〕方大鎮一生倡言理學，以性善爲論學之宗，而以君德爲
治亂之本。曾上疏替理學家陳獻章、胡居仁二人請謚，此舉首創先例，而有

〔註131〕同注38，冊一，卷之一，〈乾卦〉，頁1：71。

〔註132〕《周易・繫辭下傳》第十一章曰：「《易》之興也，其當殷之末世，周之盛德
邪？當文王與紂之事邪？是故其辭危，危者使平，易者使傾。其道甚大，百
物不廢，懼以終始，其要无咎。此之謂《易》之道也。」同注7，冊一，頁1：
656～657。

〔註133〕關於「性其情」及「情其性」的分判，北宋・程頤於〈顏子所好何學論〉中
有言：「是故覺者約其情使合於中，正其心，養其性，故曰『性其情』。愚者
則不知制之，縱其情而至於邪僻，梏其性而亡之，故曰『情其性』。凡學之道，
正其心，養其性而已。」見氏著，《河南程氏文集》，收錄於北宋・程顥、程
頤著，王孝魚點校，《二程集》全二冊（北京：中華書局，2004年2月），上
冊，卷第八，「雜著」，頁1：577。

〔註134〕《周易・繫辭下傳》第六章曰：「子曰：『乾坤、其《易》之門邪？乾、陽物
也。坤、陰物也。陰陽合德而剛柔有體。以體天地之撰，以通神明之德。』」
同注7，冊一，頁1：636～637。

〔註135〕《周易・繫辭上傳》第七章曰：「子曰：『《易》其至矣乎！』夫《易》，聖人
所以崇德而廣業也。知崇禮卑：崇效天，卑法地。天地設位，而《易》行乎
其中矣。成性存存，道義之門。」同注7，冊一，頁1：560～562。

〔註136〕傳見《桐城耆舊傳》，同注37，卷四，〈方大理傳〉第三十五，總頁181～182。

「明代布衣之得謚始此」的封號。〔註137〕天啓初年（1621），鄒元標、馮從吾於北京興建首善書院，推崇方大鎮之名，遂延攬他於首善書院講學，並與理學名臣高攀龍、顧憲成等諸公一同論學講習。不久，魏忠賢當政，群小詆排理學，毀首善書院，而迫使鄒、馮諸公皆去位。當是時，方大鎮筮得「同人于野」，稱疾引退，自號野同翁，就此隱居在白鹿山，並建蓋荷薪館於先父明善祠旁。其爲人性情至爲孝順，年七十，喪母，整日哀泣如孺子，常環顧於廬墓之側。然而，方大鎮卻在未達喪服期滿的祭禮之前，因哀戚過度而卒，學者私謚爲文孝先生。

退隱期間，方大鎮於荷薪館仍著述不輟，其著作有《易意》、《詩意》、《禮說》若干卷，《奏議》六卷、《荷薪義》八卷、《田居乙記》四卷、《寧澹居詩集》十三卷、《文集》十二卷。〔註138〕然而，其中多數早已亡佚不傳。在易學著作方面，所著《易意》四卷，尚有部分的原典保留於方孔炤父子編錄的《周易時論合編》中，至今成爲研讀方大鎮易學思想的珍貴文獻。〔註139〕茲舉一則爲例，以窺見一斑。如在解釋《周易‧咸卦》時，曾引其言曰：

> 《意》曰：心官則思，思本虛也。己虛受人，朋又何憧憧乎？何思何慮之原，即來往屈伸之極，百慮殊途，神化不棄。然安身致用，必親本于靜虛之門；而全靜全動，即實即虛者，咸之矣。尺蠖、龍蛇之感山澤也。土寒水洊，寂然不動，君子墮體黜聰，獨抱元化。……合而咸之，往屈來伸，在心官一轉耳。〔註140〕（《周易時論合編卷之五‧咸卦》）

墮體黜聰，語出《莊子‧大宗師》：「墮肢體，黜聰明，離形去知，同於大通，此謂坐忘。」〔註141〕意謂人若悟道時，外則離析形體，皆爲虛假；內則屏除聰明心智，冥通大道。元化，指萬物運動變化的本根。在方大鎮看來，人之心官以思維活動爲主，而思維本是一種靈明的精神活動。就人我之間的感通而言，當虛己而受人，就不會有心意不定的情況。而就天下萬物的感通而言，其往來屈伸的幾微之處，各有千百種不同的形式，涵藏著神妙的變化。

〔註137〕同上注，卷四，〈方大理傳〉第三十五，總頁 182～184。
〔註138〕同上注，卷四，〈方大理傳〉第三十五，總頁 184。
〔註139〕在《周易時論合編》一書中，方大鎮《易意》的名稱，或有簡寫爲《意》者。
〔註140〕同注38，冊二，卷之五，〈咸卦〉，頁 2：719～720。這段落的語意脈絡可與《周易‧繫辭下傳》第五章的《易》曰：「憧憧往來，朋從爾思」一段相互參合。
〔註141〕同注103，卷三上，〈大宗師〉第六，頁 284。

再者，吾人欲求安身立命，須以靜虛爲修養之門，心念的全動全靜，即實即虛，是因爲人心感通之故。此一感通之理，類比到萬物上，則毛蟲龍蛇的屈伸變化，是因爲和四季相感通之故。一旦吾人體悟此一感通之理，泯除心機聰明，就能夠觀覽到萬物變化之本根。因此，人心要如何才能夠感通於道，就須要在思維念慮間由智心轉換爲道心，方能冥通於大道。由此可知，方大鎮《易意》一書已經雜揉道家的莊子思想，此一著作屬於方氏五代易學的奠基之作。

（三）父方孔炤（1591～1655）

方孔炤，字潛夫，號仁植。萬曆四十四年（1616）進士。天啓年間，曾與奸臣魏忠賢意見相逆，遭削籍而歸鄉。不久，其父方大鎮謝世，廬墓白鹿山三年期間，撰成《周易時論》一書。〔註142〕逮崇禎改元，官至尚寶卿丁，後又任僉都御史，巡撫湖廣。時楚豫一帶流賊日熾，方孔炤出兵擊賊於承天，八戰皆捷。然而，當時部將違令中計，方孔炤孤軍赴援，不料敗兵於香油坪，後遭楊嗣昌等人構陷而下獄。遂與黃道周相遇於白雲西庫，兩人時有切磋《易》理。其子方以智聽聞，於是嚙血濡疏爲其父訟冤，奔波兩年之久終於得崇禎帝釋放，回白鹿山環中草堂隱居。此後，方孔炤乃遵奉母親的遺命，護守家園，於先人之墓側筮得「潛龍」，故自稱潛老夫。〔註143〕

晚年亦與黃道周論《易》頗獲，遂潛心經訓，著述以終，學者私謚爲貞述先生。其著作有《周易時論》二十三卷、《尚書世論》二卷、《詩經永論》四卷、《禮節論》若干卷、《春秋竊論》二卷、《全邊紀略》十二卷、《撫楚疏稿》四卷、《環中堂集》十二卷。〔註144〕其中，頗多已亡佚。在易學著作方面，有《周易時論》及《圖象幾表》共二十三卷，收錄於方門子孫輩所編定的《周易時論合編》中。是以方孔炤曾在〈周易時論合編凡例〉自述其易學思想的宗旨曰：

> 在此幬中，代錯鼓舞，有開必先，不能違時，異言、厄言，皆此幬
> 中之言也。不收才俊，爲淵歐魚，言性其情，利之自轉，《易》無棄
> 物，盡入藥籠。……此編大集，互取兼收，上中下根，隨其所受，
> 共此幬天。〔註145〕（《圖象幾表卷之一・周易時論合編凡例》）

〔註142〕同注38，冊五，卷之一，〈周易時論合編凡例〉，頁5：65。
〔註143〕同注38，冊五，卷之一，〈周易時論合編凡例〉，頁5：66。
〔註144〕傳見《桐城耆舊傳》，同注37，卷五，〈方巡撫傳〉第四十七，總頁246～249。
　　　　按：馬其昶〈方巡撫傳〉中的《周易時論》，應爲《周易時論合編》的簡稱，
　　　　而卷次卻誤植爲二十二卷，今改正之。
〔註145〕同注38，冊五，卷之一，〈周易時論合編凡例〉，頁5：64～65。

幬，原指帷幕，此處指《易》理所涵蓋的範圍。厄言，為莊子思想的言詮表達之一。藥籠，原指盛藥的器皿，此處比喻為《易》理的廣大。方孔炤認為，在《周易時論》中，不僅闡明代錯鼓舞之理，並揭示時義之用，更融入宋明理學諸子和莊子之言論。此外，是書還談論心性之學，利以自轉，顯示其易學思想乃是無所不包，萬物萬殊之理盡可納入於此。而編錄此書的目的，是要互取諸家思想之同而兼收其異，使得人們依循其資質稟賦的高低，隨處受用，而有所警惕自省。由此可知，方孔炤《周易時論》一書，除了繼承祖父輩的易學思想之外，還旁攝歷代易學名家的思想，可謂是「實造化人事之橐籥，百家九流之指歸」，〔註146〕其後則由方以智總合上述三世易學的要旨，而編錄成《周易時論合編》，是故方氏易學乃至方以智而始有集大成的規模。

（四）外祖吳應賓（1565～1634）

吳應賓，字尚之，一字客卿，號觀我，別號三一老人，安徽桐城人。萬曆十四年（1586）進士，授翰林院編修，以眼疾告歸，居鄉四十餘年。隱居期間，乃觀天地運化、陰陽消長，明乎萬物之變，潛心於性命之旨。其學則通儒釋、貫天人，宗一以為歸，晚年皈依佛教，自號觀我居士。吳應賓與晚明佛教界的高僧皆有往來論學，主張「宗一圓三」〔註147〕之學，倡言三教合一之旨，並曾為雲棲袾宏（1535～1615）、憨山德清（1546～1623）、無異元來（1575～1630）等人作塔銘序。〔註148〕

崇禎七年（1634），桐城民變，吳應賓遂有「天下自此不太平矣。」之嘆，行至南灣別墅，坐而逝，年七十，門人姚康等私諡為宗一先生。所著有《古本大學釋論》五卷、《中庸釋論》十二卷、《性善解》一卷、《悟真篇》、《方外遊》、《采真稿》、《學易齋集》各若干卷。〔註149〕這些著作至今均已亡佚而未見。

吳應賓的思想，主要表現在會通儒釋而力倡三教合一的學術主張。他所

〔註146〕同注38，冊五，李世洽〈白華堂藏板題記〉，頁5：2。

〔註147〕《物理小識·總論》方中通注曰：「宗一者，吳觀我先生，諱應賓。萬曆丙戌（1586）第五，其學宗一圓三，又號三一老人，即老父之外祖也。」同注8，頁3。

〔註148〕吳應賓為晚明高僧所作的塔銘，計有〈雲棲塔銘〉收錄於《雲棲法彙》卷末、〈憨山大師塔銘〉收錄於《卍續藏經》127冊，《夢遊集》卷55，頁978～985、〈塔銘并序〉收錄於《卍續藏經》125冊，《無異元來禪師廣錄》卷35，頁392～397。見釋聖嚴，〈明末中國的禪宗人物及其特色〉，（《華岡佛學學報》第7期，1984年9月），頁30～32引。

〔註149〕傳見《桐城耆舊傳》，同注37，卷四，〈吳觀我先生傳〉第三十四，總頁180。

力倡的三教合一，其旨要爲：

> 儒與釋之無我，老之無身，惟一之訓於書，旨矣哉。不知者，知聖
> 不知一也；其知者，知聖之各一其一，不知共一其一也。〔註150〕

此意謂儒釋之旨雖皆爲無我之名，但內涵各異，一爲淑世，一爲出世。而道
家老子之旨爲「致虛守靜而沒身不殆」，〔註151〕故爲無身。就三教的工夫法門
而言，不妨各一其一，然而就三教的終極關懷言，則必爲共一其一。因此，
謂之三教固可，合而視之爲一教亦無不可，這就是「宗一圓三」之學。另外，
在心性論方面，吳應賓主張性善說，曾謂：

> 吾謂生而善者性，彼亦謂生而惡者性，惟原其初之無我，然後告知
> 善之爲順性，惡之爲拂性也，而性善之說伸矣。吾謂習于惡非性，
> 彼亦謂習于善者非性，惟要其歸于無我，然後知至善之爲盡性，窮
> 惡之爲賊性也，而爲善之說伸矣。〔註152〕（《藥地炮莊總論中・黃
> 林合錄》）

就人性的根源言，吳應賓認爲，人性的根本是善，而彼輩卻謂人性本惡。在
他看來，善的根源在於破除我執的「無我」。在瞭解此一道理後，就能分辨善
惡之別，亦即善是依順於本性，而惡是違逆於本性。就人性的發展而言，吳
應賓認爲，由習性而成的惡並非是本性，而彼輩卻謂由習性而成的善不是本
性。在他看來，由習性所成的善惡，究其根源，還是在於「無我」。當吾人秉
持著善的發揮，就是盡其本性，而顯達其惡則是賊害本性。由此可知，吳應
賓援釋入儒，主「無我」爲「至善之體相」，〔註153〕可謂是雜揉佛法而成的性
善論。再者，方以智入主青原道場時，曾謂祖父方大鎭與吳應賓論學辨析有
二十年，是以其弟子左銳於《青原志略・中五說》中曰：

〔註150〕同上注，卷四，〈吳觀我先生傳〉第三十四，總頁179。

〔註151〕《老子》第十六章曰：「致虛極，守靜篤。萬物並作，吾以觀復。……知常容，
　　　　容乃公，公乃王，王乃天，天乃道，道乃久，沒身不殆。」同注104，頁35
　　　　～37。

〔註152〕同注89，上冊，總論中，〈黃林合錄〉，頁1：97。

〔註153〕關於吳應賓思想的「無我」與「有我」之辨析，方以智於《藥地炮莊・黃林
　　　　合錄》中引其言曰：「深幾極之，無我者，無始之性，至善之體相也，赤子之
　　　　心不與也。有我者，無始之習，不善之依止也，物交之引不與也。觀其無我，
　　　　以去其有我者，復性之習，一善之拳拳也，步趨之學不與也。恩其有我，併
　　　　恩其無我者，合性之習，止善之安安也，忠恕之道不與也。」同注89，上冊，
　　　　總論中，〈黃林合錄〉，頁1：97～98。

吾鄉方野同廷尉公，與吳觀我太史公辨析二十年，而中丞公潛夫先
生會之於《易》，合山樂廬，得從藥地大師盤桓，始知聖人之神明如
是，我之神明亦如是，而乃自負耶？〔註154〕（《青原志略‧中五說》）

由此可知，透過父執輩彼此往來的辨證，以及紹承三世易學之旨要，對於日
後方以智大成彙集的思想無非是開啓一道大門。以上，是方以智易學思想所
受到四位先輩的影響，至於他的三個兒子則分傳其思想中的某一專科，下面
將分別說明之。

（五）方門三子：方中德、方中通、方中履

　　方以智與妻子潘翟〔註155〕（1611～？）育有三子，分別是方中德（1632
～1708？）、方中通（1634～1698）、方中履（1637～1689）三兄弟。他們不
但兼負起明遺民中桐城方氏之學的重要繼承者的角色，更在方以智晚年弘法
於青原道場時，方門三子便經常隨侍在父側，共同協助方以智推動青原講學
的風氣與家傳典籍的編纂工作。此一浩大的家學薪傳的文化工作，便在方門
三子的投入下而逐一完成。是以方中德於《古事比‧凡例》中曾謂：

寒家近溯四世，自先高祖明善公，泊先曾祖廷尉公、王父中丞公，
暨先君太史公，累葉著述甚豐。小子自愧柔昏，弗克負荷，仰承家
學，宣達方寓。〔註156〕（《古事比‧凡例》）

　　在父母的教導下，方門三子的學術興趣各因其長，而有不同的走向，並
且皆有所撰述。長子方中德，字田伯，號依巖。敦行孝友，明亡後隱居不仕，
年邁八十猶嗜於讀書。其治學以史學爲主，講論經史，著《古事比》十三卷、
《遂上居稿》十卷等。在易學著作方面，有《易爻擬論》，但已亡佚。

　　次子方中通，字位伯，號陪翁。嘗考求天人、律曆、音韻、六書之學，
發明勾股出《河圖》，加減乘除出《洛書》。〔註157〕後玩泰西書，乃合筆、籌、

〔註154〕同注17，冊十四，《青原志略》，卷五，「說」，〈中五說〉左銳，總頁 14：267。
〔註155〕潘翟，字付華，安徽桐城人。方以智室，有《宜閣集》。見錢仲聯主編，《清
　　　　詩紀事》全二十二冊（南京：江蘇古籍出版社，1989 年 7 月），冊二十二，
　　　　列女釋道等卷，頁 22：15520。
〔註156〕見清‧方中德撰、徐學林校點，《古事比》全二冊（合肥：黃山書社，1998
　　　　年 10 月），上冊，〈凡例〉，頁 1：8。
〔註157〕方中通識語曰：「老父歷年，別有折中，茲謹先述其數度之理，次兒中通知算，
　　　　因命學之。通少遭難失學，偶以流寓西堂，略知算術。後讀《周髀》，而知泰
　　　　西之爲郯子也。因待老父，知此理之出于《河》《洛》，皆秩序也，皆至道也。」
　　　　同注38，冊五，卷之八，「旁徵」，〈極數槩〉，頁 5：653。

珠三法，窮差別於九章，已復得尺算法。著有《數度衍》二十四卷、《音韻切
衍》二卷、《篆隸辨從》二卷、《心學宗續編》四卷、《陪翁集》七卷，續四卷。
〔註158〕在易學著作方面，有《周易深淺說》一書，可惜今已亡佚。其治學以
天文物理的質測探究爲主，又嘗與揭暄〔註159〕（1614～1697）考究天文曆算
之學，曾將彼此論難的內容編錄爲《揭方問答》一書，並且還與揭暄將其父
的《物理小識》重新釐定而刊行，進一步發揚方以智在自然科學方面的學術
成就。

　　幼子方中履，字素伯，〔註160〕一字素業，號合山。年二十左右，喜愛考
核名物。甲申國難，方以智流離在外，奉母潘氏之囑，尋父於途中。曾南窮
於百粵之山，北出於長城居庸關，經歷數萬餘里。凡遇到宿儒舊者、遺民野
老，就相與詢問掌故，蒐羅異聞奇事，以備記載。晚年築稻花齋於湖上，殫
力著述。所著有《古今釋疑》十八卷、《理學正訓》、《學道編》、《汗青閣集》
等書。〔註161〕其治學的重心在考覈典章制度、曆律醫占等部份，繼承方以智
在博物學方面的學術成就。是故方中德於《古事比‧自序》中曾曰：

> 余因是慨然有感矣。曩與兩弟侍老父側，論及資性，論以各取所近
> 爲業。仲愛質測；季喜考覈；而余惝然自失。謬陳其愚，欲管窺于
> 史學之萬一。〔註162〕（《古事比‧自序》）

由此可知，就方門三子的學術興趣而言，方中德專攻史學，方中通喜愛質測，
方中履著重考證，各取一門，鑽研有成。若以繼承父業的角度而論，方門三
子的學術志向不但展現出方氏家學的崇實學風，而且也透露出明末清初的學
術思想，由經世思潮逐步轉向於經學考證的過渡軌跡。

二、早年師承

　　方以智不僅是學識賅博，才高意廣，而且頗得良師的啓蒙。對於方以智

〔註158〕傳見《桐城耆舊傳》，同注37，卷七，〈諸方張葉傳〉第七十四，總頁388～
　　　　389。
〔註159〕揭暄，字子宣，號半齋，江西廣昌人，著《揭方問答》、《璇璣遺述》七卷。
〔註160〕方中履的名字乃取自《周易‧履卦》中的初九爻之意，其曰：「素履，往，
　　　　无咎。」象曰：「素履之往，獨行願也。」同注7，冊一，頁1：131～132。
〔註161〕傳見謝正光、范金民編，《明遺民錄彙輯》全二冊（南京：南京大學出版社，
　　　　1995年7月），上冊，〈方以智〉，頁1：30。
〔註162〕同注156，上冊，〈自序〉，頁1：2。

早年思想上的影響較大者，則有白瑜、王宣、黃道周三人。師輩之中，各有不同的爲學進路，而方以智於成長的不同階段中，分別深受他們思想上的啓迪與教導，這些精神資糧則成爲日後方以智易學思想中不可或缺的部分。

（一）白瑜（生卒年不詳，享年約六十）

白瑜，字瑕仲，一字安石，號七棠先生，世居石塘，安徽桐城人。年長之後，博聞廣記，善飲酒，酌至數斗而性不亂。崇禎年間，以歲貢生而薦舉爲賢才，廷試入都，任雲南府推官。後遭逢父母之喪，守孝三年期滿，除服，補登州府，不就，遂告歸返鄉，隱居於大龍山中。嘗以詩文明志，其宅旁植有香海棠七株，因以爲號。方孔炤曾爲其作〈七棠先生序〉，頗讚賞他有五柳先生之遺意。年六十卒，學者稱靖識先生。〔註163〕

白瑜爲一介儒生，遍覽經史，尤其喜好詞賦，其思想主要反映在詞章之學上。方以智少年時從其問學，〔註164〕主要的影響是在於治學的態度。方以智在《通雅·讀書類略提語》曾引其言謂：

> 聖人表中正以與萬世化，諸子各出一奇以與天下爭。達士遣放自怡耳！才士標新博趣耳！策諷必中隱情之利害，琦辨必用惠、秉之顛倒，讀書知言，主僕明矣。讀聖作當虛心以從經，覽百氏當化書以從我，察其兩端，由中道行，中備四時，隨其環應。〔註165〕（惠、秉者，惠施、公孫龍也）（《通雅·讀書類略提語》）

由此可知，白瑜在治學態度上有兩個方面的主張：其一，是「讀書知言，主僕分明」。就典籍的地位言，白瑜認爲當以聖人之言爲主，而以諸子之學爲僕，尊崇六經。他還指出，讀書當辨明各家之奇正、遣放、標新、利害、顛倒等論學的風格，知其言而辨其流，掌握各家的學術進路。其二，是「察其兩端，由中道行」。白瑜認爲，在遍覽古籍時，讀聖賢之作，當「虛心以從經」，體悟聖人的中正之道，以利用厚生；而觀諸子之言，當「化書以從我」，融貫百氏的奇變成一己之言。如此，便能夠明察「從經」與「從我」的兩端之別，依循著中正之道，隨應而通變。由於這樣的治學態度的啓蒙下，使得日後方

〔註163〕傳見《桐城耆舊傳》，同注37，卷六，〈姚休那、白靖識、方羽南、鄧顓崖、陳朗生傳〉第六十三，總頁322～323。

〔註164〕《物理小識·總論》方中通注曰：「石塘子者，萊州司理白安石先生，諱瑜，得阮堅之（阮自華）先生之學，世居石塘，老父少從學者也。」同注8，頁6。

〔註165〕同注86，上冊，卷首之二，〈讀書類略提語·寄吳子遠舅氏〉，頁1：33～34。

以智的思想呈現出「坐集千古之智，折中其間」〔註166〕的學術宏圖，當是受到白瑜「察其兩端，由中道行」的治學態度之陶冶。

（二）王宣（1565～1654）

王宣，字化卿，號虛舟，世居江西金谿，因其父作客於桐城，遂生於桐城。師事方學漸門下，年四十猶不娶。間與方大鎮、吳應賓等人相從論學。〔註167〕為學邁志好古，嘗吟詠於詩歌文詞之間，並通悟《河》、《洛》象數，兼善物理考究，著有《物理所》。〔註168〕王宣的思想，主要表現在詞章、象數和物理等三部分。晚年窮究於《河》、《洛》之學，著有《風姬易遡》五卷，可惜其書今已失傳。方以智於〈虛舟先生傳〉中曾謂：

> 智十七八，即聞先生緒論曠觀千世，嘗詩書歌詠間，引人聞道深者，徵之象數。其所裸著，多言物理。是時先生年七十，益深於《河》、《洛》，揚（雄）、京（房）、關（朗）、邵（雍），無有能出其宗者。
>
> 智方溺於詞章，得先生之祕傳，心重之，自以為晚當發明，豈意一經世亂，遂與先生永訣哉？〔註169〕（《浮山文集後編·虛舟先生傳》）

從方以智對王宣的追憶可知，早年在王宣的教導之下，曾得詞章之祕傳，深察象數之奧妙，以及耳聞物理之探究等三種學術上的啟迪。

其一，在詞章薰陶方面，王宣曾謂：「用實者虛，用虛者實，虛實本一致也。當合漢、宋及今，參集大成焉。」〔註170〕此意謂著詞章的鍛鍊，有著筆法上的虛實之用，其秘訣在於能夠合虛實為一。舉凡漢宋至時人的作品，臨摹各家的行文法度，參合其中而集大成。

其二，在象數闡發方面，王宣的《河》、《洛》之學，乃是貫通揚雄、京房、關朗、邵雍等象數派易學家的精華而成。曾著〈密衍〉十圖，析衍《河圖》、《洛書》的生成變化之理。對此，方以智曾謂：「虛舟師授《河》、《洛》，為詳約之綱宗，而乃歡圖學之妙也。秩敘變化，頓時全舉，使人會通，多即

〔註166〕同注86，上冊，卷首之一，〈音義雜論·攷古通說〉，頁1：2。

〔註167〕方以智〈虛舟先生傳〉曰：「桐自先曾王父講學，先廷尉公倡之。先外祖吳觀我先生好參究，合三教而一之。先生往來壇坫間，無不微言解頤也。」同注50，卷之一，敘類，頁659。所謂壇坫，指聚會講學的場所，當指方學漸所築的桐川會館。

〔註168〕同注8，頁3。

〔註169〕同注50，卷之一，敘類，頁659。

〔註170〕同注86，上冊，卷首之二，〈讀書類略提語·寄吳子遠舅氏〉，頁1：33。

一矣。」〔註171〕由此可知，王宣的易學思想以象數爲主，析衍《河》、《洛》
圖式，使人會通「即多是一」之理。

其三，在物理探究方面，王宣擅長名物訓詁，考究金石，釋物析理，曾
著《物理所》一書。方以智曾回憶道：「因虛舟師《物理所》，隨聞隨決，隨
時錄之，以俟後日之會通云耳。」〔註172〕是以王宣對世間萬物萬殊的掌握，
都是隨聞即究，隨時採錄，積累日久，自然能夠融會貫通，一以貫之。使得
往後方以智究心於物理質測時，也是依循著老師王宣的教導下，每有耳聞，
便分條記錄，以便實徵，並因此編錄成《物理小識》。據方中通於《物理小識・
編錄緣起》的識語中曰：

> 王虛舟先生作《物理所》，崇禎辛未（1631），老父爲梓之。自此每
> 有所聞，分條別記。如《山海經》白澤圖，張華、李石《博物志》，
> 葛洪《抱朴子》，本草采摭，所言或無徵，或試之不驗，此貴質測，
> 徵其確然者耳。然不記之，則久不可識，必待其徵質而後彙之，則
> 又何日可成乎？〔註173〕（《物理小識・編錄緣起》）

由此可知，方以智爲後世所稱道的自然科學知識，除了受到父親爲學的影響
外，實多處得益於老師王宣的啓迪與指導。

（三）黃道周（1585～1646）

黃道周，字幼玄，別字幼平，又曰螭若，號石齋，福建漳浦人。家貧而
刻苦力學，曾遠遊至羅浮山中，自得讀書之法，過目而不忘。天啓二年（1622），
進士及第，授翰林院編修。崇禎十一年（1638），始遷少詹事，兼侍講學士。
「平生以文章風節自高，嚴正剛方，不諧流俗，公卿多畏忌之」，〔註174〕崇禎
十三年（1640）因參劾楊嗣昌「奪情入閣」一事，被廷杖入刑部獄。同在西
庫結識方孔炤，彼此切磋論《易》，當是時，方以智亦曾向他請益。對此，方
以智在《通雅・音義雜論》中載有其事云：

> 虛舟子衍《河圖》爲《洛書》，王化卿先生長於吾桐，最精《河》、《洛》，
> 漳浦公衍〈天方圖〉。庚辰（1640），中丞公與石齋先生在西庫論《易》

〔註171〕同注86，上冊，卷首之二，〈讀書類略提語・雜學攷究類略〉，頁1：37。
〔註172〕同注8，頁1。
〔註173〕同注8，頁1。
〔註174〕見傅抱石編譯，《明末民族藝人傳》，收錄於周駿富輯，《清代傳記叢刊》遺逸
　　　　類三（臺北：明文書局，1985年5月），〈黃石齋道周〉，總頁773。

衍此。中丞公歎曰：「此方圓同時圖。」尤爲絕學，曠代始聞。智常
見數千年不決者，輒通攷而求證之。〔註175〕（《通雅卷首之一‧音
義雜論‧攷古通說》）

由此可知，黃道周對易學有其獨到之見，所析衍的〈天方圖〉，在方孔炤看來，
都不禁要讚嘆它是前所未聞的絕學。因此，日後方以智每遇到易學上疑難不
決的問題，都會向他請教求證。是以方以智對《河圖》、《洛書》的看法，曾
深受王宣和黃道周二人的影響。

　　黃道周的思想，主要表現於對六經義理的闡發。其學綜貫天人，以《易》、
《詩》、《書》、《春秋》爲代表，尤其究心於《易》，參兩掛揲，窮變其端。所
著有《易象正義》、《三易洞璣》、《洪範明義》、《孝經集傳》、《春秋揆》、《續
離騷》，《石齋集》等書。年六十二卒，諡曰忠烈。清乾隆間，改諡忠端，從
祀孔廟。

第四節　方以智的思想規模與學術分期

　　方以智的一生，早年才華卓立，顯揚於文壇，爲晚明詩歌史上的奇葩。
晚年薙髮披緇，遁跡山林，猶如晚明遺民史中的一個縮影，更是晚明禪宗史
上的一段寫照。是以方以智畢生思想的知識來源，到底是淵源於何人何處，
又其學術面貌究竟爲何？實爲一個複雜且棘手的學術思想史課題。此處，本
文僅就筆力所及之處，針對方以智的思想，條分縷析，試圖爲其勾勒出思想
規模和學術分期。

一、思想規模

　　方以智的思想規模，除了得自於以理學爲名的家學傳統之外，還曾師事
諸位良師的薰陶，以及中年以後客寓金陵或流離嶺南時，結識不少的摯友，
再加上晚年逃禪出世，殫思竭慮，究心於三教會通，如此種種際遇所共同形
塑而成。因此，其思想的整體面貌，實際上是呈現爲多元融合的集大成思想。
據劉浩洋的析論曰：

　　方以智的思想因而顯現出多方調和的理論成分；大體說來，可以歸
　　納爲以下四者：

一、宋明理學：這是源自方學漸、方大鎮以下，方氏一門「篤守前矩」的理學論述，其主要內容是「性善」、「崇實」與「藏陸于朱」這三項基本主張。

二、釋道之學：這是源自吳應賓的佛學思想，以及方以智自年幼時期即喜讀的《莊子》一書，其主要內容是「宗一而圓三」的三教歸一之論。

三、物理之學：這是源自方氏一門——特別是方孔炤，再加上王宣二人對於物理探究的強烈興趣，其主要內容是窮理極物的「質測」之學。

四、象數易學：這是源自王宣至方孔炤所強調因「理寓象數」故當以「象數徵理」的易學思想，其主要內容是「真破天荒」的「公因反因」說。〔註176〕

從上述的歸納中，劉氏已經清楚地將方以智的思想規模給勾勒出來。此處，本文僅作一點額外的補充，以使其規模更加完備。在醫藥學方面，方以智家學亦精通於醫學，從曾祖方學漸以降皆有研習。因而，在方以智的晚年思想中，有鑒於明末三教末流之弊，欲因病予藥，以「炮製三教」的會通思想作為淑世的良藥。

二、學術分期

方以智思想規模廣大賅博、融貫三教，至於其學術思想的歷程，則依前文的生平中所述，可分為六個時期。不過，如欲深入詳究其整體學術思想的沿革與演變過程，當以劉浩洋所作的分期為準據，他認為說：

方以智的思想，大致上可以稱為前實後虛，亦即逃禪之前博學多聞、考據精核，故稱之為實，《通雅》、《物理小識》是此期的代表作；逃禪之後融合釋道、玄思幽邈，故稱之為虛，而《藥地炮莊》、《周易時論合編》當為此期的傑作。……實當可略分為七期：

一、誦讀桐城。十九歲時，大抵居鄉誦讀，因受家學與師承之影響，理學、釋道、物理、易學等皆有所窺，故為思想之啟蒙奠基期。

二、結社東南。二十歲後，遠遊東南，增廣見聞，雖不免馳騖於詩
　　酒文章，然亦能博極群書、廣採新知，故為思想之博學集智期。

三、仕宦北京。三十歲後，赴京通籍任官，不僅亟思經世救國，閒
　　暇時亦不忘匯整雜記、詳加考核，故為思想之集智折中期。

四、流離嶺南。三十四歲後，因明亡而歸隱山林，以困於出處之不
　　安、治學之不利，於是逃禪於老莊退隱之旨，佯狂避世，故為
　　思想之矛盾衝突期。

五、逃禪雲蓋。四十一歲後，逃禪出世，因自忖已置之於死地，反
　　參透流離嶺南之苦思，由此以開創出全均兩端而通貫三教的思
　　想規模，故為思想之豁然悟道期。

六、披緇天界。四十三歲後，勘破神迹之旨，決心出世，因受其父
　　《周易時論》之影響，於是乃會通全均兩端之說而成三教歸易
　　之論，並以此為思想根柢而著《周易時論合編》與《藥地炮莊》，
　　逐步建立起其三教合一之學，故為思想之潛心體道期。

七、弘法青原。五十四歲後，其學已成，故決心弘法善世，於學術上
　　三教無礙，於行迹上出入同心，故為思想之圓融完備期。〔註177〕

　　由此可知，方以智畢生的學思進程，乃是以家傳易學作為其思想的核心，
欲從方氏易學建立起綜合百家而貫通六經的學術志業。再者，明清鼎革之際，

〔註177〕見氏著，《方以智《東西均》思想研究》（臺北：國立政治大學中國文學研究
　　　　所碩士論文，1997 年 6 月），「第二章第四節　思想淵源與學術分期」，頁 42
　　　　～43。其中，劉氏還將此七個時期製成一簡表作說明，本文亦援引如下：

表二：方以智學術分期簡表（前揭書，頁 43 引）

學術分期	起訖時間	生平活動	思想進程	重要著述
誦讀桐城	1611～1629	居鄉誦讀	啓蒙奠基	
結社東南	1630～1639	文人詩酒	博學集智	
仕宦北京	1640～1644	儒者經世	集智折中	《通雅》、《物理小識》
流離嶺南	1644～1650	達士放達	矛盾衝突	
逃禪雲蓋	1651～1652	剃髮逃禪	豁然悟道	《東西均》
披緇天界	1653～1664	受戒為僧	潛心體道	《藥地炮莊》《周易時論合編》
弘法青原	1665～1671	弘法善世	圓融完備	《青原志略》《愚者智禪師語錄》

曾遭清軍俘虜而不屈從，以示其效忠明朝的決心，因而以僧服姿態暫時躲避清廷的迫害。實際上，在他成爲逃禪遺民的身分之後，仍掛心於反清復明的心志，而以學術思想爲救國之根抵。方以智入青原道場成爲曹洞宗法嗣後，一方面弘揚三教合一之學，並倡三教歸易之說；另一方面，則開堂講學，弘法救世，帶動起青原學風的思潮，實則暗中進行著薪火相傳的「復明」之志業。然而，方以智仍舊無法擺脫時局的「時命」之悲，最後完節以終。

第三章　方以智易學的本體論思想

　　所謂易學的本體論思想，是指《周易》中涉及到形上根源與意涵的論述，包含對「道」、「易」、「太極」、「乾元」、「坤元」、「陰陽」、「氣」、「天」、「一」等範疇的闡述。受到中國經典詮釋傳統的影響下，每個思想家都曾對這些概念作過深入的探討。因此，透過《周易》文本與自身觀點的相互作用下，進而達到文本與解釋者眼界溶化在一起的「視界融合」〔註1〕（Horizontverschmelzung／fusion of horizons）的新境界。

　　本文研究之目的並非著重於探討晚明理學思潮的整體面貌，而是將焦點擺放在單一的思想家身上——亦即明末清初的方以智。並以《周易時論合編》中方以智所作的按語爲中心，試圖從思想史的角度來探討其著作中理學與易學間的關係，用意在於瞭解方以智易學思想中所具有隱而未顯的本體論之內涵。

　　在匯整方以智按語時，吾人發現，方以智易學的本體論思想是以《周易》

〔註1〕　「Horizontverschmelzung」一詞爲德文，由 Horizont 及 verschmelzung 二字組成，而「fusion of horizons」一詞爲英文，可翻譯爲「視界融合」或「視域融合」。關於「視界融合」的定義，在《西方文學理論大辭典》中說：「『視界融合』時，主體的理解視野不能隨意地解釋歷史對象，而被解釋對象的理解視野，也不能因其特定的歷史內容而使主體的能力受到不應有的妨礙，甚至消融主體，使主體墮入無法求得的歷史眞實性的徒勞追求中。解釋的主體和對象的關係應該達到一種『視界融合』。因此，在此基礎上，使理解產生出新的意義，即既不是主體意義的實現，也非對象客體意義的還原的一種新質的理解，具有歷史有效性的理解。這將給歷史的解釋活動帶來前進。」見楊陰隆主編，《西方文學理論大辭典》（長春：吉林文史出版社，1994 年 11 月），「視界融合」條，頁 838。換言之，所謂「視界融合」，指解釋者（即思想家）的主體理解活動和被解釋的對象（即《周易》文本）的歷史內容之間的相互作用，所產生的一種理解活動的融合狀態，是故它開創出解釋活動中的新境界。

中對太極概念的探討爲起點。在各卷的按語中，方以智廣泛地談論到太極及其
相關概念的論述。因此，在第一節中，本文以「三極說」來探討無極、太極、
有極三者的涵義，說明方以智對太極的概念作出何種詮釋，而與其父方孔炤相
較，二人對太極的看法有何殊異之處。接著，在第二節中，本文談論在晚明理
學思潮的影響下，方以智提出「三理說」，分爲至理、物理、宰理三種的涵義，
以檢視方以智對理學中的天理觀有何回應，以及對理學作出何種新的詮釋。最
後，在第三節中，本文要說明「三極說」與「三理說」的涵蘊關係，以「費隱」
的釋義作爲兩者間的關鍵，並且作一綜合的論述。以下分別闡述之。

第一節　方以智易學「三極說」：無極、太極、有極

　　回顧今日學者們對於方以智易學所作的研究成果，發現他們各有不同的
看法，茲列舉三個說法作爲代表：（一）蔣國保先生認爲太極即是方以智易學
的最高範疇；〔註2〕（二）朱伯崑先生提出方以智易學在易學哲學史上建立起
一套本體論體系的說法；〔註3〕（三）謝仁眞先生側重於方以智哲學方法學的
探討。〔註4〕前人的這些研究成果乃是本文探究的基礎，因此，本文關懷的焦
點是方以智易學的本體論思想，故須先從方以智對太極的概念之看法說起。
太極一詞，首見於《莊子·大宗師》中云：

〔註2〕　見蔣國保，《方以智哲學思想研究》（安徽：安徽人民出版社，1987 年 12 月），
　　　　頁 155。
〔註3〕　朱伯崑說：「從方大鎭到方以智都以太極爲理，在理象關係上，主體用一源，
　　　　即本于程朱說。其兩間皆氣說，又是出于張載，並以陰陽五行說發展了張載
　　　　以來氣論哲學。總之，他們以象數之學爲骨幹，分別吸收理學派和氣學派兩
　　　　家的觀點，從而在易學哲學史上建立起一套本體論的體系。」見氏著，《易學
　　　　哲學史》全四冊（臺北：藍燈文化事業股份有限公司，1991 年 9 月），冊三，
　　　　「第四編第八章第五節　方以智與《周易時論合編》」，頁 3：394。又汪學群亦
　　　　認爲：「他把太極當作本體，此本體又在天地萬物之中，同天地萬物，無先後
　　　　之分。太極『不落有無』，是超越一般人感覺的有無，把太極當成超越有無的
　　　　太無、中天。」見氏著，《清初易學》（北京：商務印書館，2004 年 11 月），「第
　　　　一章第二節方以智的易學」，頁 85。
〔註4〕　謝仁眞說：「方以智哲學思想並非從本體論的課題上展開討論建立而成，而是
　　　　從哲學方法的角度進行反省與建立的工作，再談到存有價值的展開與實現。
　　　　方以智的哲學工作並不在於爲世界建立一個本體論式的界說，而是相異於此
　　　　的。」由此可知，謝氏的研究焦點乃是放在方以智哲學方法學的問題探討上。
　　　　見氏著，《方以智哲學方法學研究》（臺北：國立臺灣大學哲學研究所博士論
　　　　文，1994 年 6 月），「第一章第二節　方以智哲學思想的淵源」，頁 8。

夫道，有情有信，无爲无形；可傳而不可受，可得而不可見；自本
自根，未有天地，自古以固存；……在太極之先而不爲高，在六極
之下而不爲深，先天地生而不爲久，長於上古而不爲老。〔註5〕

這段話說明「道」是洞照天地而有情有信，無爲無形而無所不在；可傳之於
言詮而不可計數，可得之於體悟而不可見形。本質上自身即是本根，在天地
未有之前已經存在；且「道」在太極之上，卻不爲高遠；在六極之下，卻不
爲深邃。在次序上，先於天地而生，卻不爲長久；在時間上，比上古更久遠，
卻不爲老。這時候太極的概念僅是用以形容「道」的狀態，並非針對太極的
本身加以概念化。

　　然而，有趣的是太極的概念不見於五經之首的《易經》中，反倒是出現在
《易傳》的〈繫辭上傳·第十一章〉〔註6〕中。與《莊子·大宗師》的太極之
意相較，直到《易傳》中產生概念化的意涵之後，不僅提升《周易》的哲理性
價值，而且還奠定中國傳統哲學中所具有「實質上的系統」之意義。隨著此一
概念化的發展，經過漫長的時代推移，在各個朝代易學家的詮釋體系裡有不斷
地轉化和創新，累積出不同的詮釋內涵。〔註7〕這也就是，何故在每個易學思
想家身上，可以看到他們對於太極的概念作出豐富而多元的詮釋面向之原因。

　　受到明末清初桐城方氏三代治《易》的家學傳統影響，方以智承襲著父
親方孔炤的易學觀點，對於太極的詮釋上，仍然圍繞著「無極」、「太極」、「有
極」三個觀念發揮他的見解，這在方孔炤父子倆編錄的《周易時論合編》一
書便可看到。為比較方孔炤父子二人對太極詮釋的異同，吾人在考察前人的
研究成果之後，發現到學者對於方孔炤的太極概念之探討提供幾種省察的面
向。〔註8〕在此基礎之上，輔助本文對於方以智易學形上思想之理解，而找到

〔註5〕　見清·郭慶藩集釋，《莊子集釋》，（臺北：貫雅文化事業有限公司，1991 年 9
　　　　月），頁 246～247。
〔註6〕　《周易·繫辭上傳》第十一章曰：「是故易有太極，是生兩儀，兩儀生四象，
　　　　四象生八卦，八卦定吉凶，吉凶生大業。」見國立編譯館主編，《十三經注疏
　　　　分段標點》全二十冊（臺北：新文豐出版公司，2001 年 6 月），冊一，頁 1：
　　　　591～592。
〔註7〕　趙師中偉說：「『太極』思維在易學哲學史的發展上，是經過三個層次的轉化
　　　　與發展，就是『概念化』、『圖象化』、『圖騰化』。」見氏著，〈「太極」思維的
　　　　轉化與發展〉，收錄於《第十六屆國際易學大會論文集》，2001 年 11 月，頁
　　　　236～244。
〔註8〕　關於近人學者對方孔炤之太極的解釋，有幾個說法是值得注意的：
　　　　（一）張永堂認爲：「方孔炤『不落有無之太極，即在無極之中，而無極即在

一條可供參照的思想脈絡。

一、方以智易學「三極說」的由來

　　談到方以智易學「三極說」時，實際上，其內容與父親方孔炤易學的觀點有著密切的關係，故得先瞭解方孔炤易學「三極說」的內容。論此一觀點的緣起，首先得從《圖象幾表》卷之一〈太極冒示圖說〉引其祖父方大鎮《野同錄》中對太極的看法開始說起。對此，方大鎮云：

> 《野同錄》曰：不可以有無言，故曰「太極」。太極何可畫乎？姑以圓象畫之，非可執圓象為太極也。《中庸》曰：「於穆不已，天之所以為天也。」善哉！子思之畫太極乎？所以然者，倫序于卦爻時位，宜民日用，謂之當然，當然即所以然；然不聳之于對待之上，而泯之于對待之中，能免日用不知耶？〔註9〕（《圖象幾表卷之一‧太極冒示圖說》）

有極中』的命題，是其『一在二中、寂歷同時』的易學命題的一個側面，也是方學漸崇實反虛的進一步發展，它不但在宋明學者解釋周敦頤太極圖的眾多學說中有其地位，它在藉傳統儒學崇有思想以矯明末思想界流於虛玄之弊的思潮下也有重要的意義。」見氏著，〈方孔炤〔周易時論合編〕一書的主要思想〉，（《國立成功大學歷史學系歷史學報》第 12 期，1985 年 12 月），頁 189。

（二）蔣國保認為：「方孔炤在哲學上主張『太極一元論』。他把宇宙看作『有形』與『無形』的統一體，用象數家的術語，稱前者為『有極』、後者為『無極』，認為它們所以能統一，根據在『太極』。」見氏著，〈方以智與桐城方氏學派〉，（《中國文化月刊》第 280 期，2004 年 4 月），頁 66。

（三）朱伯崑認為：「方氏進而提出三極說，即太極、無極和有極，論證了太極即在有極中這一本體論的命題。……總之，太極作為有無之統一體，即寓于無極和有極中，而無極即存于有極之中。也就是說，太極即在有極中。」同註3，冊三，「第四編第八章第五節　方以智與《周易時論合編》」，頁 3：490～492。

（四）劉謹銘認為：「就太極問題而言，方孔炤否定一『至尊無上』的太極觀點，他並且主張太極不落入相對待的有無概念中，而是通貫無形無象的無極與有形有象的有極者。」見氏著，《方孔炤《周易時論合編》之研究》（臺北：私立文化大學哲學研究所博士論文，2004 年 5 月），「第五章第二節　貫一不落有無的太極觀」，頁 152。

本文認為，從上述四種說法中皆指出方孔炤對無極、太極、有極的「三極說」之關係，可說是緊扣著「一在二中」的易學命題而開展出來。

〔註9〕見方孔炤著、方以智編，《周易時論合編》全五冊（臺北：文鏡文化事業公司，1983 年），冊五，卷之一，「圖書」，〈太極冒示圖說〉，頁 5：73。

在方大鎮看來，太極的形上思想不是單純地用有、無的角度就能夠理解，因而稱之爲太極。是故，要理解太極的概念，能夠用圖畫的形式來表達嗎？對此，他認爲，姑且以圓形的圖象來表達太極的形上思想是可以的，相反地，吾人也不能夠過於執著那個圓形的圖象就是太極的本身。接著，他稱讚儒家經典《中庸》所言「於穆不已，天之所以爲天也。」〔註10〕用以形容天道的美善，並且認爲儒家的子思也不曾畫過太極。

　　那麼，太極的形上思想是什麼呢？方大鎮的看法認爲，太極作爲萬物的所以然者，它的規律法則是呈現在《易經》六十四卦爻畫的符號系統中，由於每一個卦爻畫皆有著時位上的變動。因此就《易經》的卦變規則而言，它是適合於百姓所使用的占卜法則，這種規定性就稱爲「當然」。而在此一「當然」的背後，即存在著一個所以然，也就是太極。但是，人們習慣上從有、無的角度來作理解，只看見有、無的相對待而忽略背後的太極之作用。對此，方大鎮認爲，不應該將太極聳立於有、無的相對待之外，而是要從有、無相對待的轉換過程中去把握住太極的形上意涵。在他看來，太極作用在有、無相對待中，呈現爲「泯」的狀態，如此才能讓百姓便於理解而免於日用不知的情況。在其父方大鎮的說法之後，方孔炤也提出他對於太極的看法。其云：

> 不得不形之卦畫，號曰有極；而推其未始有形，號曰無極；因貫一
> 不落有無者，號曰太極。〔註11〕（《圖象幾表卷之一・太極冒示圖說》）

他以爲，「有極」是指有具體形狀的六十四卦畫的狀態，象徵著宇宙中的萬物；它是一種「有形」。那麼，進一步反推最初尚未有具體形狀之前的狀態，便叫做「無極」；它是一種「無形」。而太極則是貫通於「有極」與「無極」之間，同時亦不落於「有極」、「無極」兩端的「不落有無」、「即有在無」的狀態。進而他認爲，《周易》的教化目的是教導吾人「潔靜精微」的道理，使吾人能夠探求其本源，假使依循此理去探討卻無所得時，那麼，豈可相信作爲所以然的太極，它會是一個「大無外」、「細無間」的形上思想呢？〔註12〕於是，

〔註10〕《中庸》曰：「詩云：『維天之命，於穆不已！』蓋曰天之所以爲天也。」見南宋・朱熹撰，朱傑人等主編，《朱子全書》全二十七冊（上海：上海古籍出版社，2002年12月），冊六，《四書章句集注・中庸章句》，頁6：52。

〔註11〕同注9，冊五，卷之一，「圖書」，〈太極冒示圖說〉，頁5：73。

〔註12〕潛老夫曰：「《易》教潔靜精微，使人深窮反本，逆泝而順理之不至此，豈信所以然之大無外、細無間乎？」同注9，冊五，卷之一，「圖書」，〈太極冒示圖說〉，頁5：73～74。

方孔炤便進一步地揭示太極的內涵。其謂：

> 微之顯者常無常有，費而隱者即有即無，惟恐人以有爲有、無爲无，
> 又恐人以有无玄蔓，故正告微顯費隱也。〔註13〕（《圖象幾表卷之一・
> 太極冒示圖說》）

方孔炤認爲，「微顯」〔註14〕和「費隱」〔註15〕二詞是可以用來解釋無極（無）、太極、有極（有）三者的關係。所謂的「微顯」是就本質而言，微者是指無極（無），顯者是指有極（有），而「微之顯者」是指太極本身既微又顯的本質。因此，微之顯者的太極能夠顯現出有、無二者的恆常性。又所謂「費隱」，是就體用而言，費者是言用，即指有極（有），隱者是言體，即指無極（無），而「費而隱者」是指體用爲一的太極。因此，費而隱者的太極能夠顯現出有、無二者的作用性。

然而，方孔炤擔心人們對有、無的理解，落入於「以有爲有」、「以無爲無」的想法之中，單純地把有形的東西視作是一般的有，把無形的東西當作是一般的無，而忘記有、無背後眞正的本質問題。再者，他也擔心人們會對有、無的概念產生錯誤的理解。所以他清楚地揭示出「微顯」與「費隱」的道理，究其原因，乃是此部分爲太極的形上思想中最容易被誤解的地方。因此，他進一步檢討宋儒諸子對於太極章所作的各種詮釋的看法，以便得到一個適切的理解。

在宋儒諸子中，周敦頤（1017～1073）「合無極與陰陽而明太極」之說；邵雍（1011～1077）「合無極與有象而明道極」、「有無之極」、「心爲太極」等之說；程頤（1033～1107）「體用一原，微顯無間」〔註16〕之說；朱熹（1130

〔註13〕同注9，冊五，卷之一，「圖書」，〈太極冒示圖說〉，頁5：74。

〔註14〕「微之顯者」的微顯一詞，語出《周易・繫辭下傳》第六章曰：「夫《易》，彰往而察來，而微顯闡幽，開而當名，辨物正言，斷辭則備矣。」；唐・孔穎達《周易正義》，卷八，疏曰：「言《易》之所說，論其初微之事以至其終末顯著也，論其初時幽闇以至終末闡明也，皆從微以至顯，從幽以至明……以體言之，則云微顯也；以理言之，則云闡幽，其義一也。但以體以理，故別言之。」同注6，頁1：638～639。

〔註15〕「費而隱者」的費隱一詞，語出《中庸》第十二章云：「君子之道費而隱。」，宋儒朱熹注曰：「費，用之廣也。隱，體之微也。」，今人蔣伯潛廣解曰：「君子之道，其用很廣大，而其體則極微妙。」見南宋・朱熹集註、蔣伯潛廣解，《四書讀本・中庸集注》（臺北：啓明書局，1960年），頁3：11。

〔註16〕語出北宋・程頤〈易傳序〉曰：「至微者理也，至著者象也。體用一源，顯微無間。觀會通以行其典禮，則辭無所不備。」見氏著，《河南程氏文集》，收

～1200）「太極不襍乎陰陽，不離乎陰陽，一而二，二而一者也」之說，竟然都成爲方孔炤批評的對象。主要原因是方孔炤認爲他們在解釋太極的形上概念時，不夠貼合其原意，因而對他們的言詮產生一種親切與否的質疑。〔註17〕再者，他發覺宋儒諸子在詮釋太極章上，各豎旗幟，見解不同，使得晚明理學之中出現僞情的弊端：如有用好聽的言語愚弄人民，或用誇張的言語驚嚇百姓，隱藏住世人的疑惑，使得明末士人虛僞的隱避對太極眞正的理解。職此之故，方孔炤認爲，必須要先確實徵明太極「不落有無」的道理，才能讓人民安然立身在天地之中。〔註18〕因此，方孔炤才有如下的論述，其云：

> 自有而推之于無，自無而歸之于有，此不得不然之示也。〔註19〕（《圖象幾表卷之一‧太極冒示圖說》）

對於宋儒諸子各自提出的太極之說，方孔炤心中覺得有一種不親切的感覺。爲解決在心裡一直覺得有些不親切的地方，於是，他想到不論太極是在自「有」推向於「無」，或者自「無」回歸於「有」的歷程，「有」、「無」二者的轉換是一種不得不然的顯現。然而這種必然的顯現是什麼呢？對此，其云：

> 然必表寂歷同時之故，始免頭上安頭之病；必表即歷是寂之故，始免主僕不分之病。〔註20〕（《圖象幾表卷之一‧太極冒示圖說》）

方孔炤認爲，在「有」、「無」二者轉換的歷程中必然呈現爲「寂歷同時」，如是，才能夠免除在太極的頭上又安一頭，並且須是「即歷是寂」，才能避免太極與無極、有極之間的主僕不分。所謂「寂」是指太極，「歷」是指無極、有極二者，「即」字有立刻、當下之意。從時間的發生次序來講，無極、太極、有極三者是同時在作用，所以他說：「寂歷同時」；從存有的關係來說，太極

錄於北宋‧程顥、程頤著，王孝魚點校，《二程集》全二冊（北京：中華書局，2004 年 2 月），上冊，卷第八，頁 1：582 引。

〔註17〕潛老夫曰：「周子合無極與陰陽而明太極，人未親切也；邵子合無極與有象而明道極，爲无體之一，又曰：『有無之極』，又曰：『心爲太極』，而人猶未親切也；程子曰：『體用一原，微顯無間。』有親切者乎？朱子曰：『自一陰一陽，而五行之變，至不可窮，无適非太極之本然，太極不襍乎陰陽，不離乎陰陽，一而二，二而一者也。』有親切者乎？」同注 9，冊五，卷之一，「圖書」，〈太極冒示圖說〉，頁 5：74～75。

〔註18〕潛老夫曰：「諸子各高其幢，情僞日出，因有酷塞以愚民者，因有離畸以詑民者，匪則大惑，學士巧遁，安得不明此不落有無之確徵，使人安天地之當然哉？」同注 9，冊五，卷之一，「圖書」，〈太極冒示圖說〉，頁 5：74。

〔註19〕同注 9，冊五，卷之一，「圖書」，〈太極冒示圖說〉，頁 5：75。

〔註20〕同注 9，冊五，卷之一，「圖書」，〈太極冒示圖說〉，頁 5：75。

即是在無極、有極中，而無極、有極亦在太極中，所以他說：「即歷是寂」。
在此狀態下，當下的「歷」便是「寂」；換言之，無極、有極就是太極。在此
前提下，三者皆是同一個太極，這豈不荒謬？因而，他才會強調太極與無極、
有極應該要以主僕關係來加以區別，亦即太極是主，是體，而無極、有極是
僕，是用，此三者並非是主僕不分。因此，方孔炤作出如下的結論。其云：

> 于是決之曰：「不落有無之太極，即在无極、有極中，而無極即在有
> 極中。」〔註21〕（《圖象幾表卷之一・太極冒示圖說》）

以上，方孔炤經由對宋儒諸子太極之說的反覆思辨之後，以「不落有無之太
極，即在无極、有極中，而無極即在有極中」一句消除義理上不親切的地方，
並且用這句話重新詮釋無極、太極、有極的關係，這就是方孔炤易學「三極
說」的精華所在。同時，此句話也是方以智易學「三極說」的發凡之處。對
此，方孔炤易學「三極說」中無極、太極、有極三者的對應關係，可表示如
下（圖一）、（圖二）。

圖一：無極（無）、有極（有）與寂歷、主僕的關係圖

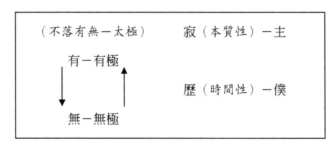

圖二：方孔炤父子的「三極一貫圖」

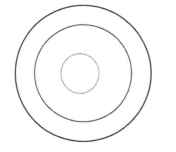

（第三圈：有極，實線）

（第二圈：無極，實線）

（第一圈：太極，虛線）

　　為求吾人進一步理解「不落有無之太極，即在无極、有極中，而無極即在
有極中」的概念，方孔炤則用譬喻的方式再做說明。他認為，生而為人，正是

〔註21〕同注9，冊五，卷之一，「圖書」，〈太極冒示圖說〉，頁5：75。

因爲「不落有無」的太極而存在，就如同時間停留在「日中」的時候，正好是「不落日夜」的白天一樣。由於聖人的教化是在教導人們善於運用當前的東西，每個事物的背後都有它們的法則，猶如無聲無臭般的存在著，何必將這些法則分作有無的差別來看待。職此之故，方孔炤爲求能夠具體揭示天地間的所以然之理，就把它叫做「太極」，並且認爲「太極」的所以然之理，源自於無極、有極二者轉換的歷程中。〔註22〕但是這樣的說明卻未足以清楚說明，反而遭致反駁者的詰問。反駁的人就問他說：「太極即中，而又中其中乎？」，〔註23〕反駁者的意思是說「不落有無」的「太極」已經是在無極、有極之中，怎麼無極又是在有極之中呢？如同上面三同心圓的圖例所示。對此，其謂：

> 從對待而顯其絕待，又合絕待與對待而顯其寂歷焉。無統辨而有統辨，主僕歷然，安得不一，指其主中主乎？〔註24〕（《圖象幾表卷之一‧太極冒示圖說》）

此處，方孔炤特別提出「對待」與「絕待」二詞來區別無極、太極、有極三者的狀態，也就是因著無極、有極二者的「對待」而顯現出太極的「絕待」，於是又合著無極、有極二者的「對待」和太極的「絕待」才能夠顯現出三者間轉換的歷程，使得三者維持著一種「寂歷同時」並且「即歷是寂」的狀態。隨著太極在無極（無）與有極（有）中起著統一的作用下，吾人才得以瞭解到此種統一作用的道理。如此一來，這就很清楚的呈現出三者的主僕關係。事實上，太極是合無極、有極二者而爲一，並且它是無極、有極二者之中的主子。

　　接著，反駁的人又繼續問他說：「謂主在中，而中不定中，定中則執矣。」〔註25〕反駁者的意思是說，作爲主子的太極在無極、有極之中，而且這之中的狀態是一種不固定的過程，如果把它視爲固定的過程，就變成一種執著。

　　方孔炤認爲，雖然「中不定中」，太極在無極、有極之中的狀態是一種不固定的過程。但是，爲使吾人便於理解，不得不以這「中」的狀態來指稱太極。如同畫一圓形，把它當作是太極的象徵。就好比說任何形狀的方圓都是

〔註22〕潛老夫曰：「人值此生爲不落有无之有，猶時值日中爲不落日夜之日；聖教惟在善用其當有者，有物有則，即無聲臭，何容作有無之見乎？故深表兩間之所以然曰：『太極』，而太極之所以然，原自歷然。」同注9，冊五，卷之一，「圖書」，〈太極冒示圖說〉，頁5：75。
〔註23〕同注9，冊五，卷之一，「圖書」，〈太極冒示圖說〉，頁5：75。
〔註24〕同注9，冊五，卷之一，「圖書」，〈太極冒示圖說〉，頁5：75。
〔註25〕同注9，冊五，卷之一，「圖書」，〈太極冒示圖說〉，頁5：76。

由一圓形的形式而來，因此，爲求言詮之便，不得以只好畫一圓形來指稱太極。〔註26〕復次，反駁的人又舉一例子問他說：「執生爲性，如謂指是月外理于氣，如謂水非冰，今猶二之乎？」〔註27〕反駁者的意思是說，吾人若固執於生就是性的看法，就好比說以手指頭指著月亮，說它是外於天理的氣所生，就如同說水的本質是不同於冰的道理一樣，然而，這二個是不同的道理嗎？對此，其云：

> 不得二之，不得混之，此合一萬之大一也。正謂一在二中，二中之主僕歷然，則一中之主僕歷然，明矣。一樹之根枝歷然，則仁中所以爲根枝者歷然；鳥穀之首足歷然，則卵中所以爲首足者歷然。〔註28〕
> （《圖象幾表卷之一‧太極冒示圖説》）

針對反駁者將「指是月外理于氣」和「水非冰」二者分別看待一事。在方孔炤看來這是不可以的。因爲它們同樣是合一萬之「大一」，也就是根源於太極的顯現。這就明白地說出太極在無極、有極之中，並且「二中」的無極、有極呈現主僕之別的狀態。如是，「一中」的太極因著無極、有極的主僕之別而清楚地顯現。同樣的道理，就萬物生成的結果來看，一棵樹的根枝和種子，同是樹在不同發展階段的顯現。而一隻剛孵育成小鳥的頭腳與卵，同樣是鳥在不同發展階段的表現。因此，樹的根枝、種子與鳥的頭腳、鳥卵是無法二分，也不必混同，它們皆是合一與萬的「大一」之顯現，亦即是太極的顯現。在這樣的比喻之下，讓方孔炤又想起一個例子，其云：

> 請更喻之，有水一坏，水彌此坏，冰有不彌此坏者矣。水之甘，則未有不彌此坏者矣。今當稱水之甘，使人知味，烏可但稱水，而禁人之稱甘乎？甘在水中，無適非甘，非若太極指點也。不得已而指其極在太中，在人會通焉爾。〔註29〕（《圖象幾表卷之一‧太極冒示圖説》）

方孔炤先是以水和小窪洞作譬喻。就作用而言，水爲液態，能隨著容器形狀的不同而改變它的形體，是以水流入小窪洞後不久就能溢滿。然而，由水所結成的冰，卻因爲有著固態的形體，便不能完全地塡滿小窪洞。再者，就性質而言，

〔註26〕 潛老夫曰：「中不定中，而不得不因中以指之，猶太極之圓，方觚皆圓也，而不得以圓指之。」同注9，冊五，卷之一，「圖書」，〈太極冒示圖説〉，頁5：76。

〔註27〕 同注9，冊五，卷之一，「圖書」，〈太極冒示圖説〉，頁5：76。

〔註28〕 同注9，冊五，卷之一，「圖書」，〈太極冒示圖説〉，頁5：76。

〔註29〕 同注9，冊五，卷之一，「圖書」，〈太極冒示圖説〉，頁5：77。

水具有甘甜的物性，因為內在於水之中，所以也同樣是充盈於小窪洞之中。假使吾人知道水的物性是甘甜，並且也嘗過此味道，難道只能說此是水而不能說此水的物性是甘甜的嗎？此意謂水的本身與物性是合而為一。因此，方孔炤認為，甘甜的物性已經在水之中，所以每一滴水都是甘甜的，這就如同太極作為一個形上本體，實際上已經寓藏在萬物之中。今日不得已指出這一究竟的形上本體即在萬物之中，此一用意是要讓人們能夠會通這個道理。

　　經由上述簡略說明方孔炤易學「三極說」的內涵之後，吾人便要進一步來看方以智易學的「三極說」呈現出何種的面貌，以及他所談論的內涵為何。

二、「太極在無極、有極中」

　　前面已指陳過其父方孔炤易學「三極說」之內涵，接著，此處的重點在於探討方以智易學的核心思想——太極。本文認為，方以智易學的「三極說」可分成二個方面來探討，此處先提綱挈領的說明如下：

　　1、「太極在無極、有極中」，此即與「一在二中」是相同的概念。另外，在《周易時論合編》中，方以智易學的核心思想顯然是太極，但是，這一本體的內涵，仍須經由無極、有極的「有」、「無」之辨，才能夠得到具體的揭示。原因何故，方以智認為，太極作為萬物的本體，它既不是虛無的代稱，也不是有形的萬物，而是透過「一在二中」的狀態方能顯現出太極的形上意義。

　　2、「萬物共一太極，而物物各一太極」。理由何在：其一，就萬物的根源性而言，萬物共同的「一」就是太極，是以太極就是萬物的根源；其二，就萬物稟受於太極而言，一切事物之所以紛雜萬殊，乃是稟受於太極的作用時，各不相同之故，因此，萬物才有千差萬別的形體與樣貌。

　　在開始探討方以智易學的核心思想——太極——之前，本文認為須要先釐清兩個基本問題：一、太極的概念是否重要，二、是否有與太極異名而同實的形上概念。以下，先對此略作說明，有助於吾人更加瞭解方以智對太極的闡述。

　　首先，關於「太極的概念是否重要」，可以從方以智所討論的次數看出其重要性。在《周易時論合編》方以智所作按語中，太極的概念究竟出現過多少次呢？經由吾人翻閱後，所作的檢索統計，發現太極的概念大約出現 43 次

之多。〔註 30〕由此可知，方以智對於太極的概念有相當程度的討論與詮釋。是以，方以智對太極的概念是如何詮釋？

其次，關於「是否有與太極異名而同實的形上概念」，在方以智的著作裡，他確實有提過其他的形上概念來說明作為萬物的根源，如「太無」、「所以」〔註 31〕等等。這些名稱雖然不同於太極之名，但是對於吾人理解太極一詞是否會產生影響呢？答案則否，因為在他的論述中，雖然出現的名稱不同，但是所指稱的意義卻是相同，亦即哲學上所謂的「理一分殊」〔註 32〕之故。

（一）方以智對太極的釋義

方以智談到太極一詞，首見於他解釋《周易》上經〈乾卦・用九〉（䷀）所說的「見群龍无首，吉。」一句。其云：

> 六畫自二儀始，若連太極，當有七層，太極一層不用，則用爻即太極也。知太極第一層不用者，知无首之旨矣。〔註 33〕（《周易時論合編卷之一・乾卦》）

他認為，在《周易》卦畫符號的系統中，每一卦畫皆由六爻組成，其中的爻位變化是隨著陰陽（二儀）的排列而成。如果把每一個爻位視作為一層的話，則〈乾卦〉剛好多出「用九」這一層爻位。那麼，為何〈乾卦〉會多出「用爻」這第七個爻位呢？方以智提出的解釋是〈乾卦〉的六個爻位若連太極一起數的話，則有七層，而太極在卦畫符號的系統中雖然看似不起作用，但其實已蘊含在〈乾卦〉「用爻」的爻位上，於是說〈乾卦〉的「用爻」就是太極。因此，吾人要是能體認到這第一層的太極在〈乾卦〉用爻上起著無作用的作

〔註 30〕 經由吾人檢索《周易時論合編》中方以智所作按語的內容後，「太極」一詞的出處分別見於上經的〈乾卦〉（頁 1：25）、下經的〈明夷卦〉（頁 2：801）、〈節卦〉（頁 3：1294、1296）；《易傳》的〈繫辭提綱〉（頁 4：1391）、〈繫辭上傳〉（頁 4：1415、1475、1502、1504、1516）、〈說卦傳〉（頁 4：1670、1709），有 26 次；《圖象幾表》的〈諸家冒示集表〉（頁 5：79、80）、〈河圖洛書舊解集〉（頁 5：92、94、95）、〈密衍〉（頁 5：110）、〈四正四偏先後之變〉（頁 5：273），有 17 次，合計共 43 次。同註 9，全五冊。

〔註 31〕 方以智《東西均・反因》曰：「以故新其號曰太極，愚醒之曰太無，而實之曰所以。」見方以智著、龐樸注，《東西均注釋》（北京：中華書局，2001 年 3月），頁 94。

〔註 32〕 北宋・程頤曰：「〈西銘〉明理一而分殊，墨氏則二本而無分。」同註 16，上冊，卷第九，〈答楊時論西銘書〉，頁 1：609 引。

〔註 33〕 同註 9，冊一，卷之一，〈乾卦〉，頁 1：25。

用，就能知道〈乾卦‧用九〉爻辭「群龍無首」一句的意義。又在另一部著作《浮山聞語》中，他釋下經〈明夷卦〉（䷣）六五象曰：「箕子之貞，明不可息也。」時謂：

> 《浮山聞語》曰：皇極不建，則太極亦渾侖誤人，誰明道法以證《易》乎？〔註34〕（《周易時論合編卷之五‧明夷卦》）

所謂「皇極」出自《尚書‧洪範》，〔註35〕孔穎達疏曰：「皇，大；極，中也。凡立事當用大中之道。」，〔註36〕可見孔氏的皇極之意是解釋爲「大中之道」。此處，本文認爲當是指偉大的最高主宰，引申爲萬物的主宰，即指形上本體。〔註37〕正如方以智所說，如果「皇極不建」，亦即是此一形上本體要是沒有建立起來的話，那麼，同樣是作爲形上本體的太極不也是變得含糊不清而誤導人們。如此，有誰能明白同是作爲形上本體的「道」之法則，來證明《周易》中作爲形上本體的太極呢？職此之故，方以智透過簡短地反問，以雙重否定的語氣來證明太極是具有形上本體之意。另外，在解釋〈節卦〉（䷻）時，其云：

> 聖人非不謂一太極而已矣。爲前民用，故制數度以議德行，使由之而中節，節自本然，而指之乃實徵焉。度數即德行，而日用不知，則徒法也，逐膠度數而逐物迷本矣。〔註38〕（《周易時論合編卷之八‧節卦》）

對於太極是否爲形上本體的問題，方以智認爲，聖人並非只說出「太極」一詞，就足以清楚地說明它是一個形上本體，而是透過著占這種神妙之物來當作引導人們的行動，此即「爲前民用」之意。進一步經由聖人「制數度以議

〔註34〕同注9，冊二，卷之五，〈明夷卦〉，頁2：801。

〔註35〕見唐‧孔穎達，《尚書正義》曰：「初一曰五行，次二曰敬用五事，次三曰農用八政，次四曰協用五紀，次五曰建用皇極，次六曰乂用三德，次七曰明用稽疑，次八曰念用庶徵，次九曰嚮用五福，威用六極。」同注6，冊二，卷十二，頁2：444。

〔註36〕同上注，冊二，卷十二，頁1：168。

〔註37〕見趙師中偉，《道者萬物之宗——兩漢道家形上思維研究》（臺北：洪葉文化事業有限公司，2004年4月），「第九章第二節　無與一，皆爲本體別名，等同於道」，頁388。另有一說法是，屈萬里認爲：「皇，君也。極，法則也。」意思是指君權之建立所用的法則，旨在探討君權制度的建立，兩者的面向不同，亦可作爲參考。見氏著，《尚書釋義》（臺北：中國文化大學出版部，1995年7月），頁94，注8。

〔註38〕同注9，冊三，卷之八，〈節卦〉，頁3：1294。

德行」〔註39〕的方式呈現出太極的妙用，讓百姓遵循著數度與德行而合于節制，這樣的節制乃是出於本然的太極。聖人指出太極的妙用就是一種具體的實徵，職此之故，他進一步認為「度數」就是在「德行」中彰顯出來，是合二而一。只是人們每日用之為常，不假思索其本然，在這樣徒然的取法下，卻導致百姓陷溺在度數之中追求外物，反而迷失德行中節的意義，忘記二者本是合一。

接著，他援引《禮記·禮運》：「是故夫禮，必本於大一，分而為天地，轉而為陰陽，變而為四時，列而為鬼神。……夫禮必本於天，動而之地，列而之事，變而從時，協於分藝。」〔註40〕加以闡釋其對太極的理解。方以智認為，所謂「協」字，是指陰陽五行間存在著一種自然的協調狀態，身處其中的人們每日勞動而過著安分的生活。換言之，人是依循著這一無聲無臭的天道而規律的生存著；也就因為天地間規律地運行的道理，沒有任何的差錯，而補救人們免於紛亂而能安然度日。在這種合乎節度的作用之下，就如同四時的流轉、音樂的律動一般。而天地間氣的流動，原本就能發出不同的聲音和旋律，只是人們聽而不知其故，聖人因此將它譜成歌曲的旋律。這個道理就如同天地間的閏道法則和通期的數字互相符合的意思是一樣。如是，順應著天道的規律而日有晝夜，天有周行，這些便是自然相合的節度。聖人因此將天道的規律體現在人間的制度化上，使得萬事萬物都逐一地合乎節度，而將天下治理的很好。對應在人的身上時，就會發現人的「性之品節」乃是作為形上本體的太極之體現，只是人們沒有明白這個道理而已。〔註41〕

〔註39〕語出《周易·節卦》大象傳曰：「君子以制數度，議德行。」，唐·孔穎達，《周易正義》，卷六，疏曰：「數度謂尊卑禮命之多少，德行謂人才勘任之優劣，君子象節以制其禮數，等差皆使有度，議人之德行，任用皆使得宜。」同注6，冊一，頁1：492；又北宋·程頤《易程傳》注曰：「君子觀節之象，以制立數度。凡物之大小輕重高下文質，皆有數度，所以為節也。數多寡，度法制，議德行者，存諸中為德，發於外為行，人之德行，當義則中節，義謂適度求中節也。」見氏著，《易程傳》（臺北：文津出版社，1990年10月），頁534。
〔註40〕同注6，冊十一，頁11：1098～1101。
〔註41〕智曰：「〈禮運〉曰：『本于大一，協于分藝』。所謂協者，陰陽五行，自然皆協者也，人人安分食藝，即人人无聲无臭矣。是因天地自然之理，以補採天地者也；發而中節，如四時行焉，如音樂焉。氣本具五音六律，而人不知也，聖人絃之；而藏閏之徵，與通期之數符焉。……適如此而日夜，適如此而周天，其節自符，聖人因以節之，萬物皆漸熏于節中，且治天焉。性之品節，乃太極本有之律曆，而人不知也。」同注9，冊三，卷之八，〈節卦〉，頁3：

前文已談及方以智易學「三極說」是來自於其父方孔炤的影響，那麼在「三極說」的內涵上，方孔炤父子的觀點究竟有何不同呢？就方孔炤易學「三極說」而言，方孔炤是以「不落有無之太極，即在无極、有極中，而無極即在有極中」一句作結。是故，方以智又提出何種的觀點作爲回應？在《圖象幾表・諸家冒示集表》中，方以智特別援引聲韻學的概念用以詮釋其「三極說」的內涵，其曰：

> 論聲以◎爲本，今取以象三極之貫，太極在无極、有極中，而无極即在有極中。兩間之氣貫虛實，而凝地之實以成用，人物之神與氣皆凝精成形，以用中一自分爲二用，而一與二爲三，諸家之圖皆用三立象，以範圍之，三即一也。〔註42〕（《圖象幾表・諸家冒示集表》）

在他看來，◎（喉根）是聲韻學中發音原理的根本，此一圓圖分別載於《圖象幾表・等切旋韻約表》〔註43〕及《通雅・切韻聲原》〔註44〕二處。這一同心圓的概念便是用來闡述無極、太極、有極三者的關係，亦即爲方以智的「三極一貫圖」（同圖二）。換言之，方以智認爲，◎所表達的是「三極說」中無極、太極、有極三者相一貫的狀態。相較於其父方孔炤的說法，方以智則省略前句「不落有無」的說明。接著，方以智又談到天地之間的氣是流貫於有形無形之中，而凝結的地氣就有實際的作用。至於人類和動物的精神與氣息也都凝聚精氣而成一具體的形體，何故人類與動物是如此產生？這是因爲「中一」的太極之作用而分成無極、有極二者，於是這「一」的太極和「二」的無極、有極相結合，就形成「三」的天地萬物。方以智認爲，這一「三合一」

1295～1296。

〔註42〕同注9，冊五，卷之一，〈諸家冒示集表〉，頁5：79。

〔註43〕智按曰：「◎爲喉根，而非、微乃外唇之最微者。非夫二字皆送氣聲，以非字最輕，標外唇之起耳。微字之用最少，惟萬物無文、問、味等字，中原人多讀深喉影母，吳人或切焚扶，又混夫矣。智按萬物至微，故取此聲。」同注9，冊五，卷之六，〈等切旋韻約表〉，頁5：577。

〔註44〕愚謂：「約統于六餘聲，◎恩翁切，喉中折攝也，自心音唵過，轉哞，爲噁阿之總。烏、意、阿、邪、牙皆統于◎，而◎亦與五者分用。皆折攝臍鼻之音也，烏、阿之餘聲即本聲，支、開之餘聲爲意，邪哇之餘聲爲邪牙，燋嘔之餘聲爲烏，其餘則皆◎矣。餘者尾也，出字則頭也。總之，呼三吸一，去而復來，升鼻之◎，本于臍◎。約爲小翕闢，大翕闢，藏于全闢全翕之用而已。日用不知，是故研幾爲難。」見方以智著、侯外廬主編，《方以智全集第一冊：通雅》（上海：上海古籍出版社，1988年9月），卷五十，〈切韻聲原・旋韻圖說〉，頁2：1511。又〈切韻聲原〉中，另載有同上注的內容，頁2：1476。

概念的運用，在其他易學家的象數思想中，也都是以「一」與「三」的概念來表達太極與天地萬物的關係，亦即「一」之太極是作爲「三」之天地萬物的根源，相對地，「三」之天地萬物就是「一」之太極的顯現，這就是「三即一」的意涵。

　　然而，對於方以智而言，太極的內涵究竟是什麼呢？它是具象的，還是抽象的？它是物質的，或者精神的？關於這些問題的解答，在他的另一本著作《東西均‧三徵》中，已經清楚的揭示出太極所具有的本質。其曰：

> 太極者，先天地萬物，後天地萬物，終之始之，而實泯天地萬物，
> 不分先後，終始者也；生兩而四、八，蓋一時具足者也。〔註45〕（《東
> 西均‧三徵》）

　　方以智認爲，其一，太極作爲一形上本體，由時間來看，它是先於天地萬物而成，又寓於天地萬物的背後。從萬物活動的歷程觀之，太極既是天地的終極又是萬物的開始。實際上，它是融合於天地萬物之中，不受時間先後和歷程終始之限制。《周易》的宇宙生成意涵是從太極產生陽（—）陰（--）兩儀，由兩儀產生太陽（⚌）、太陰（⚏）、少陽（⚍）、少陰（⚎）四象，再由四象產生乾（☰）、坤（☷）、震（☳）、巽（☴）、坎（☵）、離（☲）、艮（☶）、兌（☱）八卦，於是透過「加一倍法」而產生天地萬物。是以這一變化的生成過程，乃是從太極爲始，進而兩儀→四象→八卦，以至無窮盡，構成一套《周易》的「數字宇宙論」，〔註46〕這些都是根源於太極的作用。接著，就太極的屬性而言，方以智云：

> 自古及今，無時不存，無處不有，即天也，即性也，即命也，即心

〔註45〕 同注 31，《東西均‧三徵》，頁 46～47。

〔註46〕 趙師中偉指出：「《易經》的經和傳，共出現二十二個數字，就是一、二、三、四、五、六、七、八、九、十、十八、二十五、三十、四十九、五十、五十五、六十四、一百四十四、二百一十六、三百、三百六十、一萬一千五百二十等。除了『三百』屬於經的部分外：其餘二十一個數字，屬於《易傳》的部分，分成三個體系：一是『太極』數字及『大衍之數』爲主的二、四、八、六十四、五十、四十九及十八所組成的數字宇宙論；二是以『天地之數』一、二、三、四、五、六、七、八、九、十、二十五、三十及五十五所構成的圖書式宇宙論；三是以〈乾〉〈坤〉策數一百四十四、二百一十六、三百六十及一萬一千五百二十所形成的策數字宇宙論。即是這些數字，皆具有宇宙萬物生成變化規律的意義。」見氏著，〈《易傳》的神秘數字——「數」之宇宙論探析〉，收錄於《海峽兩岸易學與中國哲學研討會論文集》（易學卷），2002年 8 月，頁 143。

也。一有一畫，即有三百八十四；皆變易，皆不易，皆動皆靜，即
貫寂、感而超動、靜。此三百八十四實有者之中，皆有虛無者存焉。
〔註47〕（《東西均・三徵》）

他認為，太極的屬性之一是「不變性」，亦即「自古及今，無時不存」，這是
說從遠古以至今日，在時間的歷程中，無時無刻都存在著太極之作用。

其二是「普遍性」，亦即「無處不有，即天也，即性也，即命也，即心也」，
可以說在空間的場域中，每個地方都有太極在作用著，不論是天、性、命、
心等範疇皆為太極之顯現。

其三是「無限性」，亦即「一有一畫，即有三百八十四」，此是說太極作
為萬物的根源，經由「加一倍法」的生成過程，由兩儀→四象→八卦→六十
四卦→三百八十四爻→以至達到無盡的延展。所有的萬物萬殊，皆是源自於
「一」的太極，才有三百八十四爻，以此象徵萬物。

其四是「恒動性」，亦即「皆變易，皆不易，皆動皆靜，即貫寂、感而超
動、靜」，這是說太極同樣具有《周易》的「三易」特質，它既可以代表宇宙
萬物的變化，這是「變易」之《易》；也能夠顯現《周易》的「變」之規律本
身是相對不變的，此是「不易」之《易》；而太極也是《周易》之中簡明易曉
的概念，此為「簡易」之《易》。另外，在宇宙萬物的變化中，不論是動或靜，
太極無不寓藏於事物的活動歷程之中，也就是說它是一種貫通於寂感而又不
落於動靜兩端的狀態。

其五是「無形性」，亦即「此三百八十四實有者之中，皆有虛無者存焉」，
這是說在三百八十四爻乃至宇宙萬物的形體中，它們的背後都存在著一個無
形無象的太極作為其根源。

由此可知，方以智所闡述太極的屬性之內涵，歸結而言，便是具有以下
五種屬性：（1）不變性、（2）普遍性、（3）無限性、（4）恒動性、（5）無形
性等。〔註48〕接著，吾人要問方以智易學「三極說」的內容到底是什麼呢？

〔註47〕 同注31，《東西均・三徵》，頁47。
〔註48〕 關於本文所歸納的太極的五種屬性，乃是參考自趙師中偉的說法。其曰：「以
　　　　概念化來詮釋『太極』，無論是『太一』、『元氣』、『虛無』、『道』、『氣』、『理』、
　　　　『第一因』、『永久之有』、『最高最後的東西』等，其皆具有下列幾項特質：（一）
　　　　本根或本源性，（二）惟一性，（三）普遍性，（四）無限性，（五）不變性，（六）
　　　　無形性，（七）恒動性。」須說明的是本文與其所說的內涵相同，惟獨在排序
　　　　上不同。見氏著，〈「太極」思維的轉化與發展〉，收錄於《第十六屆國際易學
　　　　大會論文集》，2001年11月，頁243～244。

對此，其謂：

> 孔子闢天荒而創其號曰太極。太極者，猶言太無也。太無者，言不
> 落有無也。後天卦爻已布，是曰有極；先天卦爻未闡，是曰無極。
> 二極相待，而絕待之太極，是曰中天。中天即在先、後天中，而先
> 天即在後天中，則三而一矣。〔註49〕（《東西均・三徵》）

在《東西均》中，方以智借以孔子是第一位自開天闢地後，首先造出「太極」之名的人。他認爲，孔子所稱的「太極」，就好比說是「太無」一樣，具有相同的意思，而這種異名同實的情況，只是「理一分殊」之故。那麼，「太無」的意義也就等同於「太極」之意。然而，「太無」的概念是什麼呢？方以智把它解釋爲是一種「不落有無」的狀態。在《周易》卦畫符號的系統中，已成卦爻之形的「後天」卦爻叫做有極，至於未經闡明的「先天」卦爻叫做無極，由於無極、有極二者相待的狀態，因此突顯絕待的太極，並且將此一太極稱爲「中天」。如是，方以智將無極、太極、有極三者呈現的狀態描述成「中天即在先、後天中，而先天即在後天中」，三者是「三而一」的涵蘊關係。

（二）方孔炤父子易學「三極說」的差異

如果將上述「中天即在先、後天中，而先天即在後天中」對照於其父方孔炤的「不落有無之太極，即在无極、有極中，而無極即在有極中」，吾人便會發現，這兩段話的語法是相同的，差別只在於方以智透過「太無」一詞，以它作爲與太極代換之關鍵，於是「不落有無」的「太無」亦即是「不落有無」的太極，因而太極的概念也就轉成爲「中天」；依此類比，有極的概念，就轉成「後天」；無極的概念，就轉成爲「先天」。經由這樣「詞語的轉化」〔註50〕後，方以智已經將其父方孔炤的概念注入一番「詮釋的創造性」。〔註51〕

〔註49〕同注31，《東西均・三徵》，頁47。

〔註50〕本文所謂「詞語的轉化」，是指在不同的兩句詞語中，其形式有著相同的語法，而詞語的意義卻發生變化，形成另一種新的概念，有著特定的脈絡意義。以方孔炤父子的話爲例，其詞語的形式同樣是「A即在B、C中，而B即在C中」，而在方孔炤的思維脈絡上是「不落有無之太極，即在无極、有極中，而無極即在有極中」，但在方以智的思維脈絡上是「中天即在先、後天中，而先天即在後天中」。在《東西均・三徵》中，方以智經由辨証的過程，從「批判的繼承」到「創造的發展」，建立個人新的詮釋論証，故可說是一種「創謂層次」的詮釋。

〔註51〕「詮釋的創造性」是「創造的詮釋學」中重視的部份，而「創造的詮釋學」一詞是傅偉勳在〈創造的詮釋學及其應用——中國哲學方法論建構試論之一〉文中首先提出。傅氏將「創造的詮釋學」分成五個層次，分別是（1）「實謂」

層次──「原思想家（或原典）實際上說了什麼？」；（2）「意謂」層次──
「原思想家想要表達什麼？」或「他所說的意思到底是什麼？」；（3）「蘊謂」
層次──「原思想家可能要說什麼？」或「原思想家所說的可能蘊涵是什
麼？」；（4）「當謂」層次──「原思想家（本來）應當說出什麼？」或「創
造的詮釋學者應當為原思想家說出什麼？」；（5）「必謂」層次──「原思想
家現在必須說出什麼？」或「為了解決原思想家未能完成的思想課題，創造
的詮釋學者現在必須踐行什麼？」見氏著，《從創造的詮釋學到大乘佛學──
「哲學與宗教」四集》（臺北：東大圖書股份有限公司，1999 年 5 月），頁 9
～45。此後，學者劉述先在〈「中國經典詮釋學的特質」學術座談會記錄〉一
文中，建議傅氏將第五層次的「必謂層次」，改為「創謂層次」，其理由是劉
氏認為「沒有任何一種解釋是必然的」見黃俊傑編，《中國經典詮釋傳統──
通論篇》（臺北：財團法人喜瑪拉雅研究發展基金會，2002 年 6 月），〈「中國
經典詮釋學的特質」學術座談會記錄〉，頁 433～435。職此之故，趙師中偉乃
綜合上述二位學者的見解，就「創造的詮釋學模型」的五個層次之內涵，作
一詳實的闡述。他說：
（一）實謂層次　屬於前詮釋學的原典考証，相當於考據之學。
（二）意謂層次　屬於依文解義的一種析文詮釋學。……這其中分為三個層
　　　次探索其意義：
　　　其一是脈絡分析　專就語句（字辭或句子）在個別不同的特定脈絡範
　　　圍，分析該語句的脈絡意義及蘊涵。一方面，承認每一字辭或語句可
　　　有無關乎脈絡變化的原定意義（即指本義）；另一方面，亦可承認即使
　　　原來已有相當固定的字義句義，每一字句在不同脈絡時，有產生意義
　　　變更的情況（即是引申義）。
　　　其二是邏輯分析　即通過原典前後文的對比對照，設法除去表面上的
　　　思想或語句表達的前後矛盾不一致性。亦即是在論証當中，不可有前
　　　後矛盾情形發生，以達到連貫性的目的。
　　　其三層面（或次元）分析　即是對主概念分析其層次，以進一步剖析
　　　其內容的多層義涵。亦即是針對主題建構或剖析其層次。
（三）蘊謂層次　屬於歷史詮釋學。……此關涉種種思想史理路線索、原思
　　　想家與後代繼承者間的前後思維聯貫性的多面探討、歷史上已經存在
　　　的（較為重要的）種種原典詮釋等，通過此類研究方式，瞭解原典或
　　　原思想家學說。亦即是將此主題，與歷代各家論述此主題之大家，加
　　　以比較分析，以突出其差異性及價值性。
（四）當謂層次　屬於批判詮釋學。……即是對原思想家的義理結構進行批
　　　判比較考察；且重新安排脈絡意義、層面義蘊等的輕重高低，而為原
　　　思想家說出他應當說出的話。亦即是從邏輯批判及辨証思路，對此主
　　　題予以綜合驗證。
（五）創謂層次　即是創造詮釋學。……是以創謂層次必須訴諸『批判的繼
　　　承』與『創造的發展』兩者的雙管齊下。並要從批判的繼承者轉變成
　　　為創造的發展者。亦即是從『批判的繼承』到『創造的發展』，建立個
　　　人新的詮釋論証；而此項創新論証，必須經由辨証的過程，且無有任
　　　何矛盾存在其間，方才算是完成及建立一套創造詮釋意義。」見趙師

對方以智而言，他將父親易學「三極說」的概念藉由批判的繼承轉而成為創造的發展，並且進一步將「太極在無極、有極中」與「一在二中」的概念相連繫在一起，使得二者的概念相通，成為一組雙重意涵的詞語。對此，方孔炤在〈繫辭提綱〉中有云：

> 易簡理得，觀玩三極，易道畢矣。開口舉當前之天地以定之，而不贅以天地位分之語，此彌綸變化，一在二中之準也。……蘊此中而已矣，乃表太極用於三極，生生不測，无方无體，知變化者知之，天下者乃即感是寂之天下也。〔註52〕（《周易時論合編卷之九·繫辭提綱》）

方孔炤認為，太極是《周易》中簡明易曉的概念，在吾人觀玩「三極」的形上思想時，當下也就顯現出《周易》中的哲理。再者，經由聖人揭示出天地間的根源問題後，就不須贅言說明天地何以分位。實際上，由於太極彌綸變化的道理，正是「一在二中」的呈現，亦即是太極在無極與有極之中的狀態。在他看來，由於太極所顯現「一在二中」的狀態，亦即太極作用於無極、有極之中，所呈現的是一個「生生不測」、「無方無體」的形上本體。於是乎太極以「即感是寂」的狀態蘊含於宇宙萬物之內，惟有通曉《周易》變化之理的人能夠瞭解。

是以方以智也認為，《周易》的價值是由於聖人以愛民之心來完成著述，其目的是藉由《周易》的義理來改變人們的心志，使人們勤奮不倦，讓人們變成如同聖人「無心」之心一般不假造作。是故在太極「寂歷同時」的彰顯下，也讓人性能夠稟賦其至誠不息的特性。因此，太極「一在二中」的顯現，與天地、日月、四時的交替相較，無一不是依循著這種規律。如是天地間的表法，便是經由聖人所揭示出來，此即「一在二中之天地，惟此日月四時，處處表法，惟聖人乃能表之」。〔註53〕

另外，談到易學中的象數思想，方以智批判那些「撅虛」的人，認為他們對於太極的解釋，執著於「皆有皆無」的虛無之事，而忽略太極作為萬物根源的哲理。至於那些「循庸」的人，方以智則認為他們對於太極的解釋，

中偉，〈「仁」的詮釋之轉化與延伸──以《論語》為例〉，收錄於《王靜芝教授九十冥誕紀念學術研討會論文集》，私立輔仁大學中國文學系主辦，2005年5月，頁510～513。

〔註52〕 同注9，冊四，卷之九，〈繫辭提綱〉，頁4：1389。

〔註53〕 智曰：「聖人以萬世之心作《易》，即以《易》轉萬世之心，成其亹亹而心心无心，則寂感同時，至誠无息矣。一在二中之天地，惟此日月四時，處處表法，惟聖人乃能表之。」同注9，冊四，卷之十，〈繫辭上傳〉，頁4：1506。

執著在「宰治質分」的訓詁考證上，從而懷疑太極是否爲一形上本體的意涵。如此荒實而疑虛的情況下，有誰肯認眞地探求易學中的形上思想呢？是以方以智認爲，出現這種弊病的原因乃是他們未能暢曉太極所具有「一在二中」、「參兩用六」的特性之故，亦即未能明白「太極即在無極、有極中」以及筮法中陰陽互參而成卦的道理。〔註54〕因此，方以智便舉例加以說明，其云：

> 貫此混闢之往來，无非一在二中之旋四倍八也。參其旋四爲十二，則十二宮、十二舍、十二時、十二月、十二爻、十二會，皆是也。〔註55〕（《周易時論合編卷之四‧復卦》）

方以智認爲，貫通於天地之間無不是太極在無極、有極中的作用，因而產生「旋四」、「倍八」等象數思想中的數理變化。所謂「參」字作動詞，是指乘三倍之意，「參其旋四」，即三乘四而成十二。因而此「十二」的數字，便可以表現在天地間的十二宮、十二舍、十二時、十二月、十二爻、十二會等概念，這些都是因爲太極「一在二中」的顯現之故。

經由以上的闡述，便可以知曉方以智易學「三極說」中「太極在無極、有極中」的意義，及其與「一在二中」的關係。接著，吾人要問無極、有極二者在太極的形上思想中具有何種的重要性？是故，須要再對無極、有極的有無之辨作一番分析的工作，才能夠更加明白方氏易學的核心思想——太極——的本體意義。

（三）「無極」、「有極」的有無之辨

關於「無極」、「有極」的有、無之辨，這個問題是如何成立的呢？在方以智《東西均》中，可看出一些端倪，他說：

> 必暗後天，以明先天，又暗先、後以明中天。溯之天地未分前，則位亥、子之間：不得已而狀之圖之，實十二時皆子午、無子午也。全泯全隨，俱明俱暗，豈眞有此一嶷然卓立不壞之圖象，樂樂于兩畫之上哉？不落有無，而我以「無」稱之，尊先也。此本無對待之無，而周流對待之環也，故曰「太無」。〔註56〕（《東西均‧三徵》）

〔註54〕智曰：「摝虛者，執皆有皆無之影事而荒之：循庸者，執宰治質分之訓詁而疑之，誰肯研極精義耶？……特未暢一在二中，參兩用六之所以然耳。」同注9，冊一，卷之三，〈蠱卦〉，頁1：437。

〔註55〕同注9，冊二，卷之四，〈復卦〉，頁2：546。

〔註56〕同注31，《東西均‧三徵》，頁48。

所謂「暗」是指涵蘊於其中之意，而「明」是指顯明之意。亦即方以智的「必暗後天，以明先天，又暗先、後以明中天」一句，是告訴吾人形上本體須先涵蘊於「後天」（有極）之中，才能顯明「先天」（無極）之意，又涵蘊於「先天」（無極）、「後天」（有極）中才能夠顯明「中天」（太極）之意。就時間歷程而言，如果回溯到天地未分的時間點上，時間是無先後之別。然而，為瞭解時間的先後，吾人不得已才用時辰來表示它，以子時為始，而結束於亥時。實際上，從天地未分前的時間點來看，這不就是一種全泯全隨、是明是暗的狀態。因此，這時候難道說真的有一個絕對永恆的太極圓象，獨立於陰陽卦畫之上嗎？在方以智看來，它就是「不落有無」的太極，並且稱呼它作絕對的「無」（此「無」與無極之「無」的意義不同），這寓含有「尊先」之意。因為太極原本就不是在無極、有極對待之中的「無」，而是周流在無極、有極對待之上的「無」，所以叫它作「太無」。

　　接著，方以智針對宋儒周敦頤所談論的終始、虛實、有無、道器等思想，提出他的不同看法。在他看來，對於虛實、有無、道器等概念的理解應該是「實中有虛」、「虛中有實」、「有之前為無」、「無之前為有」、「有卦爻與無卦爻對，而太極無對」。甚至在「太極之前添無極」的爭議上，他不贊同周氏《太極圖說》中所提出「無極而太極」的解釋。方以智認為，若依循著周氏之說，便不能彰顯出「不落有無之太極」的絕對性之意義。因此，他主張無極與有極是一相對的概念，而太極則是一絕對的概念，亦即「從而三之」。〔註57〕然而，既然已有無極之「無」，又何須要在「無」字之前多加一「太」字？對此，方以智反問道：

> 言「無極」也，亦慕其玄言耳！今人好翻字面，不論本指，如考卷
> 之挑剔，以此敲駁，便為推掃勝義。目所謂「極」，則玄之曰「無極」；
> 目所謂「太」，何不玄之曰：「無太」乎？〔註58〕（《東西均・三徵》）

這段話是說，對於人們所稱的無極之「無」，那是因為人們喜愛這種「玄言」的論調，而且常常將無極二字作字面上的解釋，而不論及它的本意。如同士子在科考的試卷上，任意地說解無極的字義，故作推敲，妄加批駁，以為就

〔註57〕智曰：「周子方論終始、虛實、有無、道器之大綱，則實中有虛，虛中有實，
　　　　有之前為無，無之前為有。有卦爻與無卦爻對，而太極無對也。太極之前添
　　　　無極，則不能顯不落有無之太極矣。故愚從而三之。」同注31，《東西均・三
　　　　徵》，頁49。
〔註58〕同注31，《東西均・三徵》，頁50。

此能夠推翻它的本意。對於士子俗人的這種看法，方以智提出其詰難，認爲人們見到無極的「極」字，便誤解爲具有玄虛之意而稱無極。又見到太極的「太」字，同樣誤解爲具有玄虛之意而稱太極，既然如此，何不稱它作「無太」呢？因此，針對時人好翻字面、不論本指的弊病，方以智乃提出「無極」、「有極」的有、無之辨的眞正涵義，其云：

> 太無統有無……統也者，貫也，謂之超可也，謂之化可也，謂之塞可也，謂之無可也。無對待在對待中，然不可不親見此無對待者也。
> 翻之曰：有不落有無之無，豈無不落有無之有乎？曰：先統後後亦先，體統用用即體矣。以故新其號曰太極，愚醒之曰太無，而實之曰所以。〔註59〕（《東西均・反因》）

方以智認爲，「太無」是統貫著「有」、「無」二者，所謂「統」等於「貫」之意，是指貫通之意。另一方面，他認爲，「統」之意也可以稱作是「超」、「化」、「塞」、「無」等字，它們的意思都相同。無極的「無」與有極的「有」相對，即是呈現一種對待的狀態，於此相對的狀態下，便可以看出「無」所呈現的狀態。如果，人們只是照字面的意義來看，而把它視爲不落有無的「無」的話，那麼在此相對概念的前提下，也就有一個不落有無的「有」出現。對此，方以智提出他的看法是「先統後後亦先，體統用用即體」，亦即是當對待的有、無二極處於「三而一」的涵蘊關係時，就先天、後天、中天三者而言，便成爲先天統貫後天，而後天即爲先天。再者，就體用關係言，亦即是體統貫著用，而用即是體。因此，在方以智的思想架構中，爲彰顯出太極的原意，方以智稱它爲「太無」，而實際上作爲萬物共同的究竟根源的名稱是「所以」。由此可知，上述所言的太極、「太無」、「所以」等眾多的形上本體名稱，其實是因爲「理一分殊」之故。換言之，在方以智看來，其中有一個主要的本體名稱，稱爲「理一」，即「所以」，而其他的名稱，則稱爲「分殊」，如太極、「太無」等。

三、「萬物共一太極，而物物各一太極」

前面已提及方以智易學中太極的本質、屬性、內容等之後，吾人要問太極的作用究竟是什麼呢？此一問題，便涉及到太極與天地萬物的關係。對此，方以智云：

〔註59〕同注31，《東西均・反因》，頁94。

> 兩間皆氣也，而所以爲氣者在其中，即萬物共一太極，而物物各一
> 太極也。〔註60〕（《周易時論合編卷之十・繫辭上傳》）

所謂「兩間」，指天地。在方以智看來，天地中的一切萬物都是由氣之流行所成，並且有一個「所以爲氣」的根源寓含在其中。然而，這「所以爲氣者」是指什麼呢？對此，方以智則提出「萬物共一太極，而物物各一太極」的看法。針對此一看法，可以分爲兩個部分作說明：其一，就萬物的根源性而言，萬物共同的「一」就是太極，是以太極就是萬物的根源；其二，就萬物稟受於太極的程度而言，一切事物之所以紛雜萬殊，乃是稟受於太極的作用時，各不相同之故，因此，萬物才會有千差萬別的形體與樣貌。因此，「萬物共一太極，而物物各一太極」的說法，實際上是說明太極在作用時，具有一種「惟一性」與「根源性」的屬性。另外，方以智晚年出家後，在青原山道場對學人蕭應璽（字虎符）開示學《易》的宗旨時，也同樣提及此一看法。其云：

> 《易》以象數爲端幾，而至精、至變、至神在其中，研極者知之物
> 格，無物知致無知，又何言哉？儒者人事處分，株守常格，至于俯
> 仰遠近，曆律醫占，會通神明，多半茫然。夫物物一太極，即物物
> 一河洛，而信不及乎？〔註61〕（《青原愚者智禪師語錄卷三・法語・
> 示蕭虎符學《易》》）

從象數思想的角度出發，方以智認爲，《周易》中的象數思想是作爲探究萬物的基礎。在這之中蘊含著最爲精微以及變化神妙的道理，懂得這個道理的人，知道要從萬物中去探求其原理，如果不從這地方著手的話，將會導致無知的情況。如此情況下，又怎麼能夠跟他談論《易》理呢？進而，方以智批評那些受過儒家思想薰陶的儒生，在待人接物的規矩上，犯下「株守常格」的毛病，經常執著而不知變通，乃至於探究天文地理、曆數醫占等神妙精微的道理時，卻多半是茫然而不通曉其理。因此，方以智才會提出「物物一太極，即物物一河洛」的說法，其用意是在說明萬物背後的根本原理即是「一」的太極之作用。換言之，在象數思想中，萬物皆統攝於《河圖》與《洛書》的抽象概括之中，同樣都是根源於太極的作用而來。接著，方以智引邵雍《皇

〔註60〕 同註9，冊四，卷之十，〈繫辭上傳〉，頁4：1502。

〔註61〕 見方以智著、方中通（興礮）、興斧編，《青原愚者智禪師語錄》，收錄於《中華大藏經》第二輯，冊一百三十六《嘉興續藏經》（臺北：修訂中華大藏經會印行，1968 年），卷三「法語」，〈示蕭虎符學《易》〉，總頁 58038。

極經世書・觀物內篇》〔註62〕的話，進一步爲太極同天地萬物的關係做出注解。其謂：

〈觀物篇〉曰：「物觀物而已，安有我于其間哉！」則謂我註我，物註物，《六經》註《六經》可也。適當太極現卦爻之身，以註天地萬物之時，安得不溫本註。〔註63〕（《周易時論合編卷之十三・說卦傳》）

這段話的意思是說，在萬物「觀」的歷程中，只呈現事物本身活動之理，並沒有吾人參與其中，因此不會有人的主體介入。然而，在方以智看來，這何嘗不也是一種人與物「註」的歷程。所謂「註」作詮釋之意，倘若在「註」的歷程中，不會因爲代入的對象不同，如「我」、「物」、「《六經》」等，而出現不同的結果。究其緣故，如以人的主體而言，可說我自己是詮釋的主體，亦即由我對自身作理解。如果從物的本質而言，可說萬物的本質即決定著萬物本身的形。再者，從《六經》的內容而言，可說《六經》的義理即蘊含在自身的文句之中。同樣的道理，如果對象換作是太極，當太極的作用顯現在卦畫符號上，亦即呈現出天地萬物在時間歷程下的變化，也可以說成是太極註太極。因此，方以智才會說「安得不溫本註」。另外，他又云：

卦爻大業全備，而乃以用其太極，乃以理其太極；卦卦爻爻，時義各中其節，各指所之，相推即通其常，此知成用之賴於制用也，此知制用之賴於研極辨當也。〔註64〕（《周易時論合編卷之十・繫辭上傳》）

方以智認爲，卦畫符號以吉凶示人，具備著人生哲理的意涵。這一哲理的意涵乃是因爲太極的作用，或者說是太極之理的顯現，以此形成六十四卦、三百八十四爻等卦畫變化而呈現出來。從時間歷程來看，每個卦畫符號皆代表著天地萬物「各中其節」、「各指所之」的道理。因此，藉由卦畫符號的變化下，可以推衍出萬物的規律常則。這便是人們依循著此一占筮法則來預示吉凶，進而瞭解到占筮法則的背後皆根源於太極的作用。這便是方以智易學「三極說」中太極的作用——「萬物共一太極，而物物各一太極」的內涵。

綜合上述，就方以智易學「三極說」而言，自方孔炤提出「不落有無之

〔註62〕 邵雍曰：「聖人之所以能一萬物之情者，謂其能反觀也。所以謂之反觀者，不以我觀物也。不以我觀物者，以物觀物之謂也。既能以物觀物，又安有于其間哉！」見北宋・邵雍著、明・黃畿注、衛紹生校理，《皇極經世書》（鄭州：中州古籍出版社，1993年9月），卷之六，〈觀物內篇之十二〉，頁295～296。

〔註63〕 同注9，冊四，卷之十三，〈說卦傳〉，頁4：1709。

〔註64〕 同注9，冊四，卷之十，〈繫辭上傳〉，頁4：1504。

太極，即在无極、有極中，而無極即在有極中」的命題後，遂使得「太極在無極、有極中」的概念成爲方孔炤父子在易學論述上的焦點。雖然，方以智在概念的使用上，乃是承繼其父的說法，但是在具體的內涵上，方以智已經將它轉化爲「中天即在先、後天中，而先天即在後天中」的論述，並且有所發揮。那麼，進一步吾人要問，將易學「三極說」放在晚明理學思想的脈絡下，方以智究竟是作出何種回應，並且對理學的意涵有著何種新的詮釋。關於這些問題將在下一節中作更深入的探討。

第二節　方以智易學的「三理說」：至理、物理、宰理

關於明末清初學術思想的轉變，學界的討論主要有二說：一是學者余英時所倡導的「儒家智識主義」（Confucian Intellectualism）的興起與「內在理路說」（theory of inner logic）說二個觀點。〔註65〕二是梁啓超所言「理學反動說」

〔註65〕 關於儒家智識主義的興起，余英時的觀點認爲：「清代考證學，從思想史的觀點說，尚有更深一層的涵義，即儒學由『尊德性』的層次轉入『道問學』的層次。這一轉變，我們可以稱它作『儒家智識主義』（Confucian Intellectualism）的興起。自張橫渠、程伊川以來，宋、明儒者多分知識爲二類，一爲『德性之知』，一爲『聞見之知』。從張、程到王陽明，關於這兩類『知』的討論甚多，諸家意見在細節上頗有出入，但大體上說，他們都認爲『德性之知，不假見聞。』其結果自然是重德性而輕聞見。下逮王學末流，更有所謂『現成良知』，反對者則斥之爲『僞良知』。『現成良知』之說流行，『聞見之知』在儒學系統中乃益無地位可言。故明末、清初的思想家，爲了糾正王學末流之弊，遂重新給予『聞見之知』以應有的重視。如方本菴（學漸，1540～1615）晚年（1611）與東林諸君子論學，曾明白宣稱『聞見乃良知之助』。」見氏著，《論戴震與章學誠——清代中期學術思想史研究》（臺北：東大圖書股份有限公司，1996 年 11 月），內篇三，〈儒家智識主義的興起——從清初到戴東原〉，頁 21～22；又所謂「內在理路」說，是余英時對清代思想史所提出的一種新的「研究典範」，主要目的是爲了彰顯思想史本身的生命及其內在發展，其曰：「我們研究清代學術史，有一個共同的清晰印象，就是宋明理學到了清代好像一下子便中斷了，爲什麼呢？清初不少大儒一方面反滿，一方面也反玄談。這兩者之間顯然有某種關聯。……總結我剛才所說的幾個理論，不出兩大類：一是反滿說，這是政治觀點的解釋；二是民階級說，這是從經濟觀點來解釋的。無論是政治的解釋或是經濟的解釋，或是從政治解釋派生下來的反理學的說法，都是從外緣來解釋學術思想的演變，不是從思想史的內在發展著眼，忽略了思想史本身的生命。我們大家都知道，現在西方研究 intellectual history 或 history of ideas，有很多種看法。其中有一個最重要的觀念，就是把思想史本身看做有生命的、有傳統的。這個生命、這個傳統的成長並不是完全仰賴於外在刺激的，因此單純地用外緣來解釋思想史是不完備的。同樣的外在條

〔註 66〕的觀點。本文在此脈絡下，要檢視的是理學傳統的兩大主流——「道問學」和「尊德行」——在此時的思想上出現何種的轉變。以明末清初的桐城方氏家學而言，當王學盛行之時，方以智受到家學中崇實精神的影響下，在理學思想的進路上，偏向於「道問學」的程朱派，並且把傳統格物窮理之學加上經驗科學的成分，使得他的學說具有一種「重智」〔註 67〕的特徵。

　　順著這條思路而來，吾人要問在方以智易學中是否也同樣表現出「重智」一面的特徵呢？又晚明理學中關於天理觀的課題，方以智提出何種的詮釋作爲回應呢？這些問題的答案必須先回到桐城方氏家學的脈絡上，才能一窺其究竟。

一、方以智易學「三理說」的由來

　　桐城方氏家學對於宋明理學有著一種調和朱陸之學的傾向，早自曾祖父方學漸講學於桐川、秋浦二地時，揭示其「性善之宗」〔註 68〕的主張，並且針對王學左派王龍溪思想的流弊而發，提出「藏陸於朱」〔註 69〕的口號。據

　　　件、同樣的政治壓迫、同樣的經濟背景，在不同思想史傳統中可以產生不同的後果，得到不同的反應。所以在外緣之外，我們還特別要講到思想史的內在發展。我稱之爲內在的理路（inner logic），也就是每一個特定的思想傳統本身都有一套問題，需要不斷地解決；這些問題，有的暫時解決了；有的沒有解決；有的當時重要，後來不重要，而且舊問題又衍生新問題，如此流傳不已。這中間是有線索條理可尋的。」前揭書，外篇六，〈清代思想史的一個新解釋〉，頁 344～346。又余氏此一論點提出之後，學界的討論頗多，可參見丘爲君，〈清代思想史「研究典範」的形成、特質與義涵〉，（《清華學報》第24 卷第 4 期，1994 年 12 月），頁 451～494。

〔註 66〕梁啓超曰：「大反動的成功，自然在明亡清興以後，但晚明最末之二三十年，機兆已經大露，試把各方面的趨勢一一指陳：第一，王學自身的反動；第二，自然界探索的反動。第三：歐洲曆算學之輸入；第四：藏書及刻書的風氣漸盛（講學的反動）；第五：佛教徒反禪學的精神（修持方面的反動）」見氏著，《中國近三百年學術史》（臺北：臺灣中華書局，1935 年 9 月初版），一，〈反動與先驅〉，頁 7～10。

〔註 67〕關於方以智思想上「重智」特徵的說明，參見韋政通，《中國思想史》全二冊（臺北：水牛圖書出版事業有限公司，2001 年 11 月），下冊，「第四十二章　方以智」，頁 2：1312～1317。

〔註 68〕《清道光桐城續修縣志》云：「字達卿，號本菴。……歲講學桐川、秋浦間，揭性善之宗，力詆二氏，晚築桐川會館，門下士數百人。」見清・廖大聞等修、金鼎壽纂，《清道光桐城續修縣志》（清道光七年刊本，臺北：成文出版社有限公司，1975 年），卷之十四，〈人物志・理學〉，「明・方學漸」條，頁 511。

〔註 69〕方學漸此語引自《野同錄》曰：「先父藏陸於朱，以毋欺而好學爲鐸，正所以大畜其良知也。」同註 9，冊二，卷之四，〈大畜卦〉，頁 2：595。

張永堂先生的看法認為即是「藏解悟於聞見」、「藏約於博」、「藏尊德性於道問學」、「藏自得本心於誦讀蒐獵」。〔註70〕到祖父方大鎮身上，他批評王學末流之弊是在於「雄陸排朱」。〔註71〕其原因是彼輩排斥朱子的格物窮理過於支離瑣碎而不見道，故整日束書不觀，尚且不知道書中的知識即已涵藏著天地、四時等深奧的道理。然而，父親方孔炤也意識到宋明理學家各立己說，相互攻訐，徒增紛擾。有鑑於此，他將宋明理學中「理」的範疇細分成三個類別：「至理」、「物理」、「宰理」，〔註72〕這麼做的原因是要清楚地彰顯出天地間和順時中的規律法則。另外，在方以智所作的按語中，也記載著一段其父方孔炤提出易學「三理說」的緣由，其云：

> 兩間皆氣也，而所以為氣者在其中……儒者不得已而以理呼之，所謂至理統一切事理者也。有精言其理御氣者，有冒言其統理氣者，故老父分「宰理」、「物理」、「至理」以醒之。〔註73〕（《周易時論合編卷之十·繫辭上傳》）

方以智認為，天地中的一切萬物都是由於太極的作用而成，流行於萬物之中的氣同樣是根源於「所以為氣」者，即太極之作用。然而，宋明儒者在談論氣時，卻不得已以理字來稱呼它，並認為有一最高的「天理」貫通於一切事物之中。當中有人精微地闡述理氣二分的學說，亦即主張理御氣的觀點。另外，也有人玄虛地討論理氣一元的學說，亦即主張統理氣的觀點。職是之故，其父方孔炤為了廓清理學中理、氣問題的爭論，〔註74〕特別在其易學思想中提出「至理」、「物理」、「宰理」的「三理說」加以闡明「理」的意義。那麼，方孔炤易學「三理說」的內涵是什麼呢？對此，吾人所見有二處清楚地記載

〔註70〕 見氏著，〈方學漸思想初探〉，（《大陸雜誌》第93卷第4期，1996年10月），頁28。張氏此文對於方學漸思想所作初步的探討，成果豐富，亦可供參考。

〔註71〕 《野同錄》曰：「雄陸排朱，則便肆篩陋者，動以皐、夔、稷、契讀何書為解。不知上古之仰觀俯察，六合七尺，四時百物，莫非精入深幾之書。」同注9，冊二，卷之四，〈大畜卦〉，頁2：596。

〔註72〕 潛老夫曰：「諸家立幟，飛籌紛挐，故析為至理、物理、宰理。……而後和順時中之正令始明。」同注9，冊四，卷之十三，〈說卦傳〉，頁4：1640～1641。

〔註73〕 同注9，冊四，卷之十，〈繫辭上傳〉，頁4：1502。

〔註74〕 關於方孔炤對理氣問題的看法，他提出「泯理氣之理」說，其曰：「充兩間之虛，貫兩間之實，皆氣也。所以為氣者，不得已而理之，則御氣者理也，泯氣者理也，泯理氣者即理也。以泯理氣之氣而專言氣，則人任其氣而失理矣。提出泯理氣之理而詳徵之，則人善用于氣中而中節矣。」同注9，冊五，卷之一，「圖書」，〈太極冒示圖說〉，頁5：76～77。

方孔炤易學「三理說」的看法。其一，在《藥地炮莊・總論上》中，方以智
引用其父親的話說道：

> 《知言鑑》曰：陰陽剛柔，物理也。仁義，宰理也。所以爲物、所
> 以爲宰者，至理也。三而一也。申明宰理以宰物，而至理不違也。
> 知之乎？宰理、至理即在物理中。〔註75〕（《藥地炮莊・總論上》）

其二，在《周易時論合編》中，方孔炤也云：

> 《易》无非費隱彌綸之至理，即藏于動蹟屈伸之物理，要用于繼善
> 安心之宰理，三而一也。其道甚大，百物不廢，而存乎无咎之人，
> 神明之，時措之，明示洸洋玄解不可謂道，故曰：此之謂《易》之
> 道也。〔註76〕（《周易時論合編卷之十二・繫辭下傳》）

綜合上述二則，可以歸納出方孔炤易學「三理說」的具體內容及其關係：

一、就具體內容而言，可分屬三個層面。他認爲「物理」是指「陰陽剛
柔」、「動蹟屈伸」〔註77〕的事物之理，亦即是物的本質與屬性，探討的對象
涉及自然世界，此即「物理」層面。所謂「宰理」是指「仁義」、「繼善安心」
〔註78〕的道德之理，亦即是人倫的道德規範，討論的對象指涉價值世界，此
即「宰理」層面。所謂「至理」是指「所以爲物、所以爲宰者」、「費隱彌綸」
〔註79〕的《易》理，亦即是萬物的本根與原理，探究的對象屬於形上思想，
此即「至理」層面。

〔註75〕方孔炤另一著作《知言鑑》今已散佚，見清・方以智撰，《藥地炮莊》全二冊
　　　　（臺北：廣文書局，1975 年），頁 1：28～29 引。又相同的內容，在郭林編〈仁
　　　　樹樓別錄〉中引用其語曰：「話家沾滯詖遁，簧鼓久矣。曰：宰理、物理、至
　　　　理。……問宰理？曰：仁義。問物理？曰：陰陽剛柔。問至理？曰：所以爲
　　　　宰，所以爲物者也。」見方以智著、笑峰大然編、施閏章補輯，《青原志略》，
　　　　收錄於杜潔祥主編，《中國佛寺史志彙刊》，第三輯第十四冊（臺北：丹青圖
　　　　書公司，1985 年 11 月），卷三，〈仁樹樓別錄〉，總頁 14：182 引。
〔註76〕同注 9，冊四，卷之十二，〈繫辭傳下〉，頁 4：1618～1619。
〔註77〕「動蹟屈伸」句，語意近似《周易・繫辭下傳》第五章曰：「《易》曰：『憧憧
　　　　往來，朋從爾思。』……日往則月來，月往則日來，日月相推而明生焉。寒
　　　　往則暑來，暑往則寒來，寒暑相推而歲成焉。往者屈也，來者信也，屈信相
　　　　感而利生焉。」同注 6，冊一，頁 1：623～624。
〔註78〕「繼善安心」句，語意近似《周易・繫辭上傳》第五章曰：「一陰一陽之謂道，
　　　　繼之者善也，成之者性也。」同注 6，冊一，頁 1：550～551。
〔註79〕「費隱彌綸」句，語意近似《周易・繫辭上傳》第四章曰：「《易》與天地準，
　　　　故能彌綸天地之道。仰以觀於天文，俯以察於地理，是故知幽明之故，原始
　　　　反終，故知死生之說。」同注 6，冊一，頁 1：544～545。

二，就關係而言，可視為「三而一」的關係。何以如此？他認為在吾人所身處人倫社會中，瞭解到「宰理」層面的規範意義後，由此推衍到「物理」層面，透過對物則的把握，即「宰物」，以此張顯出萬物的本根與原理。如是，天地人之間的變化就不會違背「至理」層面，也就能瞭解「至理」的形上思想，此即「申明宰理以宰物，而至理不違也」。吾人懂得這個道理後，以此來看三者的關係時，會發現「至理」、「宰理」的意義，其實是經由對「物理」的瞭解而被揭示出來，這就是「知之乎，宰理、至理即在物理中」。由此可知，三者的關係是一個整體，缺一不可的，此即「三而一」。

換言之，以易學的角度而言，此《易》理無非就是「費隱彌綸」的「至理」層面，具有抽象的形上思想，而它的作用是含藏在「動賾屈伸」的「物理」層面中而顯現其意義，它的價值是發揮在「繼善安心」的「宰理」層面而展現其意義。

如此廣大的《易》理，萬物皆涵蓋在內，並且存於人事的吉凶禍福之中，只要人們瞭解這種神妙的道理，與時偕行，就會明白玄虛難解的言論不能稱作「至理」，而真正的「至理」是叫做《易》理。

進一步而言，方孔炤在其隨筆稿《潛草》〔註80〕中，談到天地間的萬事萬物，分然雜陳，細分其科目有義理、經濟、文章、律曆、性命、物理等，這些專門的科目中都有「物理」的成分在其中。但是，《易》理是以象數為實徵來理解通曉這個道理，亦即「《易》以象數端幾格通之」。換言之，即《易》理中所言性命、生死、鬼神的意義，是「物理」之中的「一大物理」，〔註81〕

〔註80〕《潛草》為方孔炤的著作之一，其孫方中通曰：「潛草者，先祖中丞潛夫公，諱孔炤，中萬曆丙辰。五經皆有述，獨精于《易》，以象數徵理，詳具《時論》。晚徑十五年，自號潛老夫，其隨筆稿曰：《潛草》。」見方以智，《物理小識·總論》《人人文庫》本（臺北：臺灣商務印書館，1978年），頁3。

〔註81〕《潛草》曰：「言義理、言經濟、言文章、言律曆、言性命、言物理，各各專科，然物理在一切中，而《易》以象數端幾格通之，即性命、生死、鬼神，祇一大物理也。」，見方以智，《物理小識·神鬼變化總論》，同註80，頁10引。又《知言鑑》曰：「知之乎，通而言之，理明于心，心一物也。天地、性命，總為一大物理而已矣。天人本不相離，知其故者，始能前用不惑。」見方以智，《藥地炮莊·總論上》，同註75，上冊，頁1：28～29引。按：由上下文意而言，如果將方孔炤「一大物理」解釋為「物理」層面，語意上不通順。進而言之，性命、生死、鬼神等亦是一「物理」，甚不合理。對此，本文認為「一大物理」應該屬於「至理」層面，故他才會特別加上「一大」二字以區別之。

指涉的是「至理」層面。另外，方孔炤舉出一則醫藥的例子加以說明。在他看來，「至理」因其具有抽象的特性，必須透過對物理的實證去把握它的道理，醫藥亦屬於「物理」層面之一，所以也將醫藥視爲相對於「至理」層面的一種「物理」，此即「醫固一大物理之橐籥」。〔註82〕再者，就「三理說」的關係而言，吾人要如何理解方孔炤所言「三而一」的意義呢？對此，其云：

> 聖人因物明物，而因以理之。因立宰理而即以物理藏之，此至理也。
> 故所序立，造化不違，畜禮畜養，不可苟合，復則不妄，貫始終矣。
> 放者廢宰理而任自然，早已不知物理矣；有守宰理而不窮物理者，
> 觸途跋挈，固所不免，然藏感于恆，正賴學者之陷麗以濟，此貞勝
> 之至理也。究竟一理，寧可分乎？究竟一理，即在事物時措之宜中，
> 寧有荒一可執乎？居而安者，素其序而已矣。〔註83〕（《周易時論合
> 編卷之十四・序卦傳》）

方孔炤認爲，古代聖賢從不同的事物當中，清楚地把握住物的本質與屬性，並且能隨順這些物則進而加以條理、規律，另外在社會倫理中制立「宰理」，這是因爲人倫規範的條理早以寓藏在「物理」之中。因此，「物理」與「宰理」二者中的條理性與規律性就是所謂的「至理」。職此之故，依循著這個「至理」，亦即天地人之間的變化不違背這個「至理」，人倫有禮節，萬物有養育，不相混同，天地萬物往復而不虛妄，始終維持著這一道理。方孔炤還批評那些放蕩者荒廢人倫，因任自然，早已不知「物理」的眞正意義，或有些人專守「宰理」，但是卻不知窮通「物理」的重要，不免「觸途跋挈」，失於一偏之弊。但是，要如何將人倫的感通寓藏在恆常的事物法則中，則有賴於學習者能夠附麗於有學問的人以相資助，這就是人倫層面中貞固堅勝的「至理」。如是，在確立這一「至理」之後，還須說個其他的理嗎？這個究竟的「至理」，就在事物時宜的規律之中，假使吾人忽略這一「至理」，豈能把握住其他的理嗎？因此，方孔炤認爲居位安身的人，只要遵循著這一「至理」的規律而已。

　　綜上所述，如果將方孔炤易學「三理說」的「至理」，放在宋明理學所談

〔註82〕《潛草》曰：「至理不測，因物則以徵之，醫固一大物理之橐籥也。」見方以智，《物理小識・醫藥通類約幾》，同注80，頁107。所謂「橐籥」，指風箱，即冶鑄時以鼓風吹火的器具。語出《淮南子・本經訓》：「鼓橐吹埵，以銷銅鐵。」見張雙棣，《淮南子校釋》全二冊（北京：北京大學出版社，1997年8月），上冊，卷八，頁1：860。此處方孔炤乃引申爲「物理」之意。

〔註83〕同注9，冊四，卷之十四，〈序卦傳〉，頁4：1716～1717。

「天理」之脈絡下作檢視的話，會發現一個有趣的情形：即方孔炤面對理學課題之一的「天理」時，反而甚少加以討論著墨，見其著作《周易時論合編》中也甚少談及「天理」〔註84〕一詞，取而代之的是另立一詞彙——「至理」以作爲回應。

同樣地，在父親方孔炤易學「三理說」的影響下，在方以智易學思想中對於「三理說」所作的詮釋又是呈現出何種面貌呢？這就得論及到方以智易學「三理說」的內涵。

二、方以智易學「三理說」的內涵

前面提到過方孔炤易學「三理說」，它已經逐漸脫離對於宋明理學所言的「天理」之討論，那麼，方以智是否也採取相同的態度嗎？關於這個問題的答案，在吾人遍尋《周易時論合編》中方以智所作的按語後，卻不曾發現他有提到過「天理」〔註85〕一詞，故就《周易時論合編》中的立場而言，本文認爲方以智同樣是站在父親易學「三理說」的觀點上，並承續著父親的觀念加以引申和發揮。對此，其云：

> 有精言其理御氣者，有冒言其統理氣者，故老父分「宰理」、「物理」、「至理」以醒之。而宰即宰其「物理」，即以宰「至理」矣，此所以爲繼善成性之大業主也。〔註86〕（《周易時論合編卷之十·繫辭上傳》）

既然父親易學的「三理說」是針對當時儒者理氣之爭而發，相同地，在方以智身上，仍舊承續著父親所使用的概念——「至理」、「物理」、「宰理」。差別在於方以智「三理說」的「物理」一詞，其所涵蓋的範圍更加豐富，繼承其父

〔註84〕經由吾人檢索《周易時論合編》中方孔炤所著的《時論》後，僅發現一處有談到「天理」一詞。是以其曰：「天道見于表法，通知觀玩者，即此順其天理，猶岐象數虛无而二之，豈能自見其心，即天地之心哉？」同注9，冊二，卷之四，〈復卦〉，頁2：566。

〔註85〕須說明者，方以智雖然在《周易時論合編》中不曾提過「天理」一詞，但是這並不表示在其他相關著作裡，也沒有出現過對此一議題的討論。如方以智在《東西均·容遁》中有討論到天理、良心與人欲的課題。其曰：「言其止于至善，則無著無住而無善惡可言也，此正良心、天理之極處耳。曰天理，則非尋常之理；曰良心，則非尋常之心。如曰眞如、涅槃、菩提即是天理；曰生死、命根、妄想、業識即是人欲。」同注31，頁243。此處，本文僅就《周易時論合編》中方以智所作按語的內容來試申其「三理說」的內涵。

〔註86〕同注9，冊四，卷之十，〈繫辭上傳〉，頁4：1502～1503。

學說中的具體內容，如將二者的內涵相互對照即可知曉（見表四）。〔註87〕此處，方以智所言的「宰」字，當作把握、探究之意，也就是先能把握住「物理」的法則後，進一步才能探究出「至理」的形上思想。另外，在人倫社會中，這一「至理」也就成爲「宰理」的主宰。

　　關於方以智易學「三理說」的類別，其實在他早期的著作《通雅》〔註88〕中，已經有具體地揭示，其云：

> 考測天地之家，象數、律曆、聲音、醫藥之説，皆質之通者也，皆物理也，專言治教，則宰理也；專言通幾，則所以爲物之至理也，皆以通而通其質者也。〔註89〕（《通雅卷首之三・文章薪火》）

此處，方以智所言的「物理」是指「考測」天地間所涵蓋的萬事萬物，也就是能夠經由實際驗證而得的事物，舉凡象數、律曆、聲音、醫藥等學說，其目的在於揭示事物本質的通則，此即「質之通者」。所謂「宰理」是指專門談論「治教」方面，引而申之，即是人倫社會中治理教化的規範。所謂「至理」是指專門探討「通幾」，〔註90〕亦即貫通於天地人的精微道理，這個道理就是物之所以然的本根、原理，即「所以爲物之至理」，也就是以貫通於天地人的

〔註87〕表三：方孔炤父子「三理説」──「至理、物理、宰理」的類別對照表

三理説	方 孔 炤	方 以 智
至理	費隱彌綸之《易》理（《合編》）；所以爲宰，所以爲物者（《青原志略》）	專言通幾，則所以爲物之至理（《通雅》）
物理	動賾屈伸之理（《合編》）；陰陽剛柔（《青原志略》）	考測天地之家，象數、律曆、聲音、醫藥之説，皆質之通者（《通雅》）
宰理	繼善安心之理（《合編》）；仁義（《青原志略》）	專言治教（《通雅》）

〔註88〕《通雅》共五十二卷，其體例是仿照《爾雅》、《廣雅》等字書的形式而衍成。內容上以考證、訓詁、音韻的小學知識爲主，旁及天文、地輿、器物、度數、典章制度、動植物等自然社會知識。是書〈凡例〉曰：「此書本非類書。何類也？強記甚難，隨手筆之，以俟後證，久漸以雜，雜不如類矣。……古人倣《爾雅》體，若《廣》、《埤》之類，皆與〈方言〉〈釋名〉同規，不載所出，直是以意取〈玉篇〉之字耳，無益後學。此書必引出何書，舊何訓，何人辨之，今辨其所辨，或折衷誰是，或存疑俟考，便後者之因此加詳也。」同注44，上冊，《通雅・凡例》，頁1：5。

〔註89〕同上注，上冊，卷首之三，〈文章薪火〉，頁1：65。

〔註90〕關於「通幾」的定義與內容，方以智《物理小識・自序》曰：「推而至於不可知，轉以可知者攝之，以費知隱，重玄一實，是物物神神之深幾也，寂感之蘊，深究其所自來，是曰：『通幾』。」同注80，頁1。

「至理」去通曉事物各個的本質。如是,將方孔炤父子易學「三理說」的內涵,合而觀之,可得如下(圖三)所示:

圖三:體用範疇與至理、物理、宰理關係圖〔註91〕

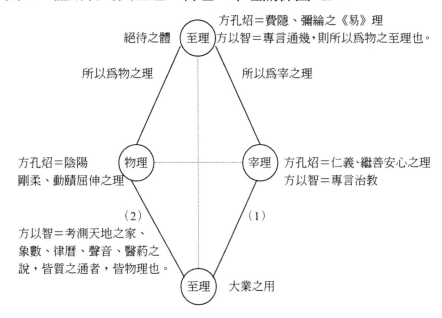

(1) 方孔炤「聖人因物明物,而因以理之。因立宰理而即以物理藏之,此至理也」(《周易時論合編》卷十四〈序卦傳〉)

(2) 方以智「而宰即宰其物理,即以宰至理矣,此所以爲繼善成性之大業主也」(《周易時論合編》卷十〈繫辭上傳〉)

方以智既然是在父親學說的影響下,繼續談論著「三理說」,那麼在他著作當中,所談的具體內容又是什麼呢?是故本文以《周易時論合編》中方以智所作按語的內容爲探討的中心,分別檢視其「三理說」:「至理」、「物理」、「宰理」所涉及的內涵。在此之前,吾人先要問方以智所談「理」〔註92〕的

〔註91〕此圖示引自馮錦榮,〈明末清初方氏學派之成立及其主張〉,收錄於日・山田慶兒氏主編,《中國古代科學史論》(京都:京都大學人文科學研究所出版,1989年3月),頁167。須說明者,本文認爲方孔炤特別強調「三理說」中「物理」、「宰理」、「至理」三者的關係是「三而一」,故借馮氏的圖示來表明其體用關係,如同上下兩個三角形所呈現的「三而一」的關係;另外,在方以智身上,他則特別強調「物理」一項的意義,但是對於三者的關係,卻著墨不多。

〔註92〕許慎《說文解字》曰:「理,治玉也。」見漢・許慎撰、清・段玉裁注,《說文解字注》,(臺北:黎明文化事業股份有限公司,1996年9月),一篇上,頁

意涵具有哪幾種層面？對此，張立文認為方以智所說的「理」主要有三層含義：規律、生理和道德原則。〔註93〕如將張氏所言的方以智「理」的三層含義與其易學「三理說」作對照的話，如（表四）所示的關係：

表四：方以智「三理說」與張立文所分「理」三層含義的對照表

方以智「三理說」	張氏所分「理」的三層含義	張氏所言「理」的解釋
至理	規律	文理
物理	生理	人們維持生命、謀生的方法和手段。
宰理	道德原則	倫理，即封建社會的道德原則。

上述張氏的分類僅可作為吾人參考之用。此處，吾人將由《周易時論合編》中方以智所作按語的內容重新檢視他所說的「理」的意涵，並且試圖將其「理」的意涵置放在其易學「三理說」的脈絡下來討論。經由吾人檢索《周易時論合編》中方以智所作按語的「理」字後，初步歸納計有：理（包含理勢、順逆之理、不可見之理、以物格物之理、天道人事往來之理）、至理、條理、通理、萬理、數理、調理、生理、物理、大理障等詞彙〔註94〕。其中

15。又《說文繫傳校勘記》引南唐・徐鍇曰：「物之脈理惟玉最密。」，合二則而觀之，即指依照玉的脈理、紋路來治，就是一種理。而方以智對「理」字的定義是：「理者，玉之孚尹旁達，文理可以密察者也。」同注31，《東西均・譯諸名》，頁165。除了許慎的解釋之外，方以智之說亦可作為參考。

〔註93〕張立文認為方以智所談的「理」有三層含義，其解釋的內容為：「(1) 理為文理。(2) 理為生理，即人們維持生命、謀生的方法和手段。(3) 理為倫理，即封建社會的道德原則。」見氏編，《中國哲學範疇精粹叢書——理》，「第九章第三節　方以智因事見理的思想」，（臺北：漢興書局有限公司，1994 年 5月），頁266～268。

〔註94〕方以智所說的「理」字的各種詞彙之出處見於：

(1) 理（〈乾卦〉，頁1：7、〈謙卦〉，頁1：383、〈蠱卦〉，頁1：453、《合編》卷之四，頁2：654、《合編》卷之五，頁2：705、《合編》卷之五，頁2：742、〈睽卦〉，頁2：842、〈夬卦〉，頁2：940、〈節卦〉，頁3：1287、〈繫辭下傳〉，頁4：1564、〈繫辭下傳〉，頁4：1630、《圖象幾表》卷之一，頁5：81、《圖象幾表》卷之一，頁5：107、《圖象幾表》卷之一，頁5：114、《圖象幾表》卷之五，〈邵約〉，頁5：446、《圖象幾表》卷之六，〈人身呼吸合天地卦氣說〉，頁5：518）。

理字還包括：理勢（《圖象幾表》卷之二，〈大圓圖〉，頁5：175）、順逆之理（〈說卦傳〉，頁4：1654）、不可見之理（〈說卦傳〉，頁4：1651）、以物格物之理（〈說卦傳〉，頁4：1667、天道人事往來之理〈繫辭下傳〉，

的意涵，本文認爲屬於「物理」層面僅有物理一詞；而屬於「宰理」層面僅有生理一詞；而屬於「至理」層面則有理（包含理勢、順逆之理、不可見之理、以物格物之理、天道人事往來之理）、至理、條理、通理、萬理、數理、調理、大理障等。綜合上列（表四）與本文的分類後，其差異處可如（表五）所示：

表五：方以智「三理說」、張立文「理」三層說與本文「理」三層說
　　　的對照表

方以智「三理說」	張氏所分「理」的三層含義	本文所分「理」的三層含義
至理	規律	（1）理（包含理勢、順逆之理、不可見之理、以物格物之理、天道人事往來之理）、（2）至理、（3）條理、（4）通理、（5）萬理、（6）數理、（7）調理、（10）大理障。
物理	生理	（9）物理
宰理	道德原則	（8）生理

底下吾人將按照方以智「三理說」：「至理」、「物理」、「宰理」的順序，分別說明這三個類別中每一種「理」的意義。

（一）方以智易學「三理說」之一：「至理」說釋義

前文所述，方以智易學中的「至理」說是指「專言通幾、所以爲物者」。那麼「通幾、所以爲物者」的對象是什麼呢？在方以智易學思想中，他認爲

頁 4：1579））。

（2）至理（〈坎卦〉，頁 2：675、《圖象幾表》卷之一，〈密衍〉，頁 5：115、《圖象幾表》卷之一，〈四象卦數舊說〉，頁 5：123、《圖象幾表》卷之三，〈先天八卦方位圖說〉，頁 5：255）。

（3）條理（〈坤卦〉，頁 1：101、〈屯卦〉，頁 1：142、〈兌卦〉，頁 3：1239～1240）。

（4）通理（〈坤卦〉，頁 1：118、《圖象幾表》卷之七，〈兩間質測〉，頁 5：646）。

（5）萬理（《圖象幾表》卷之八，〈極數槩〉，頁 5：652）。

（6）數理（〈說卦傳〉，頁 4：1639）。

（7）調理（《合編》卷之八，頁 3：1256）。

（8）生理（〈漸卦〉，頁 3：1149、〈繫辭下傳〉，頁 4：1619）。

（9）物理（〈无妄卦〉，頁 2：570）。

（10）大理障（〈說卦傳〉，頁 4：1692）。

是「至理」。〔註95〕此處，本文僅就「理」、「至理」、「數理」三部份來討論。

1、理

方以智所言「理」的相關意涵甚多，有條理、通理、萬理、數理、調理、大理障等，這些詞彙不外乎呈現出「理」所具有的規律、原理之意涵。那麼，他所說的「理」的意涵究竟是什麼呢？此處，方以智舉出一個例子加以說明，其云：

> 天道濟明以成終焉，君子法之，履其禮，體其理，而多寡一矣。……
> 惟一兼二，二即以一兼一，是「禮本于大一」之運也。執兩乃所以
> 用中，此稱物平施之兼道也。〔註96〕（《周易時論合編卷之三‧謙卦》）

在方以智看來，天道運行的法則是資助天地為光明而成就萬物，有德者以此為效法，一方面，實踐它的規律，進而衍成人倫的規範；另一方面，體認它的條理。進而，探究萬物紛然雜陳的背後自有其本源，此本源乃是天道，亦即是「理」，也可說是「至理」。那麼，這一「至理」的作用為何呢？概括而言，它的作用是「一兼二，二即以一兼一」，此「一」為「至理」，「二」為天地陰陽之別，亦即「至理」的作用是兼含天地陰陽之別。反推而論，天地陰陽之別乃是以此一「理」而兼含在「至理」之中的，這正是《禮記‧禮運篇》所說萬物是根源於大一之作用而成的道理。此處的「大一」一詞亦屬於「至理」之意。如是，吾人所體認到的天地陰陽之別從何而來，其根源就是天地之中的「至理」，它亦是吾人所稱萬物，所用治事的兼含之天道。那麼，為何會有「至理」呢？底下，方以智分別從陰陽五行、圖書卦策、數理三個方面來說明何故有「至理」的原因。

2、「至理」

方以智認為，要想瞭解「至理」的意義，具體的途徑乃是透過「物理」來掌握萬物背後的所以然之理。對此，在《圖象幾表‧密衍》〔註97〕中，其云：

〔註95〕須說明者，與（2）「至理」相關意涵的詞彙，如：（1）理、（3）條理、（4）通理、（5）萬理、（6）數理、（7）調理、（10）大理障等，也都是指萬物背後的本根和原理。關於方以智「理」字的整體內容，概括而言，本文僅就（1）「理」、（2）「至理」、（6）「數理」三部份加以說明，其餘的意涵另不贅述。

〔註96〕同注9，冊一，卷之三，〈謙卦〉，頁1：383～384。

〔註97〕關於〈密衍〉寫成的緣由，方以智識語曰：「《全書》析衍諸圖，煩矣。而无體有極之故，易位生成之故，圖書體用之分合合分，終未別醒也。此豈天地必如此剖合次第乎？理寓象數，衍而歷之，《易》燎然耳。故因邵子小衍，以

> 五行以氣爲主，是天地之生數，水爲首，而五行之成序，金爲首也。
> 金以石爲體，而以火爲用者也。金能生水，而又能出火，陽燧取火，
> 陰燧取水，皆以鑑燧之劑，得明水明火之用，豈非有至理乎？火之體，
> 全无而用有也；金之體，半自天，半自地也；火由木而見形，依土而
> 附質，遇水而作聲，無體寄體者也；金得火氣，燥堅土中，又得火制，
> 足以制物，故曰火以用无而傳神，金以凝有而用精。〔註98〕（《圖象
> 幾表卷之一·密衍》）

方以智認爲，就陰陽五行而言，五行以氣之流行爲主宰，它是天地的生數，
以水爲首。而就五行的生成順序言，當以金爲首。金以石頭爲本質，並且以
火爲作用。在五行的相生規則中，金能生水，但是它又能產生火，如同以陽
燧來取火，以陰燧來取水，這都是由於鑑燧的藥劑而成，使得吾人得以明白
水與火的作用。以上，說明「物理」中五行的法則。方以智似乎覺察到這個
背後豈不是有其根源？此一根源就是「至理」，即「物理」背後的所以然之理。
進而，他才會舉出五行中的火與金爲例來作說明。

再者，方以智認爲，火的本質是全然無形卻有其作用；金的本質有一半
是來自於天，一半來自於地。在五行的相生規則中，火自木而生成，由木而
產生火的形體（如燒木取火），土自火而生成，故其本質是依附在土中。若遇
到水時，火會發出聲響，這就是火的無形之本質依附在其他事物的形體之中。
至於金是得自於火氣，其本質是乾燥而堅固，寓含在土中，金又得自於火制，
故能制作器物。對此，方以智歸結金火二者的作用而言，火以其無形之本質
爲用，才能發揮它神明的作用；金以其有形之本質，凝固成形，才能發揮它
精微的作用。

另外，方以智對於「至理」的闡述，在其另一本著作《聞語》中，便以
「先天八卦方位圖」爲例來作說明。其云：

> 《聞語》曰：自一至八既列之後，人數之，自右起耳。適自右起，
> 即至理也。陽必分陰以對用，共此陰陽兩儀，而陽中陰，陰中陽，
> 即分太少，一有俱有，俱相對俱相錯。橫列而生之，折半而圓之，
> 亦是觀玩法，豈可執定先橫後圓哉！然非此不能盡觀玩之變，即至

虛舟子法衍之曰：〈密衍〉。」同注9，冊五，卷之一，「圖書」，〈密衍〉，頁5：
　　107。至於〈密衍〉諸圖式的內容與解釋，參見本論文第四章第三節。
〔註98〕同注9，冊五，卷之一，「圖書」，〈密衍〉，頁5：115～116。

理也。〔註99〕（《圖象幾表卷之三・先天八卦方位圖說》）

　　相傳「先天八卦方位圖」是由伏羲所衍成。其方位的順序是自〈乾〉（☰）一到〈坤〉（☷）八排列而成，既形成此圖後，人們在計數其順序的規定是自右開始數的。方以智認爲，這種由右開始計數的道理，也就是一種「至理」。原因何故，他認爲《周易》中的陽儀必然是與另一陰儀相互作用，亦即不違背「獨陰不生，獨陽不生」〔註100〕的原則。由此兩儀相互作用下，「陽中陰」成爲太陽、太陰，而「陰中陽」成爲少陽、少陰。以生成而言，一有太極，即皆有六十四卦、三百八十四爻，兩兩成對卦，兩兩成錯卦。如果把橫圖排列開來，折成對半，使它變成圓圖，這也是一種觀玩圖象的方法，怎麼可以執守橫圖爲先天而圓圖爲後天的道理。假使吾人執著於這種既定的方法而不變通的話，就不能窮盡觀玩圖象的變化之理，也就無法得知「至理」的奧妙之處。對此，方以智進一步從數理的角度來談「至理」的意義。

3、數　理

　　在方孔炤父子的易學思想中，有一特徵是二人都強調「象數徵理」的重要性，亦即以象數所顯示的數理來闡明《易》理。對此，父親方孔炤云：

> 《易》在陰陽中，一有俱有，一符永符，惟以象數徵理，而後舉近
> 民之大義以告之，豈廢諸家言陰陽五行之至理者乎？既已徵象明理
> 矣。〔註101〕（《周易時論合編卷之七・革卦》）

方孔炤認爲，在《周易》卦畫符號的系統中，是以陰陽兩儀而衍成六十四卦，其背後的根源乃是太極。以生成根源而言，太極之本體一有，則六十四卦、三百八十四爻皆有；以作用而言，太極之作用一有，則卦畫符號皆顯現。何故如此，原因在於以象數來實徵《易》理，亦即「至理」。如此，透過象數中所揭示的數理來告訴人們《易》理的重要。然而，面對時人的輕忽，方孔炤不禁嘆道，豈可荒廢歷來易學家在闡釋陰陽五行時，其中所蘊含的「至理」。實際上，方孔炤認爲，藉由象數以實徵萬物是可以闡明《易》理。同樣地，在方以智易學思想中，也有相同的主張，其云：

> 爲物不二之至理，隱而不可見，質皆氣也。微其端幾，不離象數。

〔註99〕同注9，冊五，卷之三，「八卦」，〈先天八卦方位圖說〉，頁5：254～255引。

〔註100〕「獨陰不生，獨陽不生」一句，語出《春秋穀梁傳・莊公三年》曰：「獨陰不生，獨陽不生，獨天不生，三合然後生。」同注6，冊十八，卷五，頁129。

〔註101〕同注9，冊三，卷之七，〈革卦〉，頁3：1049。

彼掃器言道，離費窮隱者，偏權也。(《物理小識卷之一‧天類‧象數理氣徵幾論》) 〔註102〕

方以智認爲，所以爲物者的「至理」，雖然是無形無狀，隱微而不可見，就其生成的本質而言，是由氣之流行所成。吾人如要實徵它的道理，其範圍總不出象數之理。進而，方以智批評彼輩「掃器言道」的弊病，總是捨棄形下的探究而專研形上的道理，背離探究器物之用的問題而窮究天理之本根的問題。對此，他認爲這是「偏權」之弊。至於象數中的數與理的關係，方以智便舉例而言道：

> 冒言之，理與數相倚也，无理數與理數亦相倚也；猶夫一與二之相倚也，立卦生爻，依數而理寓焉……示人研極，則倚數窮理，即逆是順；聖人開成，則倚數窮理，是飲食耳。〔註103〕(《周易時論合編卷之十三‧說卦傳》)

概括而言，方以智認爲，在象數中的數和理兩者是一種相倚的關係。所謂「倚」有搭配、對應之意。以數學運算法則來說，理（此處指數理）的規則和數（此處指數字）是相搭配的，無理數與（有）理數也是相搭配的，猶如《周易》卦畫符號系統中的「一」與「二」相搭配，由太極之「一」而衍成陰陽兩儀之「二」。如是，卦爻由此生成，這就是依照著數（數字）的變化而理（數理）即寓藏在其中的道理。數理的法則被揭示之後，吾人可以繼續地鑽研它，瞭解到數與理是相搭配。進而，窮究其法則，原因在於它是可逆且可順之理（如同算數中的加法與減法）。同樣地，聖賢也告訴吾人從數與理去探求其法則，它的重要性就如同飲食一般的基本。

（二）方以智易學「三理說」之二：「物理」說釋義

上述所說，方以智的「物理」說指的是「考測天地之家、質之通者」。而「考測與質之通」的具體對象爲何呢？當是指萬物萬殊的各別之理。在方以智易學思想中，他解釋上經〈无妄〉卦的字義時，作如下的按語，其云：

> 亡，古「廡」字。……心動而交物則妄生，故莫妄于見女，此固鉛汞、陰陽之物理，而天人剝復之危微，見於此矣。〔註104〕(《周易時論合編卷之四‧无妄卦》)

方以智認爲，亡字即古代的「廡」字，並將其字義引伸到對於人的解釋。在

〔註102〕同注80，卷之一，〈天類‧象數理氣徵幾論〉，頁1。
〔註103〕同注9，冊四，卷之十三，〈說卦傳〉，頁4：1638。
〔註104〕同注9，冊二，卷之四，〈无妄卦〉，頁2：570。

他看來，由於人心具有感通的作用進而能夠認識事物，但是人卻容易起妄念之心，就好像男人見於女色而易起妄念。這個道理就如同鉛汞、陰陽等物理，各具有一定的物之本質。同樣地，對應到人性中，人也存在著一定的本性，如慾望。是以吾人藉由對外界事物本質的瞭解後，也能體認到天地人之間存在著吉凶往復的道理。

　　那麼，方以智何故要探究「物理」呢？這從其同學錢澄之回憶早年與他論學的片段中，便可看出一些端倪。錢氏對於方以智留心在「器數」、「詁釋」、「點畫」等方面的喜愛甚為好奇。進而，對他有「世自有竄句博物之徒，子何以役志為？」〔註105〕的興嘆。方以智則答覆說，自認從小就對事物保持著懷疑態度的傾向，特別是喜歡觀察事物之中不足留意的地方。而且每每遇到任何事物，就會想去探究清楚它的本原，足見方以智對「物理」探究的嗜好與心志。這一喜好研究「物理」的傾向，同樣地，在他早年所撰的著作《物理小識》〔註106〕中，也已經清楚地揭示其宗旨。是書的〈自序〉中有言：

> 盈天地間皆物也。人受其中以生，生寓於身，身寓於世，所見所用，無非事也，事一物也。聖人制器利用以安其生，因表理以治其心，器固物也，心一物也。深而言性命，性命一物也。通觀天地，天地一物也。〔註107〕（《物理小識·自序》）

方以智認為，充塞在天地萬物之間的東西都是「物」，〔註108〕亦即指承載在地

〔註105〕予（錢澄之）嘗謂道人（按方以智）曰：「至於器數之末，詁釋之煩，點畫之細，世自有竄句博物之徒，子何以役志為？」道人曰：「嘻！吾於此疑有夙習焉。吾小時即好為之，吾與方伎遊，即欲通其藝也；遇物，欲知其名也；物理無可疑者，吾疑之，而必欲探求其故也。以至於頹牆敗壁之上有一字焉，吾未之經見，則必詳其音義，放其原本，既悉矣，而後釋然于吾心。故吾三十年間，吾目之所觸，耳之所感，無不足以恣其探索，而供其載記，吾蓋樂此而不知疲也。」同注44，下冊，〈康熙刻本錢秉澄序〉，頁2：1589。

〔註106〕方以智以「物理」一詞冠其書名，實有象徵意義。翻看《物理小識》目錄，是書編次為十二卷，除卷首總論之外，共分十五類，計有：卷首：序文、凡例、總論；卷之一：天類、曆類；卷之二：風雷雨暘類、地類、占候類；卷之三：人身類；卷之四：醫藥類上；卷之五：醫藥類下；卷之六：飲食類、衣服類；卷之七：金石類；卷之八：器用類；卷之九：草木類上；卷之十：草木類下、鳥獸類上；卷之十一：鳥獸類下；卷之十二：鬼神方術類、異事類，足見方以智豐富的自然知識體系。同注80，《物理小識·目錄》，頁1。

〔註107〕同注80，《物理小識·自序》，頁1。

〔註108〕關於方以智「盈天地間皆物」以及引其父方孔炤的「舍心無物，舍物無心，其冒也。」（《物理小識·總論》）等句的討論，大陸學界普遍認為具有「唯物主

上的「物」（此「物」，包含「物理之後」與「物理」二義）。一方面，人類有一部分秉持著「物」之理而生成人的形貌，這個生成的道理是寓含在人的身體上而顯現出來的，同樣地，人之身體的活動也是寓含在世間裡面而作用著。另一方面，人類的心智作用，眼耳所見聞的、手足所使用的，其對象無非是事，事即指事件，因此，事件本身也是一種「物」之理。再者，古代聖賢制作器物來使用，這是基於生存的需求，生存需求滿足之後，才能依循著人倫道德的規範而修養自己的心性。聖賢制作的器物本來就是「物」之理的顯現，而人類的心性亦是一種「物」之理的顯現。從根源處來說人類的性命，性命同樣是一種「物」之理的顯現。進而吾人所感通、認知到的天地，天地也是一種「物」之理的顯現。對此，方以智進一步地批評漢宋儒者的弊病，其云：

> 漢儒解經，類多臆說。宋儒惟守宰理；至于考察物理時制，不達其
> 實，半依前人。〔註109〕（《通雅》卷首之一〈音義雜論・攷古通說〉）

方以智批判漢儒所解釋經典的文句中，經常摻雜自行揣測的見解，不能以經證經，得其本義。相同地，宋儒也僅是執守著「宰理」層面的人倫規範，桎梏人的本性。對於外在世界的考究與觀察，如物理、時制的部份，卻是缺乏實際徵驗而不能指陳出事物的本質，在看法上多半是依循著前人的舊說而成。換言之，方以智著重的是「以實事徵實理」、「以後理徵前理」〔註110〕的實學傾向，可說對於「物理」的研究便成為其易學「三理說」的主要特色之一。

（三）方以智易學「三理說」之三：「宰理」說釋義

前面提到，方以智易學中的「宰理」說是指「專言治教」。而「治教」指涉的對象為何呢？在方以智易學思想中，他認為當是指以人作為治理教化的

〔註108 續〕　義」的特色。如冒懷辛指出：「這是一個唯物主義的命題，這命題應與其『盈天地間皆物也』，『通觀天地，天地一物也』（《物理小識》自序）等參合起來理解。」見氏著，〈論方以智哲學思想的科學基礎〉，（《哲學研究》（月刊）第10期，1985年10月），頁71。至於其他學者的說法，請參見本論文附錄一：方以智思想研究書目暨期刊一覽表中的「要旨」，頁259～276。
〔註109〕　同注44，卷首之一〈音義雜論・攷古通說〉，頁1：3。又《通雅・自序》曰：「漢承秦焚，儒以臆決。至鄭、許輩起，似為犁然，後世因以為典故。聞道者自立門庭，糟魄文字，不復及此。其能曼詞者，又其一得管見，汍洋自恣，逃之虛空，何便於此？考究根極之士，乃錯錯然元本，不已苦乎？撲實之病，固自不一：屬書贍給，但取漁獵；訓故專己，多半傅會。」同注44，頁1：3～4。此段話亦可作為佐證。
〔註110〕　方以智《東西均・擴信》曰：「吾以實事徵實理，以後理徵前理，有不爽然信者乎？」同注31，頁29。

對象。人爲求生存與繁衍的目的，其與生俱來便有生理的需求，如飲食、性慾等，動物亦有之。於是，以人的「生理」而言，最基本的需求當是口腹之「飲食」，〔註111〕故欲瞭解「治教」中「生理」的意義，當先從「飲」與「食」二者的意義開始立說。方以智認爲「飲」與「食」二者，其關係就如同內外、剛柔、有用與無用一樣，是相互資取而用的。〔註112〕

　　常言「飲食男女」乃生理之中的兩大需求，方以智此處把它們比喻爲「蠱種」，〔註113〕即有危害人性之警惕意思。他認爲「治教」的方法是「以道德止之」，亦即用道德規範來加以節制，並且「以先後治之」，即從內心的修養開始，由內而外，使內在的修養與外在的行爲都能合於規範，這就是爲何能夠砥礪人們心志的原因。如此一來，「飲食男女」與「內外人我」，無非是一種彼此資助的關係。〔註114〕那麼，方以智所說的德性同飲食有什麼樣的關係呢？其謂：

> 困上反下者，志在我命，亦在我。……自致自遂，以德性爲飲食，
> 以剛中爲享祀，獨來獨往，非尚口以望知也。〔註115〕（《周易時論
> 合編卷之六・困卦》）

在解釋〈困〉卦時，方以智認爲，人要脫離危困的處境，除了「我命」的限定外，關鍵在個人努力的決心。如此，才能夠「自致自遂」，以個人的努力突破困境。假使能夠把道德當作是如同飲食一般的重要，經常地修養自身，此即「以德性爲飲食」，並且以剛中之德行，當作是如祭典享祀一般的莊敬，使人保持著貞固之態度。是故，人能獨善其身，安然地度過危困，這個道理並不是憑口說就能知道。接著，方以智在〈繫辭提綱〉中，也提到相近的看法，其云：

> 總總之倫，無非陰陽之象，不知不能，蘊于知能；以賢治愚，皷德
> 業爲飲食。〔註116〕（《周易時論合編卷之九・繫辭提綱》）

方以智認爲，天地萬物間總總的規律、法則，概括而言，其背後不就是由於太

〔註111〕智按：「〈屯〉〈蒙〉教養，惟慮此飲食、言語之生事耳。」同注9，冊一，卷之二，〈訟卦〉，頁1：189。

〔註112〕智曰：「凡內與外相須，剛與柔相須，有用與无用相須，猶飲與食相須，皆一于二也。」同注9，冊一，卷之二，〈需卦〉，頁1：172。

〔註113〕智曰：「飲食男女，是蠱種也。……以道德止之，以先後治之，即民事以皷其志意。」同注9，冊三，卷之三，〈蠱卦〉，頁1：431。

〔註114〕愚謂：「飲食男女，內外人我，无非上下相濟而已。」同注9，冊四，卷之十五，〈雜卦傳〉，頁4：1749。

〔註115〕同注9，冊二，卷之六，〈困卦〉，頁2：1020～1021。

〔註116〕同注9，冊四，卷之九，〈繫辭提綱〉，頁4：1391。

極之作用。是故陰陽二氣這種無形可知、無物可得的概念，正是蘊藏在可知可得的萬物之中。相對地，在人倫社會之中，以賢能之人來治理愚昧之人的方式，即是教導他們把道德當作是如飲食一般的重要，常常修養自己的德性，這就是「皷德業爲飲食」的道理。上述所說的「德性」、「德業」便是依循著人的「道德」而立論。至於，這種「以德性爲飲食」的具體內容是什麼呢？其云：

> 好學明理，強恕反身，是皆備之飲食也。正用即得，泯于時宜。聖
> 人因愛惡以轉愛惡，而即以藏天下之愛惡矣。是恒易簡之知而无知，
> 能而无能也。〔註117〕（《周易時論合編卷之十二・繫辭下傳》）

方以智認爲，人在修養自身的道德時，須兼具「道問學」，即「好學明理」，與「尊德性」，即「強恕反身」二者，它們都是與飲食一樣地重要和基本。基於此二者，道德才能夠發揮適當的作用，與時俱進，融貫在學問與德行之中。古代聖賢能夠明辨愛惡之別，用以轉變自身愛惡的態度，也就是用這個方式來含藏天下之中人人各殊的愛惡。正如同吾人知曉《周易》簡易的道理後，進而無所不知，並且在實踐它的道理之後，進而無所不能。

以上，簡短地說明道德同飲食的關係後，吾人可知方以智已揭示其「以德性爲飲食」、「皷德業爲飲食」的宗旨，也就是將人的道德視爲與飲食一樣地重要與基本，在此前提下，吾人進一步來看方以智對「生理」一詞的解釋。對此，其云：

> 夫之化妻妾也，妻即助夫安室家矣；君之化臣民也，臣民即代君安
> 職分矣；心之化事物也，事物即養心以安生理矣。〔註118〕（《周易
> 時論合編卷之七・漸卦》）

此處，方以智分別就家庭、政治、心物三個方面立說。舉出夫妻、君臣、物我等關係爲例，他所言的「化」字，一般是指教化、流行之意，本文認爲此字當引申爲具有宰制、主宰等權力意味的意思。首先，在家庭關係上，受到古代傳統觀念的父權之故，身爲妻妾的婦人得聽從丈夫的話來做事，相對地，妻子的職責就是幫助夫家把家務事治理好。其次，在政治關係上，因爲君權之故，臣民必須聽從君主頒行的法令來行事，臣民的本分是代替君主將國家大事治理好。再者，在心物關係上，事物是在人的心智活動之主宰下而產生作用。因此，透過人的五官（眼、耳、鼻、舌、身）產生對事物的感知能力

〔註117〕同注9，冊四，卷之十二，〈繫辭下傳〉，頁4：1630～1631。
〔註118〕同注9，冊三，卷之七，〈漸卦〉，頁3：1149。

（視覺、聽覺、嗅覺、味覺、觸覺），藉此來修養自己的心性，並且也能夠讓
吾人獲得生理的基本需求（如飲食），進而各安生理。對此，其又云：

> 各安生理之聖諭，正是百物不廢，其要无咎。……喜、懼相泯，是
> 讀法振鐸之大權。〔註119〕（《周易時論合編卷之十二・繫辭下傳》

由上所述，方以智揭示出心物關係中各安生理的意義，這個道理正是萬物所
以不會荒廢的原因，正是因為百物在人心的主宰下，皆各具它的作用，而重
點是讓吾人不至於招致凶咎之事。是故人心的歡喜與恐懼的情緒便能夠相互
融貫，人人各得所需，這就是他所謂的「讀法振鐸」〔註120〕的主宰之權。

　　以上，如就方以智易學「三理說」的層次高低而言，蓋瑞忠認為：「其中
『至理』的層次最高，因為它是對宰理與物理兩個研究對象作更高層次的概
括，亦即期望由此建立起自然規律與社會準則之間的統一的和普通的規律。」
〔註121〕換言之，方以智易學「三理說」以層次高低的順序而言，以「至理」
為最高，「宰理」次之，「物理」最低。但是，如果從吾人認識的順序而言，
則是以「物理」為先，「宰理」次之，「至理」為後。

　　綜合上述，方以智易學「三理說」的概念是源自於父親易學思想的說法，
但是在內容上卻呈現出和父親不同的面貌。如果從思想史的脈絡上來看，方
以智易學「三理說」的意涵自有其特殊的意義，概括而言有三項：

一、在「至理」方面

　　方以智易學中的「至理」說，在易學史的意義上，它雖然逐漸擺脫對「天
理」概念的使用與闡述，取而代之以新的概念——「至理」來作解釋。如果
單就「理」的意涵而言，還是不出宋明理學所說「理一分殊」的概念。但是

〔註119〕同註9，冊四，卷之十二，〈繫辭下傳〉，頁4：1619。
〔註120〕關於「讀法振鐸」的意義，可參考方孔炤在《時論》的解釋。其曰：「草昧故
　　　　蒙，任之則禽獸矣。君必作師，而化乃神于治教中。表其繼善之生機，以安
　　　　其異于禽獸之生理，是為天地克家養正者也。无學則荒，浚深則鑿，忽司徒
　　　　之木鐸而駭叩鯨鐘，豈不瀆乎？棄晨昏之飲食，而逼餌丹膏，豈不吝乎？邪
　　　　法橫擊，因欲錮童，執愚民反朴之激語，則廢五教，滅六經，而乃還洪荒之
　　　　童蒙矣，豈知亨行時中之貞哉？大法既正，應病予藥，鄙夫問我，兩端竭焉，
　　　　告不告非執一也。」同註9，冊一，卷之一，〈蒙卦〉，頁1：159。概括而言，
　　　　「讀法」是指人要學習五教、六經以開啟蒙昧之意，「振鐸」是指人經由啟蒙
　　　　之後，重振教育之木鐸。
〔註121〕見氏著，〈試析方以智的科學觀〉，（《嘉義師院學報》第11期，1997年11月），
　　　　頁586。

從方以智易學中「至理」說的角度而言，他所使用的新概念——「至理」，在某種意義上，已經賦予宋明理學一種新的解讀方向。

二、在「物理」方面

方以智受到家學中崇實精神的影響下，加上自幼對「物理」探究的喜愛與嗜好，在明末清初學術思想史的轉變上，他的「物理」說正好可以呼應到梁啓超所說：「這個時代的學術主潮是：厭倦主觀的冥想而傾向於客觀的考察。」〔註122〕這在方以智身上就是一個很好的範本。吾人認爲，梁氏的話確實指明一件事，即明末清初學術風氣的趨向，整體而言，是對自然世界的探求多過於對價值世界的體證。

三、在「宰理」方面

方以智易學中的「宰理」說，在思想史的意義上，它強調的是「以德性爲飲食」般的重要與基本，並不是「以飲食爲德性」般的嚴肅與克制。方以智認爲「道德」之事其實是寓於「飲食」之事中，藉由滿足人的「生理」層面，即飲食男女之需求，進而以心化事物，借事物來養心，以各安其生理。如是，方以智之說乃修正宋明理學中「存天理，滅人欲」〔註123〕的獨斷式思維的角度，進而使得飲食同道德的關係是一種相互資助的關係。

接著，吾人要問，對於易學的本體思想，方以智分別提出「三極說」與「三理說」二者來加以探究。那麼，這兩者間的關係，方以智又是如何解釋的呢？對此，這一問題將在下一節中作更深入的探討。

第三節　方以智易學「三極說」與「三理說」的涵蘊關係

前文已述，方以智易學的本體論思想主要是以無極、太極、有極三者的討論爲核心，此即方以智易學「三極說」。再者，由於受到家學傳統的影響，對於理學的課題方以智則提出三理說：「至理」、「物理」、「宰理」作爲回應。其中這三個「理」所涉及的意義分別是「考測天地之家」、「治教」、「通幾」

〔註122〕同注66，一，〈反動與先驅〉，頁1。
〔註123〕所謂「存天理，滅人欲」一詞出自於北宋・程頤所提出。其曰：「人心私欲，故危殆。道心天理，故精微。滅私欲則天理明矣。」同注16，上冊，卷第二十四，〈鄒德久本〉，頁1：312引。

等層面，比況到今日的學科分類而言，正是吾人所謂的科學、倫理學與形上
學三門學科所要探討的課題。

　　如是，在分別闡明方以智易學「三極說」與「三理說」的意涵之後，繼
而，吾人要問這兩者間是否有彼此涵蘊的關係？又此種關係的具體內容為
何？易言之，它們的背後是要解決思想史中的何種課題呢？對此，本文的進
路同樣是回到桐城方孔炤父子二人易學思想的脈絡來檢視這個問題，並且試
圖尋繹出一條簡明的思路。

一、兩者涵蘊關係的釋義：費與隱

　　在吾人翻閱方以智所作的按語後，發現他曾多次以「費隱」〔註124〕一詞
來統攝「三極說」與「三理說」的關係。如從義理的角度出發，方以智所探
討的「費隱」關係，實際上就等同於中國傳統哲學中所說的「道器」、「體用」、
「形上形下」〔註125〕之意。此處，先對費隱一詞的意涵作疏釋後，再來看方
孔炤父子的論點。

　　「費隱」一詞，首見於《中庸》，相傳由子思所作。〔註126〕其中第十二章
云：「君子之道費而隱。」，〔註127〕意謂君子之道是日用之廣，而知其至體之精
微。宋儒朱熹對這句話的詮釋角度是以「用」字來釋「費」字，意謂作用的廣

〔註124〕經由吾人檢索《周易時論合編》中，方以智所作按語的內容後，發現「費隱」
　　　　一詞大約出現 13 次之多。其出處見於上經的〈賁卦〉，頁 1：507；下經的〈睽
　　　　卦〉，頁 2：842、〈益卦〉，頁 2：917、〈節卦〉，頁 3：1294、〈繫辭提綱〉，頁 4：
　　　　1391、〈繫辭上傳〉，頁 4：1420、〈說卦傳〉，頁 4：1648、《圖象幾表》卷之一
　　　　〈周易時論合編凡例〉方以智後記，頁 5：71、《圖象幾表》卷之一，〈諸家冒示
　　　　集表〉，頁 5：80、《圖象幾表》卷之八，〈極數槩〉，頁 5：653。同注 9，全五冊。
〔註125〕關於體用和形上形下的解釋，蒙培元認為：「『體用』和『形上形下』一樣，
　　　　是理學本體論的重要範疇，並具有方法論的意義。理學本體論，嚴格地說，
　　　　就是通過『體用』範疇建立起來的。……如果說『形上形下』是從『存在』
　　　　的意義上把世界劃分為一般和個別、普遍和具體兩個層次，那麼，『體用』則
　　　　是從『活動』的意義上把世界解釋成實體及其功能、本質及其現象的統一。」
　　　　見氏著，《理學範疇系統》（北京：人民出版社，1998 年 5 月），「第一篇第八
　　　　章　體用」，頁 148。
〔註126〕《史記·孔子世家》：「伯魚生伋，字子思，年六十二。嘗困於宋。子思作《中
　　　　庸》。」見西漢·司馬遷撰、宋·裴駰集解、唐·司馬貞索隱、唐·張守節正
　　　　義，，《史記三家注》全二冊（臺北：七略出版社，1991 年 9 月），下冊，卷
　　　　四十七，頁 2：773。
〔註127〕同注 10，冊六，《四書章句集注·中庸章句》，頁 6：38 引。

大，並且用「體」字來釋「隱」字，意謂本體的精微。〔註128〕如是，朱子已將體用與「費隱」一詞對舉來作解釋。接著，他在「《詩》云：『鳶飛戾天，魚躍于淵』言其上下察也。」下注曰：「子思引此詩，以明化育流行，上下昭著，莫非此理之用，所謂費也。然其所以然者，則非見聞所及，所謂隱也。」〔註129〕此段文意是說，朱子藉由子思所引用的《大雅・旱麓》一詩，闡述他對天理的作用與所以然之故的說明。朱子認為，「費」之意是形容天理的作用能夠化育萬物而流行不止，使得天地萬物呈現暢然明白的關係，而「隱」之意是形容其所以然之故，並不是吾人「見聞」的能力所能達到，原因在於它的道理是非常精微而不顯的。如是，在宋明理學影響下的桐城方孔炤父子，他們對於朱子以來用「體用」一詞來詮釋《中庸》「費隱」的意涵，又是作怎樣的闡述呢？本文即依據這樣的思路，針對方孔炤父子的相關著作對此加以說明。

（一）方孔炤對費隱關係的闡釋

前文已述，方孔炤提出的易學「三理說」之一的「至理」，無非是要闡明《易》理中所具有的「費隱彌綸」〔註130〕的特性。那麼，單從「三極說」來看，三者間涵蘊的關係為何。此處，作一簡短地回顧，在《圖象幾表》的〈太極冒示圖說〉中，方孔炤為避免吾人陷入對有、無的誤解，進而，就費隱關係而言，他揭示《周易》無極、太極、有極三者間存在著微顯、費隱的關係，亦即無極是隱，太極是費而隱者，而有極是費之意。簡言之，微顯之意是說以「微之顯者」的太極顯現出有、無二者的恆常性；費隱之意是指以「費而隱者」的太極顯現出有、無二者的作用性。

進一步，合「三極說」與「三理說」二者來看，是否可以得出一個簡單的涵蘊關係，即有極涵蘊於「物理」之中，無極涵蘊於「宰理」之中，而太極涵蘊於「至理」之中呢？關於這一問題，在方孔炤看來，「三極說」所談的內容僅是涵蘊在「三理說」的「至理」之中，也就是包涵在《易》理所探討的範圍內。原因何故？簡言之，方孔炤父子二人的易學「三極說」是就《周

〔註128〕朱子注曰：「費，用之廣也。隱，體之微也。」同注10，冊六，《四書章句集注・中庸章句》，頁6：38。

〔註129〕同注10，冊六，《四書章句集注・中庸章句》，頁6：38。

〔註130〕相較於父親的說法，方以智對「費隱彌綸」一詞的解釋是說：「彌其綸，綸其彌；範其圍，圍其範；以明準幽，以幽準明，即无尚明，神哉！神哉！貫有無、方圓、體用而即彌即綸，分合同時者也。」同注9，冊四，卷之九，〈繫辭上傳〉，頁4：1412。

易》卦畫生成中「未闢／已布」的問題作一形上本體的探討。因此，二者涵蘊的關係，勢必要從「至理」說開始談起。換言之，談「至理」說等於是兼談「三極說」的意涵。釐清這一點後，吾人要問「物理」、「宰理」二說涵蘊在何者之中呢？易言之，它們二者都是涵蘊在「至理」之中，即方孔炤父子所說的《易》理。

那麼，以費隱關係的角度出發，「至理」同「物理」、「宰理」二者又是何種涵蘊的關係呢？

1、「至理」與「物理」的涵蘊關係

首先，談「至理」同「物理」的涵蘊關係，其內容是方孔炤所說的《易》理與「陰陽剛柔」、「動蟄屈伸」的物理二者間的關係。對此，他在《圖象幾表‧周易時論合編凡例》云：

> 一在萬中，至動蟄也。泯有无而約言太極，則冒耳。極深研幾，惟此《圖象（幾表）》，爲格通萬一之約本，無言語、無文字，而天下理得，秩序歷然，隨時隨位，開物成務，而於穆其中。……謂費隱交輪之幾，難以指示，不得不于時位旁羅之象數，表其端耳。〔註131〕
> （《圖象幾表卷之一‧周易時論合編凡例》）

此段文意主要是說明方孔炤著《圖象幾表》的宗旨和闡明「至理」同象數的關係。在他看來，「至理」的一，即是道，也是太極，它是寓含在萬物之中，有著動靜的變化。如果吾人泯滅有無，亦即忽視無極、有極的存在，而簡單地來談太極的話，這就犯下冒然不察的弊病。在方孔炤鑽研易學數十年的成果《圖象幾表》中，它可說是一部能夠通曉「一在萬中」〔註132〕之道的簡明的易學書籍。裡頭原是無言語和文字的闡述，全是象數的圖表，但是其內容卻說盡天地間的道理，闡明天地間秩序井然的規律。並且隨著卦爻的時位變化，說明萬物的生成變化，亦即揭示出太極之理。換言之，「至理」所具有的體用輪轉之道，是很難用言詮加以闡述。因此，方孔炤認爲必須藉由象數中卦爻的時位變化與排列組合來揭示「至理」的意涵。於是，方孔炤又在《圖

〔註131〕同注9，冊五，卷之一，〈周易時論合編凡例〉，頁5：69～70。

〔註132〕關於「一在萬中」的解釋，可參佐方大鎮在《野同錄》的說法，其曰：「萬即一也。必曰：一統萬，必曰：一不住一，必曰：就在萬之一，以理其萬者。何也？先天後天止有一用，用必不離事物，物必有親踈貴賤，必以親先踈，貴治賤，卦爻因此而列，禮樂因此而宜，此費即隱之道體也。」同注9，冊四，卷之十三，〈說卦傳〉，頁4：1707。

象幾表・邵約》中謂：

> 無體之一，即不落有無，不離有無者也。然非物則道不顯，故以象
> 數、聲數徵其幾焉。元會運世，以年月日時徵之，故知恒法不易，
> 而消息變化藏矣。生死、幽明猶費隱、形影也。秩敘寂歷同時之理，
> 萬古不壞矣。切事者不知理數彌綸之幾，言道者但執顛頂渾淪之冒，
> 厭差別而以苟簡為本，依然日用不知耳。安能開物成務，見天下之
> 賾動，如數一二乎？〔註133〕（《圖象幾表卷之五・邵約》）

在方孔炤看來，這一無形體可狀的「至理」，它是不落於有、無兩端，並且也是不背離有、無的形上本體。那麼，吾人該如何才能體認到它呢？方孔炤認為，必須透過對「物理」，從象數中陰陽剛柔的把握，才能呈現出「至理」的道理來，亦即是由物而顯道。具體地來說，就是從象數、聲數等的物則中來認知。在他看來，邵雍所創的元會運世的宇宙循環觀，是以年月日時來徵實天地，究其原因，乃是邵子體認到天地間的法則是恆存而不變，它是寓藏在萬物的消息變化之中。如是，天地萬物生死、明暗的變化之理就如同「至理」所發揮出來的體用、形影一樣，其秩序是一種「寂歷同時」的原理，而且它是恆久而不壞。於是，方孔炤批判專守事理的人，不知道理數相互涵藏的精微之理。並且指出漫談天理的人，卻只會執著在虛無渾沌的道理上而冒然不察，未能仔細端察事理的差別，苟且地以為這道理很簡單，使得自己不能明白其中的原故。如是，彼輩豈能明瞭萬物的生成變化，其背後變化的規律，如同數理的一二之變化是相同的道理。

既然「至理」可從象數來徵實而知，那麼，象數的變化與「至理」是何種關係呢？對此，方孔炤云：

> 知其无不在，則因之以為用矣。兩間有逃于五行者乎？精理致用，
> 不得不詳，詳則有憚賾動者，有狥賾動者，術數末也。然至理之祕，
> 或存于支離差錯之中，而彼亦不知其故也。談道之士，畫守常習通
> 昌之理，而又不屑此細差別也。于是汩陳五行，迷亂五紀者，反无
> 以折中而服之。其實止此《易》之陰陽，蘊為萬變，或位之所適，
> 數之所適，互相錯綜，而統御生克交焉。〔註134〕（《圖象幾表卷之
> 五・五行雜變附》）

〔註133〕同注9，冊五，「旁徵」，卷之五，〈邵約〉，頁5：444～445。
〔註134〕同注9，冊五，卷之五，「旁徵」，〈五行雜變附〉，頁5：463。

此段文意是說，吾人所知的「至理」無一不在象數變化之理中，並且可以隨著象數的變化來發揮「至理」的作用。就「至理」與象數關係而言，「兩間」，即人所處的天地，它能夠逃脫於象數中陰陽五行的變化嗎？對此，一方面，方孔炤認為，象數中精微的「至理」自有其作用，因此一定要詳加探究；另一方面，他也認為如果過於詳盡的闡述象數，則會產生讓人「憚賾動」與「狗賾動」的弊病，這些都是術數的支末，不足為談。實際上「至理」的奧妙，即是存在於陰陽五行的參差變化之中，只是人們不曉得此一原故。於是，他又再次地批評漫談天理的士大夫，固守在習以為常的一般道理中，卻又不加以辨別當中細微的差別。所衍生的弊端是這些「汩陳五行，迷亂五紀」的人，反倒無法折中通曉而信服象數變化之理。於是，方孔炤指陳出「至理」其實是《易》理透過陰陽兩儀的變化而揭示出萬物的生成法則。使得萬物適其所位，象數適其所數，並在陰陽二者互相錯綜的變化下，進而顯示出《易》理統御著五行生克的交互作用之理。

另外，方孔炤在《圖象幾表‧兩間質約》中舉一連串的例子用以說明氣與「至理」的涵蘊關係。此處，僅舉一例作為說明，其云：

> 氣蘊于溫，而轉動則為風，吹急則為聲，聚發則為光，合凝則為形，是風、聲、光、形，總為氣用，無非氣也。而今又專言氣，與水、火、土並舉者，指其未凝形之氣也。實則五材之形，五行之氣，二而一而已矣。就氣以格物之質理，舉其所以為氣者以格物之通理，亦二而一也。費而象數，隱而條理，亦二而一也；合費隱而言之，分費隱而言之，亦二而一也。自非神明，難析至理。〔註135〕（《圖象幾表卷之七‧兩間質約》）

在這一段話中，方孔炤以氣的作用來解釋四行與五行說、物的質理與通理等彼此間的涵蘊關係，皆是「至理」的「二而一」狀態的顯現。

在氣同四行、五行說方面，方孔炤認為，氣是先涵蘊在溫熱的狀態而開始作用，因著對流而產生風，因著吹急而發出聲音，因著聚發而形成光，因著合凝而變成形，這就是氣的四種作用，即「風、聲、光、形」，〔註136〕每一

〔註135〕同注9，冊五，卷之七，「旁徵」，〈兩間質約〉「四行、五行何紛也」條，頁5：645～646。

〔註136〕關於其父方孔炤「風、聲、光、形」之說，方以智在《物理小識》中則提出「氣、形、光、聲」四幾說另作說明。其曰：「但以氣言，氣凝為形，蘊發為光，竅激為聲，皆氣也。而未凝、未發、未激之氣尚多，故概舉氣、形、光、

種無非是在氣的作用下所產生。但是，當時流傳著西學所說的「四行說」，即並舉「氣、水、火、土」四者以爲四行，用它來解釋萬物組成的基本元素。就方孔炤對氣的觀點而言，這「四行」中的氣只是指「未凝形的氣」。〔註137〕至於中國的「五行說」，他認爲「五行」〔註138〕的觀念其實是就五材之形與五行之氣而言，這兩者的涵蘊關係呈現爲「二而一」的狀態。

於是，方孔炤又舉氣同物的質理與通理方面來說。在他看來，要知道物的質理必須從氣來探究，而要理解物的通理時，便必須先舉出「所以爲氣者」才能夠通曉這兩者間所涵蘊的「二而一」的道理。進一步，以費隱而言，《周易》中的象數是費，即以它爲用，而其背後的條理是隱，即以它爲體。那麼，這兩者間的關係同樣是「二而一」的狀態。因此，方孔炤認爲，如將費隱一詞合觀來理解的話，與將費隱一詞分開來把握的話，相同地，這兩者也是「二而一」的狀態。此處的「二」是指費與隱，即「三極說」中的無極與有極，而「一」是指費而隱者，即「二而一」的太極。換言之，方孔炤所謂「二而一」的內涵，不僅是闡述在形器世界中的費隱關係，同時，也是說明寓藏在形上之道的費隱關係。如是，方孔炤才會感歎地說「自非神明，難析至理」。易言之，只要吾人能掌握住「二而一」的神妙之理，就能通曉此一「至理」的奧妙。

2、「至理」與「宰理」的涵蘊關係

其次，談「至理」同「宰理」的涵蘊關係，其內容是方孔炤所言的《易》理與「仁義」、「繼善安心」的道德二者間之關係。方孔炤認爲，《易》理中所具有的簡易道理，是透過吾人觀玩三極之理而體認到它所具有形上本體的意涵，亦即是《易》道。這一形上之道是以天地間「彌綸變化，一在二中」之

聲爲四幾焉。」同注80，卷之一，〈天類・四行五行說〉，頁11。

〔註137〕關於方孔炤對氣的觀點，其曰：「天地之間，分三際焉，有凝行之氣，有未凝形之氣，水土之塊，太陽蒸之，是成煖際。真炎同天是名熱際，中間至冷，名爲冷際，金石則地之堅氣，木則地外之生氣也。故邵子止言水、火、土、石，而後乃分五行之用焉。氣無不旋，旋則爲風，人所覺爲風者其驚于地上者也。」同注9，冊五，卷之七，「旁徵」，〈兩間質約〉「或問天地之實形」條，頁5：628。

〔註138〕關於方孔炤對五行的觀點，其曰：「因世間可見之五材，而隱表其五氣之行，氣分其氣以凝爲形，而形與氣爲對待，此一之用二也。土形居中而水、火二行，交旋其虛實之氣焉。是土爲形主，水形流地，火形緣物，而水、火實爲燥、濕之二氣也。金、木之形因地而出，其爲氣也，列于東西以爲生殺，故舉南北之水、火，而東西之金、木寓矣。」同注9，冊五，卷之七，「旁徵」，〈兩間質約〉「四行、五行何紛也」條，頁5：645。

理作爲準據，而落實在人的德行時，它便是「善成民用、存存、智禮之門」，〔註139〕亦即經由禮智的教化達到人人各自能夠繼善安心。進而，吾人在觀玩象數變化之理時，分別從「會通其宜，參伍大衍，通變極數，約分辭變」的四個道理中，通曉天地晝夜所以「格兩致知」的幾微之理，這些變化之理無非是「器即道也，蘊此中而已」。〔註140〕換言之，不論是繼善安心的道德或是通變極數的象數，都屬於形器世界的範圍，究其根本，「物理」與「宰理」二者仍是涵蘊於《易》道〔註141〕之內。那麼，具體來說，「至理」同「宰理」有著何種的關係呢？對此，方孔炤云：

> 行道之人，亦非求方于《易》外也。明其故，明其度，明其適焉，
> 則變亦常矣。……聖人才三而宰之，以心制法，以法制心。〔註142〕
> （《周易時論合編卷之十二·繫辭下傳》）

在他看來，要力行《易》道時，人們必須從《易》理中尋求其規律、法則，進而探究出作爲萬物的形上根源。而落實在人的德行時，吾人要能「明其故，明其度，明其適」，亦即讓自己的德行能夠合乎規範、法度而中節合宜，如同《易》道的變化那樣恆常不變。是故，聖人闡明「一以二用，道以用顯」〔註143〕的三才之道，而隨順以宰制萬事萬物。何以如此，這是因爲聖人通曉「道在法中，以費知隱」〔註144〕的道理，進而，「以心制法，以法制心」，所謂「制」有對治

〔註139〕潛老夫曰：「易簡理得，觀玩三極，易道畢矣。開口舉當前之天地以定之，而不贅以天地位分之語，此彌綸變化，一在二中之準也。道在善成民用、存存、智禮之門。」同注9，冊四，卷之九，〈繫辭提綱〉，頁4：1389。

〔註140〕潛老夫曰：「會通其宜，參伍大衍，通變極數，約分辭變，象占之四道，而通乎晝夜，爲格兩致知之端，器即道也，蘊此中而已矣。」同注9，冊四，卷之九，〈繫辭提綱〉，頁4：1389。

〔註141〕關於《易》道的說明，在《周易·繫辭下傳》：「易之爲書也不可遠，爲道也屢遷……唯變所適。」條，潛老夫注曰：「道本至變，道又有方，不明其故，非滯則蕩，道之于方，權之于制，隨在有費隱適當，無過不及之中節焉。名之曰：『度』，著其度曰：『方』，列之辭曰：『典』，其所以然曰：『故』，由之曰：『道』，道難盡，而因概其典之所載以爲要，以爲常，不定之宜，隨時而遷，如冬則宜寒，夏則宜暑，故要不可執也。」同注9，冊四，卷之十二，〈繫辭下傳〉，頁4：1601。

〔註142〕同注9，冊四，卷之十二，〈繫辭下傳〉，頁4：1601～1602。

〔註143〕潛老夫曰：「一以二用，道以用顯，用以交幾，序人于天地之中而三俱成才，是聖人之才也。聖人而不著書，則天地亦不成其才矣。才言用也，用即道也，貴適變而中常度之道也。……而上天下地，人才其中，通而言之，未成天也，既立地也，變通，人也，皆地皆天，則皆人也。」同注9，冊四，卷之十二，〈繫辭下傳〉，頁4：1613～1614。

〔註144〕同注9，冊五，卷之一，「圖書」，頁5：70～71。

之意，也就是說透過人心認識能力的聯繫，來對治《易》道，讓吾人能效法其客觀的規律。反之，由吾人已體認到的《易》道，來對治人心，使人們能夠內省自身是否合乎中節。

　　從上述可知，首先，方孔炤所揭示的易學「三極說」與「三理說」的涵蘊關係，兩者並非是一對一的相應關係，而是「三極說」僅涵蘊在「三理說」中的「至理」。其次，在「至理」同「物理」與「宰理」的涵蘊關係上，以費隱的角度而言，前者是體，而後兩者是用。同時，以「二而一」的形態為前提下，不僅在形上與形下之間有著費隱的關係，就連同形上的「至理」本身也是存在著費隱的關係。接著，再來看方以智對費隱關係所闡釋的內容。

（二）方以智對費隱關係的闡釋

　　相較於其父方孔炤對費隱關係的闡釋是以「二而一」的命題而形成其理論架構，以「物理」、「宰理」的「二」涵蘊於「至理」的「一」，此即「二而一」的宗旨。那麼，從費隱關係的角度出發，方以智所說的「至理」同「物理」、「宰理」二者又是何種涵蘊關係呢？

1、「至理」與「物理」的涵蘊關係

　　首先，談「至理」同「物理」的涵蘊關係，其內容是方以智所說的「所以為物者」與「質之通者」兩者間的關係。此處，從方以智易學所著重的象數之理來闡述，如在《圖象幾表》卷一開頭的識語中，其云：

> 此《河》《洛》象數，為一切生成之公証，全實、全虛之冒本末具焉，物物互體互用之細本末具焉，綱維統治之宰本末具焉。聖人隨處表法，因形知影，而隱用於費，知體在用中乎？知至體大用在質體、質用中乎？則不落而並不落其不落矣。立象極數，總謂踐形，猶之目視、耳聽、手持、足行也。時序之交輪，可得而數矣；事物之節限，可得而徵矣。〔註145〕（《圖象幾表》卷之一）

依據此段文意，方以智認為，《河圖》《洛書》中所闡明的象數之理，無非是天地萬物生成變化最好的明證，它的內容可以說是包含三個部分，一是「冒本末」，〔註146〕其內容是指萬物中所具有的全實、全虛的道理；二是「細本

〔註145〕同注9，冊四，卷之十，〈繫辭上傳〉，頁4：1459。
〔註146〕關於方以智以「冒本末」與「細本末」二詞來解釋象數之理的理由，其曰：「考亭于曆律名教，無不研極，安定以實濟分科，皆以通節後世者也。……人苦逐末，則以本節之，人苦小本，則冒本末以節之，人又執冒，則言細本末以

末」，〔註147〕其內容是說萬物中各個事物之間所具有的互體互用的道理，也就是「五行七曜，五方六矩，兩端交攝，相制相生」之理；三是「宰本末」，〔註148〕其內容是言萬物中所具有的規範統治的道理。既然，這三者只是分別說明三種「本末」的型態，那麼，在這三個「本末」的背後是否有其究竟的本根呢？

對此，方以智進一步指出，聖人隨處觀察天地的表法，好比說由物的形體而認知到物的影子，便明白形與影兩者是一體的道理。進而，在體認「隱用於費」的道理時，其實也就是說太極即在現象中顯現其自身。在他看來，這就是「體在用中」的顯現，太極就在形質物體之中發揮其作用，亦即「至體大用在質體、質用中」之意。並且太極的狀態既是「不落有無」，同時，也是不落入於「不落有無」的狀態之中。易言之，以此「不落而並不落其不落」顯現出這一「至體」的太極之意涵。〔註149〕因此，《河圖》《洛書》中的象數之理以太極作為其形上基礎後，所體現出的卦爻之形，譬如人身上的眼睛能看，雙耳能聽，兩手能握，雙腳能走一般，都成為具體可徵實的東西。因此，天地時序的變化流轉，就可依著象數而計籌算數，各個事物的節用，就可依著象數之理而徵知瞭然。接著，方以智便以人與時序變化的感通二者的關係為例來談費隱關係，其謂：

> 表法言之，人在地上，故有畫夜，而天無畫夜也。神貫費隱，《易》貫寂感。曰無方無體者，無奈何之形容耳。執無則遠之遠矣。其幾惟在損益盈虛，與時偕行。〔註150〕（《周易時論合編卷之九・繫辭

當之，因便節其便，因難節其難，誰能減吾四時之度數哉？」同注9，冊三，卷之八，〈節卦〉，頁3：1296。

〔註147〕智曰：「幽明大小，皆交汁為一者也。五行七曜，五方六矩，兩端交攝，相制相生，定盤推盤，有幾可研，此細本末也。」同注9，冊四，卷之十，〈繫辭上傳〉，頁4：1459。

〔註148〕按另有一詞彙與「宰本末」的語意相近的是「統本末」。智曰：「有質者皆地，而所以然者皆天，同時皆備，同時渾淪，此統本末也。」同注9，冊四，卷之十，〈繫辭上傳〉，頁4：1459。

〔註149〕對此，朱伯崑指出：「聖人立表法，以費顯隱，由于懂得體即在用中，而至體大用即太極之體用，即在有形質之體用中，所以不僅不落有無，也不偏執于不落有無之空談。」同注3，冊三，「第四編第八章第五節　方以智與《周易時論合編》」，頁3：494。

〔註150〕同注9，冊四，卷之九，〈繫辭上傳〉，頁4：1420。又方以智於《易餘・太極不落有無說》中，曾曰：「《易》貫寂感，道貫費隱。」見蔣國保，〈方以智《易》

上傳》）

他認爲，從天地的表法來看，人因爲有感知的能力，知道天地的時序有著晝夜的變化。但是，就天的客觀角度而言，此處的天是指物質性的天，因爲它沒有人所具有的感知能力，因此，天雖然不知道有時序的變化，卻能發揮出時序變化的作用來。何故如此？這是由於天道的神妙統貫著天人之間的體用關係，而由《易》道統貫著天人之間的感通之理。具體地說，它就是《周易》中的太極，因爲其「無方無體」之故，而無法以形質物體的概念加以形容之。假如，吾人執著於以有、無來界定它的話，那麼，對於太極眞正意涵的把握也就相去甚遠。如是，吾人要如何才能確實有所理解呢？唯有從它的幾微之處，亦即在萬物損益盈虛的變化中體認「即費是隱」﹝註151﹞的道理，並且從時序運行的作用上來把握。對此，方以智在《物理小識》中又謂：

> 徵其端幾，不離象數，彼掃器言道，離費窮隱者，偏權也；日月
> 星辰，天縣象數如此，官肢經絡，天之表人身也如此；圖書卦策，
> 聖人之冒準約幾如此。﹝註152﹞（《物理小識·天類·象數理氣徵
> 幾論》）

在他看來，吾人要把握太極的幾微之處，是不能脫離象數之理而徵得的。進而，他批評彼輩捨棄形質物體而專言天道，忽視「體在用中」的道理，因而這些主張「離費窮隱」的人，反倒是犯下偏權之弊。方以智認爲，在天地間日月星辰的運轉，正好可以應證象數中的道理，而人身上的五官四肢和經絡紋脈，不也如同天地的表法一樣秩序井然。再者，《河圖》《洛書》中所揭示的象數之理，也就是聖人對太極的幾微之理的具體把握。從以上可知，《河圖》《洛書》的象數之理，正是「原自確然不易，原自變化不測」，﹝註153﹞它背後

學思想散論〉，收錄於黃壽祺、張善文編，《周易研究論文集：第三輯》（北京：北京師範大學出版社，1990年5月），頁502引。

﹝註151﹞智謂：「盈虛者，定消長之幾也，即以盈虛定天，而天莫能違，以黃鐘損益定氣，而氣莫能違，以卦爻盈虛定世，而萬世莫能違，即費是隱，故即象數而知無象數者不差也。」同注9，冊二，卷之六，〈益卦〉，頁2：917～918。

﹝註152﹞同注80，卷之一「天類」，〈象數理氣徵幾論〉，頁1。

﹝註153﹞智曰：「冒言天地，猶陰陽也；言一二，猶奇偶體用也；言參兩、言五六，言五十，猶言一二也；言中五，猶言天在地中也；言土，猶言中和也，沖氣也，要之《河》《洛》象數，原自確然不易，原自變化不測。」同注9，冊四，卷之十，〈繫辭上傳〉，頁4：1459～1460。

同人和時序變化的感通一樣，二者都是統攝於太極，亦即在「所以爲物者」的作用下而條理井然。

2、「至理」與「宰理」的涵蘊關係

其次，談「至理」同「宰理」的涵蘊關係，其內容是方以智所說的「所以爲物者」與「治教」兩者間的關係。如前述，方以智已揭露「至理」同「物理」之間關係的意義後，同時，他也強調「至理」同「宰理」關係的重要性，其云：

> 能明此表法，則上下貴賤，一切歷然，皆是冒象，皆是實象。豈容執全有、全无之大冒，而荒人倫事物之貞邪主僕耶？〔註154〕（《周易時論合編卷之十一・繫辭下傳》）

在這一段話中，方以智認爲，吾人要是能明白聖人所說的天地之表法，其實是落實在人倫規範中。君臣上下的關係如同陰陽貴賤一樣，都是條理井然的，既是「冒本末」的表徵，也是「宰本末」的表徵。由於二者是同樣的重要，吾人豈可執著在全有、全無的「冒本末」上，而忽視「宰本末」中人倫事物的主從關係。於是，方以智又謂：

> 聖人以倫物分藝定之，而性命乃能各正，將顢頇道聽委之乎？無疆無方之開物成務者，自以表法損益而時措之已矣。〔註155〕（《周易時論合編卷之六・益卦》）

方以智認爲，聖人制定倫理規範和禮樂分科作爲治教的內容，其目的是讓人們的性命能夠各得其所，而不是愚昧無知地道聽塗說，胡亂作爲。如是，人倫教化的開物成務之功，乃是聖人隨順著天地之表法的損益變化，安時處之而成。是故，其又云：

> 爲前民用，故制數度以議德行，……義何傷，傷其義非義也，畏數逃玄，守殘專己，呲所不知而托言渾淪，皆不知費隱無間，一多相貫之故也。窺見者，又貪委化，而全廢差別矣，學安得而不荒乎？天地《易》準，《河》《洛》彌綸，……以卦策禮樂表道，即以此藏道。〔註156〕（《周易時論合編卷之八・節卦》）

在方以智看來，聖人爲求先民生活的方便，制定數度用以研議德行，而所談

〔註154〕同注9，冊四，卷之十一，〈繫辭下傳〉，頁4：1546。
〔註155〕同注9，冊二，卷之六，〈益卦〉，頁2：917～918。
〔註156〕同注9，冊三，卷之八，〈節卦〉，頁3：1294～1295。

論的義理是不會妨礙人的道德，如果是會妨礙人的道德的話，那就不是真正的義理。他又藉此批評那些「畏數逃玄」〔註157〕的人，說他們是守殘專己，並且罵他們不知其中的道理而假拖於渾淪之詞。何故如此？原因是彼輩不知道所謂的費隱無間，一多相貫的道理。然而，他們之中偶有窺見這道理的人，卻仍舊貪溺於委化之弊，捨棄其中的差別，如是，豈不荒廢其所學習到的道理。那麼，何謂「費隱無間，一多相貫」呢？對此，方以智認為，天地以《易》理為準則，其中《河圖》《洛書》的象數之理便涵蓋天地萬物的內在規律。如是，聖人用卦策禮樂來表徵《易》道的奧妙，這就是以卦策禮樂的「用」涵藏著《易》道的「體」。這就是為何兩者是「費隱無間」的緣故。

由前述可知，方以智認為，一方面在「至理」同「物理」的關係上，以象數而言，《河圖》《洛書》揭示「隱用於費」與「體在用中」的道理；另一方面在「至理」同「宰理」的關係上，兩者則是「費隱無間，一多相貫」相互涵藏的關係。接著，吾人要問，方以智所說「費隱無間，一多相貫」的意涵到底是什麼呢？對此，便涉及到認知活動及其方式的問題。

二、兩者涵蘊關係的認知活動及其方式

由上述可知，方孔炤父子易學「三極說」與「三理說」的涵蘊關係，實際上是從費隱的角度來談。就其中易學「三理說」而言，費，即是「用」之意，意謂「物理」與「宰理」為「至理」所作用的結果；隱，即是「體」之意，意謂「至理」即為此一形上本體，也等同於「至體大用」、形上之道等的概念。正如方孔炤用「二而一」，而方以智用「費隱無間」、「即費是隱」等概念來描述費隱關係時，然而，何故能夠產生相互涵藏的費隱關係呢？這中間的關鍵是什麼？關於這些問題，就必須對費隱關係中所涉及認知活動與方式的問題加以探討。

〔註157〕智曰：「聖人體道而遜于開物成務之用中，深幾變化，非數何徵乎？故六十之節，曰：『制數度，議德行』，此言數本天之度也。一二三四五而萬理備矣，大一大二，亦奇貫偶中之冒也。畏數逃玄，往往執冒，曾知官骸倫物之數度，即元會鬼神之數度乎？大小、幽明一也。音律甲子，數用天地之中，發聲章色，莫非天地之中也。律取冬至之中氣正聲，此樂之從中出也。曆取至日之午景正色，此禮合外內者也。聖人知聲未始聲，色未始色，故制律曆、禮樂而數度中費隱之節焉。」同注9，冊五，卷之八，「旁徵」，〈極數棨〉，頁5：652～653。

（一）認知活動：心物交格，以費知隱

首先，就認知活動而言，方以智認為，這便涉及到認知活動中主體與對象二者的關係，亦即心、物的關係，其在《東西均・三徵》中有云：

> 離物無心，離心無物；費隱交格，如液入溶。〔註158〕（《東西均・
> 三徵》）

由此可知，在心、物的關係上，方以智認為，心是必然要合於物，此即「費隱交格」，猶如形質之液體終將流到溼暗之地而與之合一同處。再者，當吾人脫離對客觀世界物體的認識時，心的認知能力將無法發動。相同地，人捨棄心的認知能力時，也將無從認識到客觀的物體。因此，唯有透過人心認知能力的聯繫下，使得心同物一起交攝而作用著，方能提升到心、物合一的高度認識意義。〔註159〕因此，透過心、物合一的互相交格的認知活動，必然會產生「心之所至，即理之所至」〔註160〕的認知結果。

其次，對於認知活動的順序該是先由「用」而知「體」，還是由「體」而知「用」呢？對此，方以智不循著形上玄思的進路來說，而是就客觀世界的形質物體來談，即從「物理」的角度出發，在其《物理小識》中謂：

> 一切物皆氣所為也，空皆氣所實也。物有則，空亦有則，以費知隱，
> 絲毫不爽，其則也，理之可徵者也，而神在其中矣。神而明之，知
> 而無知，然豈兩截耶？知即無知，故不為一切所惑，乃享其神，是
> 曰大定。〔註161〕（《物理小識・天類・氣論》）

〔註158〕同注31，《東西均・三徵》，頁42。

〔註159〕劉浩洋認為：「方以智對於『物』的界定，大致上可以分為四個層次：第一層的『物』是形質物體的物，第二層的『物』是客觀事物的物，第三層的『物』是心、物兼具的物，第四層的『物』則是心、物合一的物。而當『物』的概念推論到了具有高度認識意義的心、物合一之時，方以智『質測即藏通幾』的格致之學，才算是真正建立了思考路向上的理論基礎。」見氏著，《方以智《東西均》思想研究》（臺北：國立政治大學中國文學研究所碩士論文，1997年6月），「第三章第二節 有生來無非物」，頁67。

〔註160〕浮山愚者曰：「心之所至，即理之所至，擊鼓置枹，鼕鼕然不已，況所以為鼓者哉？信一在二中之理，一不壞，二亦不壞，則交輪之幾，一然俱然者也。」同注80，「總論」，〈神鬼變化總論〉，頁9。

〔註161〕同注80，卷之一「天類」，〈氣論〉，頁3。又關於「以費知隱」的實例，方以智舉醫藥為例，在其《通雅・脈考》有云：「古人以費知隱，以外形知腑臟，以膚知舒迫定脈緩急，以五志約為好惡兩端，以所嗜、所畏、所夢，與其天時、地氣，病人聲色而脈知之，各以其類相從，而審常變。」同注44，下冊，卷五十一，頁2：1520。

在他看來，客觀世界的形質物體都是隨著太極的作用而成，並且在陰陽二氣的流行之下，天地之間都是由此二氣所充盈。既然各個形質的物體有其法則，那麼，虛空也是有其法則。如是，藉由形質物體的「用」而認知到背後法則的「體」，這是毫無疑義的。這個法則實際上就是吾人由日用之處探究所得的「至理」，而其神妙的作用也就蘊含在這之中。如果，由此神妙之處進而詳加探究的話，那麼，吾人的認知是停留在對物之「用」的把握，還是進一步能夠掌握到「至理」之「體」呢？方以智認為，這兩者是不能截然二分的。既然吾人已經認知到「可知」之物，進而，也就能夠掌握到「無知」之「至理」。在此一認知活動中，吾人就不會被一切外在的現象所迷惑，而能夠安享於「至理」的神妙之處，此時的認知活動的境界，方以智稱之為「大定」。〔註 162〕另外，在《藥地炮莊‧庚桑楚》中，方以智引其父的隨筆稿《潛草》一書云：

> 《潛草》曰：以有形者，象無形者而定矣。必自《易》象極物來，以費知隱是謂大定。若不得此正印，誰能決宇宙生死而不惑哉？〔註163〕
> （《藥地炮莊‧庚桑楚》）

依據此段文意可見，方以智所言「大定」的概念，其實是源自於父親方孔炤《潛草》之說而加以引申發揮的。同樣地，方孔炤父子二人都有揭示「以費知隱是謂大定」的認知活動。無疑地，在他們看來，若沒有達到「大定」此一認知活動的境界，勢必將無法體悟宇宙生死的變化而被外在現象所迷惑。關於方以智所謂「大定」的意涵，在其晚年於青原山講學時，弟子左銳（字藏一，生卒年不詳）在《青原志略‧中五說》中有云：

> 天地人物之故，與身心性命之故，皆為物不二者也。舍一切而心窮，心愈窮愈幻，不則混沌無記已耳。逼向內者權藉之，煉鬼窟者權藉之，三才道器，本不相離，物性有則而無情識，格物之所以為物，

〔註162〕「大定」一詞出自《莊子‧徐無鬼》，其曰：「故足之於地也踐，……知大一，知大陰，知大目，知大均，知大方，知大信，知大定，至矣！大一通之，大陰解之，大目視之，大均緣之，大方體之，大信稽之，大定持之。」而《藥地炮莊》中，方以智注曰：「七大兼用，正是虛實妙叶，大小時宜。今言大陰而不言大陽者，將謂世人止見陽，而我貴陰符乎？將謂陽統陰陽乎？故曰：天無寒暑，而寒暑即天，此一大揚榷也。」同註75，下冊，卷之七，頁2：722。須說明者，「大定」一詞雖不見於《周易時論合編》中，但是同方以智其他著作的看法合觀之，亦可得到佐證。

〔註163〕同註75，下冊，卷之七，頁2：682～683。

> 即知天之所以爲天，心物交格，而天則顯焉，即知心之天則矣。靜
> 正乃能格致，格致即是大定，是其要也。心外無物，物外無心，何
> 待言乎？〔註164〕（《青原志略・中五説》）

在左鋭及方以智二人看來，天地人物與身心性命的內在規律，都是揭示著「爲
物不二」的通則。何故如此，他認爲當吾人捨棄認識外在的物理，而只窮究
內在的心性時，越是向內在探究，人的認知則越顯得虛幻，陷入混沌不清的
情況中。正如「逼向內者」直指本心，「煉鬼窟者」專言空虛，忽視天地人
三才原是「道器不相離」的道理。客觀的形質物體縱使有其法則，卻沒有辦
法像人一般具有情識的認知活動。因此，唯有透過人心認知能力的聯繫，從
形質物體的格物窮究開始，進而掌握「物之所以爲物」，亦即「至理」的道
理，就能知道「天之所以爲天」的緣故。如是，在「心物交格」下，心與物
合一而交攝，天的理則便暢然顯現于吾心之中，此即「知心之天則」。並且
從吾心的靜正之處下手，才能夠格通窮致「至理」，於是這樣的格致的境界
就是所謂的「大定」，也就是「以費知隱」相互涵藏的關鍵。因此，吾人的
認知活動在「大定」的境界下，自然地呈現出「心外無物，物外無心」的心
物合一，在此時的認知活動下，便毋庸再以言詮多作說明。

（二）認知方式：質測與通幾之學

　　就認知方式而言，前面已述，在方以智易學「三理說」中的「物理」層
面，強調「考測」萬物萬殊的各別之理，而認知的方式就是「質測」，其要旨
是在格物窮理的實徵工夫。另外，在方以智易學中所言的「至理」，則強調探
求所以爲物之「至理」，其認知的方式便是「通幾」。對於「質測」與「通幾」
這兩種認知方式的內容，方以智曾謂：

> 推而至於不可知，轉以可知者攝之，以費知隱，重玄一實，是物
> 物神神之深幾也。寂感之蘊，深究其所自來，是曰「通幾」。物有
> 其故，實考究之，大而元會，小而草木蠢蠕，類其性情，微其好
> 惡，推其常變，是曰「質測」。質測即藏通幾者也。〔註165〕（《物
> 理小識・自序》）

依據此段文意，方以智是透過質測與通幾二種的認知方式來瞭解「三理說」
的內涵。換言之，「質測」是針對「物理」所作的認識方式，而以「通幾」作

〔註164〕同注75，冊十四，《青原志略》，卷五，「說」，〈中五說〉，頁 14：267。
〔註165〕同注80，《物理小識・自序》，頁 1。

爲「宰理」和「至理」兩者的認識方式。〔註166〕關於「質測」與「通幾」名稱的由來則見於其父方孔炤《知言鑑》〔註167〕所載。再者，方孔炤唯恐時人犯下拘泥名稱之蔽，未能順時而知變通之故，才會「分一切語」。〔註168〕因此，「通幾」又可名爲「通論」、「隱論」等；「質測」亦可名爲「質論」〔註169〕、「費論」等。本文認爲，方孔炤父子的「質論」與「通論」的意涵，相當於今日對於具體概念與抽象概念二者的討論。

在方以智看來，所謂「通幾」的認識方式是藉由「推論」〔註170〕的步驟，探求萬物中不可知之理，在心物交格的認知活動下，轉化成爲可知可聞的物理來涵攝它而加以掌握，亦即「以費知隱，重玄一實」的認知活動。因此，

〔註166〕關於方以智對「物」的概念、「三理說」和認識方式三者的關係，本文引用劉浩洋的理論架構表作爲說明：

表六：方以智關於「物」的理論架構表

「物」的概念		學術分類	認識方式
一	形質物體的物	物　理	質　測
二	客觀事物的物		
三	心物兼具的物	宰　理	通　幾
四	心物合一的物	至　理	

劉氏認爲：「所謂『物理』，指的是現實世界中一切自然與人文事物的客觀知識，屬於『物』的第二層概念；而所謂『宰理』，主要是以『心一物也』爲理論前提，而將人心中所領悟到的性理知識，向下落實在『因表理以治其心』的政治教化之上，這屬於『物』的第三層概念；至於所謂『至理』，主要是透過心、物交格的認識過程中，經由心之理與物之理的相互感通，於是進一步向上窮究無始兩間『所以爲物』的內在本質與生化規律究竟爲何，這屬於『物』的第四層概念。」同注160，頁68～69。

〔註167〕在郭林〈仁樹樓別錄〉中引《知言鑑》曰：「詁家沾滯，誠遁簧鼓久矣。……曰：質測，曰通幾，始離合而陳之，乃可決耳。」同注75，冊十四，《青原志略》，卷三，總頁14：182引。

〔註168〕潛老夫曰：「聖人因權變常，度之難明，恐高者蕩之，拘者泥之，故前常曰：『通』，此特言『質』。吾故分一切語，皆有質論、通論、隱論、費論，時乘之變適其度，即此時此物而宜之矣。」同注9，冊四，卷之十二，〈繫辭下傳〉，頁4：1607。

〔註169〕關於「質論」與「通論」詞彙的使用，方以智也是沿用父親所說的名稱與意涵，其曰：「有質論、通論之互異，有費隱相奪，與無費無隱者之互異，皆馬豕牛鬼之疑人者也。」同注9，冊二，卷之五，〈睽卦〉，頁2：842。

〔註170〕方以智曰：「有質論，有推論，推所以通質，然不能廢質，廢質則遁者便之。」同注31，《東西均‧象數》，頁204。

吾人便能認知到萬物萬殊內在規律的深妙幾微之處，此即「知其幾」。於是，天地間「寂感」〔註171〕的「至理」，在吾人深入探究其緣故之後，便能夠通曉瞭然於吾心之中，此即「通其幾」。而「質測」的認識方式是藉由「質論」的步驟，即以「物有其故，實考究之」作為指導原則，對於大到世界循環的現象，小到草木魚蟲的習性，依其屬性、情態等分門歸類，並將其習性好惡做過實徵，從中得到變化的規律，進而，推敲出通則來加以掌握。如是，自然現象中的一切存在物，莫不在質測之學的認識範圍內。換言之，舉凡天地間一切現象事物之中，實際上無不含藏著幾微深究的內在規律，這就是方以智所謂的「質測即藏通幾者」之意。

此處，值得一提的是在《物理小識》一書中，方以智曾以「試之驗」，〔註172〕「未試」，〔註173〕「皆累試、累驗之」，〔註174〕「未嘗驗之」，〔註175〕「今不驗」，〔註176〕「今試之」〔註177〕等詞彙記載其所實徵之後的紀錄，足見他對於「物理」方面要求實證的態度。以下試舉二則例子加以說明方以智質測之學的具體內容。

其一是在光學方面，其內容主要是在《物理小識》卷之一天類、卷之八器用類等，而《通雅》中卻不見有所記載。方以智就前人所討論的凹面鏡（陽燧鏡）成像問題，解釋為這是因為光的色散現象之故。〔註178〕其云：

〔註171〕所謂「寂感」一詞，語出《周易‧繫辭上傳》第十章曰：「《易》無思也，無為也。寂然不動，感而遂通天下之故。非天下之至神，其孰能與於此。」同注6，冊一，頁1：583。

〔註172〕《物理小識》曰：「《博物志》積草三年後燒之，津液下流成鉛錫，試之驗。」同注80，卷之七，「金石類」，〈錫〉，頁168。

〔註173〕《物理小識》曰：「走馬吸水銀，與走馬射阿魏，皆奇其說耳。或言瓦楞帽可盛汞，未試。」同注80，卷之七，「金石類」〈制汞法〉，頁172。

〔註174〕《物理小識》曰：「方伯闇寫經墨，澤遠一笏金，敷遠碧水神珠，廣居神隨，皆累試、累驗之，其他亦不勝記矣。」同注80，卷之八，「器用類」，〈墨法〉，頁192。

〔註175〕《物理小識》曰：「山谷曰：『寒蒲束縛十六輩，謂對蟹也。』旁行郭索，故曰螃蟹，入海輪芒，未嘗驗之，執稻隊行，則果然矣。」同注80，卷之十一，「鳥獸類下」，〈蟹〉，頁261。

〔註176〕《物理小識》曰：「鵲腦骨媚，以其性煖也，鵲有隱巢木，今不驗，桓玄以愚顧愷之耳。」同注80，卷之十一，「鳥獸類下」，〈鳥獸通理〉，頁274。

〔註177〕《物理小識》曰：「獺膽分卮，今試之，但能使酒高二分而已。」同注80，卷之十二，「鬼神方術類」，〈卮面堆酒〉，頁288。

〔註178〕關於方以智在光學的成就，羅熾認為：「在定性科學的通論成就上比1666年英國著名科學家牛頓提出稜鏡分光和色散理論要早二十多年。故方以智應屬世界

　　凡寶石面凸，則光成一條，有數稜則必有一面五色，如蛾眉放光石
　　六面也，水晶壓紙三面也，燒料三面水晶，亦五色。峽日射飛泉成
　　五色，人于回墻間向日噴水，亦成五色，故知虹蜺之彩，星月之暈，
　　五色之雲，皆同此理。〔註179〕（《物理小識・器用類・陽燧倒影》）

依據此段文意，方以智認為，寶石的表面為凸狀，隨著光透過不同角度的稜
鏡面之折射現象，產生五種顏色的彩色光，其他如蛾眉放光石、水晶石等，
也都是有著同樣的屬性。進而，他認知到彩色光的產生原理是出自於光的色
散之故。又如在峽谷中的奔流的瀑布，其泉水受到日光照射之後，水氣之中
呈現五色光。同樣地，人在背光的牆垣邊向著日光中灑水，水氣中亦出現五
色光。這就如同雨後日出時，人們所見到的霓虹之彩光，以及夜晚的星月之
暈光，有著五色的雲彩，也都是同一個道理。

　　其二是在醫藥方面，其內容主要記載於《物理小識》卷之三、卷之四與
卷之五和《通雅》卷五十一〈脈考〉、卷五十二〈古方解〉等。方以智在醫學
方面的知識得自於其家學的影響，使得他經常有「窮理極物之僻，間嘗約之」
的習慣。〔註180〕對於人有頭腦智愚的分殊問題，他提出「人之智愚，係腦之
清濁」的看法。其云：

　　熱以為生，血以為養，氣以為動覺。其在身內，心、肝、腦為貴，
　　而餘待命焉。……然不如肝獨變結之，更生體性之氣，故肝貴也；
　　心則成內熱與生養之氣，腦生細微動覺之氣，故並貴也。……浮山
　　愚者曰：人之智愚，係腦之清濁。〔註181〕（《物理小識・人身類・
　　身內三貴之論》）

在方以智看來，人體構造的基本成分是以熱量作為人們生存的基礎，以血作
為養分，以氣而人有知覺活動。在器官之中，以心、肝、腦三者最為重要，
其作用分別是：心能夠生成「內熱與生養之氣」，肝能夠循環排解「體性之氣」，
腦能夠產生「細微動覺之氣」。因此，他認為人的頭腦愚智之別是依據於人腦

　　上最早認識光色散現象的重要科學家之一。」見氏著，《方以智評傳》，（南京：
　　南京大學出版社，2001年2月），「第四章：質測之學與通幾之論」，頁127。
〔註179〕同注80，卷之八，「器用類」，〈陽燧倒影〉，頁200～201。
〔註180〕《物理小識》曰：「藥知其故，乃能用之，反因約類，盡變不難。先曾祖本菴
　　公，知醫具三才之故：廷尉公、中丞公，皆留心紀驗；不肖以智有窮理極物
　　之僻，間嘗約之。」同注80，卷之五，「醫藥類」，〈何往非藥〉，頁108。
〔註181〕同注80，卷之三，「人身類」，〈身內三貴之論〉，頁75～76。

的清濁不同之故。

　　至於人心的德行修養和天地的形上究竟等問題，只能藉由天人之間的感通方式來體認「宰理」與「至理」的內涵，而無法直接地從實證的方式加以考究。因此，舉凡須要透過心物交格的方式才能通曉的神明深幾，都是在通幾之學的認識範圍內。以下的例子便是說明方以智通幾之學的具體內容。在《周易時論合編‧說卦傳》中，其云：

> 費天地人而立一切法，「所以」安之也；隱天地人而泯一切法，「所以」深之也；含費隱之天地人而統一切法，「所以」貫之也。非三而三，豈得已哉？一用于二，二必代明錯行，以不息此貞觀、貞明之一。故掩立見泯，掩立與泯而見統者，權也。統在泯與立中，而泯在立中者，實也。偏立者拘循；偏泯者頑石；偏統者顢頇。聖人前民，民之視聽即天，故以立寓泯，而即為善用費隱之統法矣。午會之時乘一貫也，人非深造，鎔盡偷心，前聖微言，總成雲霧。〔註182〕

　　（《周易時論合編卷之十三‧說卦傳》）

在前述的方以智易學「三極說」中，他所談到的太極之異名──「所以」，其實就是萬物萬殊各具其自主自分的所以然者。由於它的存在，使得天地人三者能夠顯現其「費」之理，進而成為一切萬物的內在規律。所謂「法」，是指萬物的內在規律而言，由於「所以」的深化，使得天地人三者才能夠顯現其「隱」之理，進而融合一切的內在規律。由於「所以」的貫通，使得天地人三者才能夠顯現其「含費隱」之理，進而統攝一切萬物的內在規律。如是在「所以」的統攝下，天地人三者便不是「三而三」的分別，而是以一的「所以」之體，發而為二的無極、有極之用，此二的無極、有極必定是以「代明錯行」的形態呈現為萬物萬殊之變化，進而顯現永不停息的貞觀、貞明的「所以」之一。

　　於是，吾人藉由天人之間的感通方式，先由泯滅一切內在規律的形成而體認到一切內在規律的融合，再以泯滅一切內在規律的形成與融合進而體認到一

〔註182〕同注9，冊四，卷之十三，〈說卦傳〉，頁4：1648～1649。與此文脈的意涵相似者，另見於方以智《東西均‧三微》曰：「明天地而立一切法，貴使人隨；暗天地而泯一切法，貴使人深；合明暗之天地而統一切法，貴使人貫。以此三因，通三知、三唯、三謂之符，覈（核）之曰交、曰輪、曰幾，所以微也。交以虛實；輪續前後；而通虛實前後者曰貫，貫難狀而言其幾。暗隨明泯，暗偶明奇，究竟統在泯、隨中，泯在隨中。三即一，一即三，非一非三，恆三恆一。」同注31，《東西均‧三微》，頁37。

切內在規律的統攝之狀態，此一狀態方以智稱之爲「權」。相對而言，一切內在規律的統攝就在於一切內在規律的融合與形成之中，並且一切內在規律的融合就在於一切內在規律的形成之狀態，而此時的狀態方以智稱之爲「實」。

是故他認爲，在這三種的狀態之中，吾人倘若偏於其一的「立」，僅能體認到一切內在規律之形成，便只是苟且依循的人。若又偏於其一的「泯」，則只能體認到一切內在規律之融合，則是一頑固不靈的人。若偏於其一的「統」，亦僅能體認到一切內在規律之統攝，就變成顢頇愚昧的人。簡言之，方以智認爲，聖人能夠與天合其德，所見所聞與先民一樣同是稟受於天而有之。因此，人們如能體認出一切內在規律的形成是寓藏在一切內在規律的融合之中，並且確實地掌握住「費隱」關係間所統攝的內在規律的話。那麼，就能夠瞭解此中時乘相一貫的道理。假使吾人不能確切地掌握這一道理，捨棄心物交格的認知活動。如是，聖賢哲人所闡述的精微道理，終將成爲毫無意義的話語。

從以上可知，方以智從「費隱」的角度來談「三理說」彼此間的涵蘊關係，以「至理」統攝著「物理」和「宰理」，作爲兩者共同的形上本體。同時，在「費隱」的關係中，方以智進一步說明「費隱」的認知活動與方式的內涵，揭示出「費隱」間的關鍵在於「心物交格，以費知隱」的認知活動，並且闡明其質測與通幾的認識方式，其要旨是以「質測即藏通幾者」，達到心物交格的高度認識意義。

（三）質測與通幾之學的意義

那麼，方以智所說的質測與通幾之學的意義何在呢？其一就易學史的意義而言，在他的學生游藝（字子六，生卒年不詳）《天經或問》序文中，明白地揭示方以智質測與通幾之學的宗旨，其謂：

> 神無方而象數其端幾也，準固神之所爲也。勿以質測壞通幾，而昧其中理；勿以通幾壞質測，而荒其實事。人者天地之心，人不盡人而委天乎？人不明天，烏知所以自盡乎？不通象數，烏知天人之本一，而享秩序之不亂乎？〔註183〕（《浮山文集後編·游子六《天經或問》序》）

由此可知，方以智認爲，神妙的「至理」是廣大而無不在，但是在掌握它時，

〔註183〕見方以智，《浮山文集後編》，收錄於四庫禁燬書叢刊編纂委員會撰，《四庫禁燬書叢刊·集部》冊一百一十三（北京：北京出版社，2000 年），卷之二，敍類，〈游子六《天經或問》序〉，頁 679。

能夠以象數作為探究其幾微之處的途徑。進而，方以智告訴游藝在進行質測與通幾之學時，一定要確實掌握住兩者的認識方式，不能只取其一而偏廢另外一個。如果僅把握到質測的話，那麼將是「以質測壞通幾，而昧其中理」，假使僅認識到通幾的話，則是「以通幾壞質測，而荒其實事」，如同方以智在《藥地炮莊‧齊物論》中大聲疾呼著「不可以質測廢通幾，豈可以通幾廢質測乎？」。〔註184〕在他看來，眼前萬物各立的內在規律，不就是吾人瞭然於心的天地。如果吾人不盡到人為萬物之靈的重要責任，卻委任自己而不加以詳察天地之理。如是，在「人不明天」〔註185〕的情形下，豈有可能體認到萬物各自的所以然之故。相同地，不通曉象數之理的人，亦不能理解到天人之間相互感通而合一的道理，也就無法安然置處於秩序井然的天地之中。是故，方以智晚年在青原山講學時，也對陪同在側的幼子方中履揭示這一道理，其云：

> 物惡其棄于地也，不必為己有；力惡其不出于己也，不必為己，此《物理小識》之隨人集証也。託人問人，皆不犯其鋒芒，而以通幾護質測之窮，何所疑乎？《時論》以秩序變化，寂歷同時為宗，方圓同時，奇恆之府，即多是一，皆統類於此矣。神無方，準不亂，宗門多言神無方而準不亂，則以象數為端幾，而信倫理之為固然者也，但用之則在乎推行化裁耳。〔註186〕《青原愚者智禪師語錄卷三‧法語‧示侍子中履》）

依據此段文意，方以智指陳他所寫的《物理小識》，不過是博採各家之說，待其徵實之後而彙錄成的內容，所記載的蒐集原則莫不希望有「物不棄于地，力能出于己」的成效。舉凡請教或徵詢他人關於萬物探究的答案時，都不是自行妄加臆測而得，而是把握著「以通幾護質測之窮」的原則，以通幾之學的形上究竟護持著質測之學的萬理各殊，如此一來，確實地掌握住兩者就不會有所疑惑。另外，父親方孔炤早年的《周易時論》，是書以「秩序變化，寂

〔註184〕藥地曰：「不可以質測廢通幾，豈可以通幾廢質測乎？突出難辨，硬掃亦痴，自非神明其故，何能因其代錯，而化歸中和也哉！」同注75，上冊，卷之一，〈齊物論〉，頁1：244～245。

〔註185〕《物理小識‧占幾》中，方以智幼子方中履識語亦云：「不以通幾混質測，詎以質測廢通幾乎？兩間之象，無非類應配幾也，幽明之感，無非常變順逆也，人事、天道，果二乎哉？聖人引觸，不可思議，自非神明，難信及此。」同注80，卷之二，「占候類」，頁61。

〔註186〕同注61，卷三「法語」，〈示侍子中履〉，頁12～13，總頁58042。

歷同時」爲宗旨，闡述方圓同時的奧妙，都是統攝在「即多是一」的道理之中，莫不是「神無方，準不亂」，並且以象數爲徵幾。進而認爲人倫規範的固然之理，亦是在「推行化裁」的作用下而完成。另外，方以智在《周易時論合編・說卦傳》中，舉出質測與通幾之學不可偏廢的原因，其云：

> 〈乾〉爲馬，馬不可以爲〈乾〉，此以明本統明末者也。引觸而極之，
> 狗一太極也，豈特馬不可以爲〈乾〉乎？此無本無末之荒冒也。聖人
> 虛其荒，故以通論貫質論，而不執以壞質論，果大通乎？隨物現形，
> 藏通于質，任其分別，即是渾侖，何容復贅一渾侖之詞耶！〔註 187〕
> （《周易時論合編卷之十三・說卦傳》）

所謂「〈乾〉爲馬」，〔註188〕出自《周易・說卦傳》，易傳作者爲求具體地說明〈乾卦〉的意涵，以事物作爲表徵，便取馬是健動的抽象概念來象徵它，故「〈乾〉爲馬」。相反地，吾人分辨馬的概念中，其抽象概念的部分是用以象徵〈乾卦〉的，而其具體概念的部分不等於是〈乾卦〉。因此，以馬的具體概念的部分而言，馬是指馬的物質形體，不會是抽象概念所象徵的〈乾卦〉，故「馬不可以爲〈乾〉」。方以智認爲，這便是「以明本統明末」，亦即用抽象概念來統攝具體概念。

於是，吾人作概念式的引觸類發時，會偏重在抽象層面的思考，如太極爲一形上究竟，那麼，在此思維下，馬的概念不可以是〈乾卦〉嗎？方以智認爲，這是「無本無末的荒冒」，亦即混淆抽象概念與具體概念的分別。在他看來，聖人認知到抽象與具體兩者概念間的不同，因而用抽象概念來統貫具體概念，亦即「以通論貫質論」，同時，也不執著於抽象概念而泯滅具體概念。如是，經由不同概念的區別後，就能將事物清楚地分辨出來。方以智認爲，在萬物萬殊之中，隨著物類的不同而呈現其不同的概念，而抽象概念是藏寓在具體概念之內，只要詳加釐清分別，即使是如「渾侖」這樣的抽象概念，一旦知道它屬於抽象概念，就不須再加以贅述。

其二就中西學術交流的意義而言，明朝末年時，隨著西學東傳到中國之

〔註187〕同注9，冊四，卷之十三，〈說卦傳〉，頁 4：1670。又方以智在《易餘・三冒五衍》中，曾曰：「學者茫苒質論，不能開寤通論，忽遇邪異旁竊之通論，必張皇而爲所惑矣。穎者巧取通論，遂爾鄙屑質論，及舉天地本然之質論，及矜茫而欲逃之矣。」同注150，頁145引。

〔註188〕《周易・說卦傳》第八章曰：「〈乾〉爲馬，〈坤〉爲牛，〈震〉爲龍，〈巽〉爲雞，〈坎〉爲豕，〈離〉爲雉，〈艮〉爲狗，〈兌〉爲羊。」同注6，冊一，頁 1：677。

後，方以智也曾受到西學知識的影響。對於當時中西之學的各有所長之處，在《物理小識·自序》中，方以智有著如下的評述，其謂：

> 萬曆年間，遠西學入，詳于質測而拙于言通幾，然智士推之，彼之質測，猶未備也，儒者守宰理而已。聖人通神明，類萬物，藏之於《易》，呼吸圖策，端幾至精，曆律醫占，皆可引觸，學者幾能研極之乎？〔註189〕（《物理小識·自序》）

西學東漸之風大致在明萬曆（1573～1620）年間開始興盛起來，當時西方傳教士如利瑪竇（Matteo Ricci，1552～1610）、熊三拔（Sabbathinus de Ursis，1575～1620）、湯若望（Adam Schall von Bell，1591～1666）等人陸續來華，帶來許多西學知識包括曆算、天學、物理、醫藥、水利等科學書籍與儀器。方以智認為，是輩們對質測之學的內容，尤其注重「天學」，〔註190〕都曾做過詳細地探究，但是對通幾之學的內容卻不擅長於談論。在那些聰明中國士大夫的推想裡，還是認為西方所講的質測之學似乎仍不夠完備，但是看在方以智眼中，只不過反映當時儒者執守談天理道德的弊病而已。他指出聖人能夠感通天人之間的神妙之處，將萬物萬殊分門別類，這些知識都藏寓在《易》理之內。如人身呼吸、圖書卦策的內容，都呈現出幾微至精的道理。又如曆律醫占的內容，也是可以引觸旁通而得。要是學習的人懂得這些道理的話，豈能不深入加以探究呢？接著，方以智在《物理小識·總論》中闡明其會通中西學術的要旨，其云：

> 智每因邵、蔡為嚆矢，徵《河》《洛》之通符，借遠西為郯子，申禹周之矩積。……治教之綱，明倫協藝，各安生理，隨分自盡，中和易簡，學者勿欺而已。通神明之德，類萬物之情，易簡知險阻，險阻皆易簡，《易》豈欺人者哉？或質測，或通幾，不相壞也。〔註191〕（《物理小識·總論》）

依據這段文意，表明方以智的治學傾向是以邵雍、蔡元定的象數學為準據，用來實徵《河圖》《洛書》中所呈現的象數之理。並且借取西學知識作為參佐，截

〔註189〕同注80，《物理小識·自序》，頁1。

〔註190〕在《圖象幾表·〈崇禎曆書〉約》中，其父方孔炤識語云：「萬曆中有歐邏巴人利馬竇，浮海歷諸國而至，其國重天學，所云靜天即於穆之理也。九重天包地球，如脬氣鼓豆，其質測也。」同注9，冊五，卷之七，「旁徵」，〈《崇禎曆書》約〉，頁5：592。

〔註191〕同注80，《物理小識·總論》，頁3。

長補短，自況如同孔子一般「見於郯子而學之」，〔註192〕用意是要發揚《周髀算經》以降的天文曆算之學與易學中的象數思想。換言之，他深知「周公商高之方圓積矩，全本于《易》」，〔註193〕這就是何故他要「申禹周之矩積」的意義所在。舉凡人倫中治教的綱常，所制定的倫理規範與和諧的禮樂制度，都是讓吾人能夠各自安處於飲食生理，隨處謹守本分而盡力負責，以達到中和易簡的生命情操，其準則是不要自欺而已。因此，方以智從易學的角度進一步說明，所謂「通神明之德，類萬物之情」，出自《周易‧繫辭下傳》，〔註194〕意味著要吾人比況古代包羲氏始作八卦，藉由《易》理以感通神妙的德行，類推萬物的情狀，進而在易簡之道中體認險阻的困苦，在險阻的困苦中行處易簡之道，如是，《易》理豈是欺騙人的道理。在他看來，不論是質測之學，還是通幾之學，兩者應該是相互為用，才不會因為偏重一方而產生弊病。

　　綜合上述可知，方以智易學的本體論思想是以「三極說」與「三理說」作為理論基礎，進而，透過「心物交格，以費知隱」的認知活動和「質測與通幾之學」的認知方式，對於「形上形下」的內容分別做出初步的探討。底下，將就方以智易學的宇宙論思想，進一步地揭示形下的形器世界中，紛然雜陳的萬物萬殊之內在規律。

〔註192〕「孔子問學於郯子」的典故出自《春秋左傳‧昭公十七年》，其曰：「秋，郯子來朝。公與之宴。昭子問焉，曰：『少皞氏鳥名官，何故也？』郯子曰：『吾祖也，我知之。昔者黃帝氏以雲紀，故為雲師而雲名……』，仲尼聞之，見於郯子而學之。」同注6，冊十六，卷四十八，頁16：2155～2164。

〔註193〕方以智在《圖象幾表‧參兩說》曰：「蓋嘗借泰西為問郯，豁李長者之表法，反復卦策，知周公商高之方圓積矩，全本于《易》。」同注9，冊五，卷之八，「旁徵」，〈參兩說〉，頁5：665。

〔註194〕《周易‧繫辭下傳》第二章曰：「古者包羲氏之王天下也，仰則觀象於天，俯則觀法於地，觀鳥獸之文與地之宜，近取諸身，遠取諸物，於是始作八卦，以通神明之德，以類萬物之情。」同注6，冊一，頁1：611。

第四章　方以智易學的宇宙論思想

　　相較於前章所呈現的易學本體論思想，當方以智面對著身處其中的形器世界時，他是如何看待這些紛然雜陳的萬物萬殊，並且試圖發掘出這些形質物體中具有哪些內在的規律呢？關於這些問題，必然會涉及到宇宙論中所要探討的基本課題，亦即是「宇宙由何而來？」、「宇宙是如何生成變化？」以及「宇宙的結構是什麼？」。由前述三個問題為出發點，本文欲藉此檢視方以智易學的宇宙論思想所揭示的內涵，並且分成下面三個部分，其一是宇宙的生成根源及其意涵，其二是宇宙的化生過程，其三是宇宙結構的理論，逐一地探討其宇宙論思想的內容。

　　其一，就「宇宙由何而來？」的問題，以易學的角度言，它是道、太極、大一，而總稱之為「太無」或「所以」，另外，從理學的角度而言，它則是至理。那麼，這些不同詞彙的意義何在？就方以智的看法來說，它們都是代表著萬物萬殊各自各立的內在規律，亦即是宇宙化生的形上本體。如是，當宇宙的生成根源在作用時，所呈現在紛然雜陳的現象界中，最明顯地便是空間與時間歷程的變化，此即宇宙的生成意涵。

　　其二，就「宇宙是如何生成變化？」的問題，在方以智易學的象數思想中，概括而言，宇宙生成的本根是太極，而生成的基礎是由陰陽兩儀為始。就六十四卦爻而言，是由乾坤二卦統攝而生成萬物。以陰陽之氣而言，由「氣」作為現象界中最基本的存在，亦即宇宙生成的變化在於氣。對於氣概念的討論，方以智提出兩間皆氣之說，論述氣的兩層涵義，從而開展出「二氣五行」的理論間架。另外，在說明萬物中的絕待與對待關係上，方以智則提出「公因反因」之說。

其三，就「宇宙的結構是什麼？」的問題，以易學的角度言，方以智繼承其父方孔炤的觀點，以象數思想爲核心，闡發宋代邵雍、二蔡的象數學，進而建構出「哲學的宇宙結構論」，其內容是探討著圖書卦策之學；另一方面，受到西學東漸的時代影響下，方孔炤父子二人皆曾接觸過自利瑪竇以降所傳入的西方知識，諸如天文、曆算等質測之學，尤其在方以智的《物理小識》、《通雅》以及《周易時論合編圖象幾表》等著作中指陳「科學的宇宙結構論」，其內容是探討著自然知識的天體論。以下，將就這三個部分進一步說明之。

第一節　宇宙生成的根源及其意涵

面對著紛然雜陳的現象世界時，方以智所見的宇宙萬物又是呈現出何種的樣貌呢？在萬物萬殊生成變化的背後，是否有其內在規律呢？換言之，他所要思索的問題便是宇宙生成的根源這一課題。對此，方以智援引《禮記‧禮運》中「大一」（或作「太一」）的概念作爲源頭活水，分別從象數與倫理思想兩個面向來談「大一」的意義，其結論是「大一」跟《周易》中作爲形上本體的太極一樣，兩者都是宇宙生成的根源。進一步，在探索宇宙生成的根源之後，他體會出何種的意涵呢？對此，從易學的角度出發，方以智在《周易時論合編》中，針對宇宙生成意涵的看法，本文認爲可從兩個方面來探討，一是「寂歷同時說」與「六十四卦皆時說」的時間概念，二是由「三極說」所共構的「圓∴運動圖」的空間概念。

一、宇宙生成的根源在「大一」

宇宙生成的根源爲何？以易學的角度而言，方以智認爲它是太極、道，〔註1〕或總稱之爲「所以」；另外，從理學的角度而言，它則是至理。那麼，這些不同詞彙的意義何在，就他的看法來說，它們都是代表著萬物萬殊各自各立的內在規律，亦即是宇宙生成的形上本體，誠如成中英先生所言：

> 「本體」是中國哲學中的中心概念，兼含了「本」的思想與「體」
> 的思想。本是根源，是歷史性，是時間性，是內在性；體是整體，

〔註1〕　智曰：「法生于道，而法能生道。淮南曰：『是皆生一父母而閱一和也。』仁破核而上生枝，下即生根，可悟聖人造造化之故。輔嗣曰：『資道而周乎道』，亦此旨也。」見方孔炤著、方以智編，《周易時論合編》全五冊（臺北：文鏡文化事業公司，1983年），冊四，卷之九，〈繫辭上傳〉，頁4：1431。

是體系，是空間性，是外在性。「本體」因之是包含一切事物及其發

生的宇宙系統，更體現在事物發生轉化的整體過程之中。〔註2〕

對此，趙師中偉認爲：「這包含了兩個方向：一是指『本』，是指根源，即探求萬化的本根及其內涵，寓含形上學的宇宙發生論及本體論。『體』則是指體系，即是建構有機完整的體系及系統，以說明整個思想的發展及變化。」〔註3〕換言之，這便是以「本體」作爲形上學的核心概念，其意義是探討宇宙生成的根源與體系，從而瞭解萬物萬殊變化的內在規律。對此，在前述方以智易學的「三極說」中，以有無之辨爲出發，闡述宇宙生成的根源是在「不落有無」之太極，並且醒之曰「太無」，實際上稱爲「所以」。除此之外，他又資取五經之中的《禮記》爲源頭活水，就其中的〈禮運〉所云「大一」的概念加以引申發揮，並且藉此來闡述他對宇宙與人生的看法。簡言之，方以智是從《禮記》的詮釋角度來看待宇宙同人生哲學的問題，所以他才會認爲宇宙生成的根源及人性道德的根源都是來自「大一」。然而，在不同的詮釋角度下，對於所詮釋的本體概念就會以不同的名稱來表徵，如太極、道、大一、至理、「所以」等詞彙。但是，這些概念在方以智看來，它們的意義是相一致的，無非都是代表著宇宙生成的形上本體。

所謂「大一」出自《禮記‧禮運》云：「是故夫禮，必本於大一，分而爲天地，轉而爲陰陽，變而爲四時，列而爲鬼神。其降曰命，其官於天也。」，〔註4〕此段大意是說，人倫禮節的根源，必然是源自於「大一」的作用，天地由它而萬物生成，陰陽由它而相互轉換，四時由它而循環變化，鬼神由它而秩序井然，聖人取法於它而教命。因此，在《周易時論合編》中，方以智也曾多次引用「禮本于大一」〔註5〕的概念來闡述宇宙與人生的看法，而「大一」

〔註2〕　見氏主編，《本體與詮釋》（北京：生活‧讀書‧新知三聯書店，2000 年 1 月），〈從眞理與方法到本體與詮釋〉（代前言），頁 5。

〔註3〕　見氏師著：〈「仁」的詮釋之轉化與延伸——以《論語》爲例〉（輔仁大學中國文學系《王靜芝教授九十冥誕紀念學術研討會論文集》，2005 年 5 月），頁 510。

〔註4〕　見國立編譯館主編，《十三經注疏分段標點》全二十冊（臺北：新文豐出版公司，2001 年 6 月），冊十一，頁 11：1098。唐‧孔穎達注疏云：「必本於大一者，謂天地未分混沌之元氣也，極大曰天，未分謂一，其氣既極大而未分，故曰大一也。禮理既與大一而齊，故制禮者用至善之大理以爲教本，是本於大一也」。

〔註5〕　方以智所引用的「禮本于大一」一詞約出現 5 次，計有：上經的〈謙卦〉（卷之三，頁 1：383）、下經的〈睽卦〉（卷之五，頁 2：842）、〈節卦〉（卷之八，頁 3：1295）、〈繫辭上傳〉（卷之十，頁 4：1438）、《圖象幾表》的〈諸家冒

一詞的出現也約有十幾次之多。〔註6〕那麼，合觀方以智所謂的「禮本于大一」
與其它所言「大一」的內涵究竟為何呢？本文認為可從兩個層面來分析其內
涵，一是象數思想的意義，二是倫理思想的意義，並且作一綜合的論述。

（一）「大一」在象數思想中的意義

　　從方孔炤父子易學的角度出發，方以智承繼著其父易學思想中「虛空皆
象數」〔註7〕的觀點，對於象數思想也是持著相同的看法。方以智云：

> 智每歎虛空无非卦爻象數，聖人格通，處處表法。……以故天地生
> 成之實法差別，開物成務，深幾神明，少有抉微示後者。此老父所
> 以晚年摹据不休也。〔註8〕（《周易時論合編卷之十一・繫辭下傳》）

所謂「虛空」是指天地間生成變化的內在規律，亦即「至理」。而方孔炤的「虛
空皆象數也」，則意謂作為宇宙萬物究竟根源的「至理」，其實是藏寓在象數
思想的圖書卦策之中。因此，方以智每每嘆謂「虛空无非卦爻象數」，原因何
故？他認為，聖人通曉窮究象數之理，隨處都可得到應證。但是，天地間差
別萬殊、物生物成的現象，這其中幾微神妙的道理，卻很少有人肯明白揭示
出來，因此，父親方孔炤至晚年仍然為此大加闡揚其象數思想。換言之，方
孔炤父子二人皆認為，充塞兩間的「至理」是可以從象數思想中徵實而知。
何以如此？方以智進一步地言道：

> 虛空不得不卦，卦不得不辭，猶大一之不得不天地也；不得不貴賤
> 剛柔，不得不類聚群分，猶無在無不在者，不得不成象成形而在也。
> 〔註9〕（《周易時論合編卷之九・繫辭提綱》）

示集表〉（卷之一，頁5：80）。同注1，全五冊。
〔註6〕「大一」一詞，除上注的5次之外，其餘出現11次，計有：下經的〈旅卦〉
　　　（卷之七，頁3：1209）、〈既濟卦〉（卷之八，頁3：1344）、《易傳》的〈繫
　　　辭提綱〉（卷之九，頁4：1416）、〈說卦傳〉（卷之十三，頁4：1667）、《圖象
　　　幾表》的〈諸家冒示集表〉（卷之一，頁5：80）、〈河圖洛書舊解集〉（卷之一，
　　　頁5：92）、〈極數繫〉（卷之八，頁5：652）、〈參兩說〉（卷之八，頁5：671），
　　　合計約16次。同注1，全五冊。
〔註7〕方孔炤晚年（1655）在《周易時論合編・凡例》中謂：「家學忘食，方悚荷薪，
　　　《合編》今古，亦曰：『隨時拾薪云爾』。非膠辭訓之名字，則溺洸洋之巧言，
　　　告之曰：『虛空皆象數也。』，洋溢克塞，皆所以然之理也，反不信矣。造化
　　　同原，此心皆備，隨處表法，俱顯生成，故此編以圖居首，全無文字，而萬
　　　理萬變具焉。」同注1，冊五，頁5：56。
〔註8〕同注1，冊四，卷之十一，〈繫辭下傳〉，頁4：1534。
〔註9〕同注1，冊四，卷之九，〈繫辭提綱〉，頁4：1391。

依據這一段文意，他認為，在象數思想的法則中，因為「至理」無形無象，是故必須透過有形的卦象來表徵它。但是，有形的卦象容易讓人混淆，進一步地，要清楚地表達每一卦爻象的意義，勢必又須經由卦爻辭的言詮來徵知它。如是，在這樣的具體化過程中，其背後傳達一種內在的規律，即「虛空→卦（爻象）→（卦爻）辭」由虛轉實的生成形式，這一形式就如同作為宇宙生成根源的「大一」必然地會生成為天地萬物。換言之，「大一」就是藏寓在天地萬物之內而運行作用著，亦即是「天地旅于大一中」〔註 10〕之意。另外，天地間貴賤剛柔的屬性，也因著這一形式而類聚群分成萬殊的事物，就好比「無在無不在」的「至理」，也因這一形式而成為「成象成形」的形質物體之萬物而存在。由此可知，方以智所謂「虛空无非卦爻象數」的意義應當從由虛轉實的生成形式來加以掌握。於是，他在〈說卦傳〉中，以先後天八卦的排列法則來加以說明，其謂：

> 一皆攝七，七皆攝一，以先後天八卦環重列之，一皆攝十五，十五皆攝一，左右旋轉，衝射隨舉，无不各具其□，无所不習則无所不明，此以物格物之理也。十六卦互相攝入，萬理具備，謂之大二，其彌之者，謂之大一，然舍大二，豈有大一哉！譬之兩鏡相照，鏡各含鏡，所含之中又有所含之鏡无量鏡，不可以指數矣。〔註 11〕（《周易時論合編卷之十三·說卦傳》）

在方以智看來，不論是伏羲先天八卦的〈乾卦〉（☰）始到〈坤卦〉（☷）終，或者是文王後天八卦的〈離卦〉（☲）始至〈坎卦〉（☵）終，無一不是由其中一卦去含攝其餘七卦，反之，其餘七卦皆統攝於一卦。假使將先後天八卦依環形而重新排列的話，同樣的道理，莫不是由其中一卦去含攝其餘十五卦，反之，其餘十五卦都統攝於一卦，在左旋右轉的觀玩之下，有著「衝射隨舉」的作用。如是，由卦象排列所揭示的象數之理是「無所不習」又「無所不明」，這就是以卦象窮究象數的道理，亦即是「以物格物之理」之意。這就好比說〈坎卦〉（☵）與〈離卦〉（☲）也是在「大一」的作用下，彼此交相資助，亦即是「因二以濟」〔註 12〕而成。如是，經由環形排列後的十六個卦，它們

〔註 10〕智曰：「天地旅于大一中，日月旅于於穆中，《易》旅于貞悔中，心旅于消息中。」同注 1，冊三，卷之七，〈旅卦〉，頁 3：1210。

〔註 11〕同注 1，冊四，卷之十三，〈說卦傳〉，頁 4：1667。

〔註 12〕智曰：「〈坎〉〈離〉交而因二以濟，始終濟此大一之用而已。」同注 1，冊三，卷之八，〈既濟卦〉，頁 3：1344。

彼此是相互含攝在一起，萬物萬殊的內在規律都具全，這種象數法則稱之爲「大二」，〔註13〕而那彌綸其中的形上究竟，則叫做「大一」。因此，假若吾人捨棄「大二」這一象數法則，豈可能得知形上究竟的「大一」呢？方以智認爲，吾人若是能掌握「大一」與「大二」兩者的道理，這就譬如人拿著兩支鏡子對照，其中一面鏡子的影子含攝于另一鏡子之中，被含攝鏡子的影子之中又有所含攝者的影子，如是，鏡中之影千千萬萬，不可指數而盡。由此可知，倘若吾人能夠窮究象數之理，便可通曉萬物萬殊的內在規律，亦即是把握住《易》理的奧妙。接著，他又舉《河圖》、《洛書》中的數理爲例，對「大一」作一說明，其曰：

> 因悟天地間，無非參兩也。參兩者，所以用九六也，九六爲十五，十五爲三伍，三伍歸一五，五即一也，邵子之旨。……參兩實用，見于《洛書》，前此三千年，未有發明者，故列其槩云。……言三五者，十數之中，約用生數，止矣。至一得五而六，二得五而七，三得五而八，四得五而九，五得五而十，即一二三四五也。十不用而大一不可見，小一不能加乘，故止用二三四五，而言二即具三矣，列四即具五矣。一切數度，因地立體，而天用之，以天數統地數，故但舉三五而已。〔註14〕（《圖象幾表卷之八‧參兩說》）

就象數思想而言，方以智體悟到天地間莫不是充塞著參兩之數理的變化。所謂「參兩」，是指「所以用九六」，也就是以九與六這兩個數字作爲基始，由數字九加六得十五，而數字十五是數字三與伍相乘得之，而數字三與伍又歸源於數字一和五，數字五又是根源於一，這便是邵雍象數思想所要表達的要旨。然而，參兩之數理的實際作用，首見于《洛書》之中，已經存在著三千年之久，他認爲這是因爲未有人將此道理闡發清楚，所以他才在《圖象幾表‧參兩說》中舉其槩要而論述。於是，他便闡述著「十數之中，約用生數」〔註15〕的法則，也

〔註13〕關於「大二」象數法則的意義，方以智在《圖象幾表‧諸家冒示集表》中曰：「故自一至萬，謂之大兩，而太極者，大一也。大兩即大一，而不妨分之以爲用。」同注1，冊五，卷之一，〈諸家冒示集表〉，頁5：80。按大二與大兩的語意相同，皆是指「加一倍法」的宇宙生成原則，詳見第四章第二節的論述。

〔註14〕同注1，冊五，卷之八，〈參兩說〉，頁5：665～672。

〔註15〕關於五行生數與成數之意，北宋‧劉牧《易數鉤隱圖》曰：「〈繫辭〉曰：天一、地二、天三、地四、天五、地六、天七、地八、天九、地十，此乃五行生成之數也。天一生水，地二生火，天三生木，地四生金，天五生土，此其生數也。如此則陽無匹，陰無偶，故地六成水，天七成火，地八成木，天九

就是以「一二三四五」為五行生數，經由「一得五而六，二得五而七，三得五而八，四得五而九，五得五而十」，因而得「六七八九十」的五行成數，這便是十個數字簡約於五行生數的道理。假使，不用這十個數字的話，那麼，寓藏在《河圖》、《洛書》中的「大一」之理便不可能看得到。何故如此？方以智舉《河圖》、《洛書》之數理來說明。是故作為「北方之一」的「小一」，〔註16〕它是不能拿來作加乘之用。因此，只能用到「二三四五」這些數字，然而，在「大一」之「一」的作用，只說二的數字時，已經具有三的數字（因二加一為三），又列出四的數字時，實際上也就具有五的數字（因四加一為五）。於是，他認為《河圖》《洛書》的象數思想包含一切數度的變化，隨著地而立體，並且由天而作用，以天數五統攝著地數五，〔註17〕而在其〈參兩說〉中，他只是略舉三五之數作為簡單的說明而已。由此可知，在方以智象數思想中，「大一」的意義就如同太極一樣，兩者皆是代表著宇宙生成的形上本體。

（二）「大一」在倫理思想中的意義

如前述，在方以智易學思想中，「大一」除了具有象數思想中的形上本體之意義外，他也曾引用《禮記・禮運》中所論及「禮本于大一」的概念針對人生哲學的課題提出其看法。那麼，他引用《禮記》來闡述宇宙與人生的關

成金，地十成土，於是陰陽各有匹偶而物得成矣，故謂之成數也。」見氏著，《易數鉤隱圖》，收錄於嚴靈峰編輯：無求備齋《易經集成》冊一四三（臺北：成文出版社有限公司，1976 年），卷中，〈七日來復第四十六・論中〉，頁 70。

〔註16〕關於「小一」的意義，方以智於《圖象幾表》的按語曰：「北方之一乃小一也。邵子曰：『一非數也』，合全《圖》全《書》，謂之大一，即名太極不落中旁，不離中旁，而先儒以中之五十指之，正以莫非太極之中，歷然中統旁之表也。」同注 1，冊五，卷之一，〈河圖洛書舊解集〉，頁 5：92。

〔註17〕《周易・繫辭上傳》第九章曰：「天一，地二，天三，地四，天五，地六，天七，地八，天九，地十。天數五，地數五，五位相得而各有合。天數二十有五，地數三十，凡天地之數，五十有五，此所以成變化，而行鬼神也。」同注 4，冊一，頁 1：575～585。關於此章的次序，乃是依據北宋・程頤之意所改定，其曰：「自『天一』至『地十』，合在『天數五地數五』上，簡編失其次也。」見氏著，《河南程氏經說》，收錄於北宋・程顥、程頤著，王孝魚點校，《二程集》全二冊，（北京：中華書局，2004 年 2 月），卷一，〈易說・繫辭〉，頁 2：1030 引。又朱熹《周易本義》亦曰：「天一，……地十。此簡本在第十章之首，程子曰宜在此，今從之。……天數五，……此所以成變化而行鬼神也。此簡本在大衍之後，今按宜在此。」見宋・朱熹撰，朱傑人等主編，《朱子全書》全二十七冊（上海：上海古籍出版社，2002 年 12 月），〈繫辭上傳第五〉，頁 1：129～130。

係有何涵義呢？對此，其云：

> 惟一兼二，二即以一兼一，是「禮本于大一」之運也，執兩乃所以用
> 中，此稱物平施之兼道也。藏山于地，藏高于卑，蓋藏智于禮，而知
> 止于《禮運》之大順者也。〔註18〕（《周易時論合編卷之三・謙卦》）

此處，「一」是指「至理」，而「二」爲天地陰陽之別，亦即是「至理」的作
用是兼含天地陰陽之別。此處，方以智是將《禮記・禮運》中的「大一」同
「至理」的概念予以綰合。在他看來，就《禮記》的詮釋角度而言，人倫禮
節的形成也是源自於「大一」而產生，進而推知，「兩」之別的宇宙與人生同
樣是在中和無私的「大一」之作用下。如是，它就是吾人所稱萬物，所用治
事的「兼道」。舉凡山的形狀寓于大地之上，事物位序的高低寓于尊卑之中，
在如此井然有序的道理中，透過吾人的智慧，而將之寓于禮節之內而形成人
倫規範，此即「藏智于禮」之故，這便是方以智所謂「藏」〔註19〕的思想。
因此，人們便能瞭解到《禮記・禮運》中所謂「大順者」的道理，亦即深知
「養生、送死、事鬼神之常」。〔註20〕那麼，以具體的內容來說，其言道：

〔註18〕同注1，冊一，卷之三，〈謙卦〉，頁1：383～384。

〔註19〕關於方以智「藏」的思想，概括而言，其思想的表達形式是「藏A于B」。此
一詞語有著特殊的意涵，舉凡在他的其它著作中，也都可以清楚看到這一脈
絡的發展。除了「藏智于禮」之外，方以智所作的按語中尚有「藏時止、時
行之《連山》于《歸藏》」（卷之一，〈坤卦〉，頁1：119）、「藏天于地之道」
（卷之五，頁2：773）、「藏頓于漸」（卷之七，〈漸卦〉，頁3：1150）、「藏崇
于卑」（卷之十，〈繫辭上傳〉，頁4：1438）、「藏天下於天下」（卷之十，〈繫
辭上傳〉，頁4：1495）、「藏通于質」（卷之十三，〈說卦傳〉，頁4：1670）同
注1，全五冊；又《物理小識》中的「藏智于物」（卷之二「占候類」，〈藏智
于物〉）。見方以智，《物理小識・總論》，《人人文庫》本，（臺北：臺灣商務
印書館，1978年），頁61；《通雅》中的「悟必藏於學」（卷首之三〈文章薪
火〉）。見方以智著、侯外廬主編，《方以智全書第一冊：通雅》全二冊（上海：
上海古籍出版社，1988年9月），頁1：77。歸結而言，方以智「藏」的思想
所要闡述的宗旨，主要是在他晚年入主青原山時所提出「藏理學於經學」的
命題。見方以智，《青原志略》，收錄於杜潔祥主編，《中國佛寺史志彙刊》第
三輯冊十四至十五（臺北：丹青圖書公司，1985年11月），卷首，「書院」，〈發
凡〉，總頁14：40。

〔註20〕所謂「大順」，出自《禮記・禮運》曰：「四體既正，膚革充盈，人之肥也。
父子篤，兄弟睦，夫婦和，家之肥也。大臣法，小臣廉，官職相序，君臣相
正，國之肥也。天子以德爲車，以樂爲御。諸侯以禮相與，大夫以法相序。
士以信相考，百姓以睦相守，天下之肥也。是謂大順。大順者，所以養生送
死事鬼神之常也。故事大積焉而不苑，並行而不繆，細行而不失。深而通，
茂而有間。」同注4，冊十一，頁11：1105。

> 仁義信智，皆不可見，惟禮合通內外……〈禮運〉曰：「禮本于大一，
> 而降命官天，列事從時」，是復禮爲仁，信申于智，而道以義用矣。……
> 上章言大生、廣生之備至善，明動靜之有常也。此言智崇禮卑，因
> 卑高以陳之位也。崇所以大，卑所以廣，單言效法，藏崇于卑，洋
> 洋優優泯見聞于日用，峻極敦厚，溫知同乎與知。〔註21〕（《周易時
> 論合編卷之十‧繫辭上傳》）

在方以智看來，人性道德中的仁、義、信、智，都是內在於人心之中的四種
德性。但是，相較於禮儀、禮節等外在的規範而言，它們是內具而非外顯的
德性，因此不易讓人看見。他認爲，惟有禮的內涵是兼合內外兩者，亦即是
包含內在德性與外在規範。何故如此？他還是引用《禮記‧禮運》所說「禮
本于大一」的概念來加以解釋，仍舊強調人性道德的根源是本自于「大一」。
尤其針對〈禮運〉的「降命官天，列事從時」之意，他申言爲「復禮爲仁，
信申于智，而道以義用」。此處，所謂「復禮」是說，在「禮本于大一」的前
提下，將吾心返推于「大一」，取法它中和無私的作用，於是便能透顯出吾心
之德——仁的意義，此即「復禮爲仁」。於是，吾人的信用因著仁之智而得以
伸張，並且導引它以義來作爲發用。此處的「道」作動詞，有引導之意，這
就是「信申于智，而道以義用」之意。

　　接著，方以智又談起《周易》的義理。其中在〈繫辭上傳〉第六章所講
〈乾〉〈坤〉二卦的「大生、廣生」〔註22〕之意，他解釋說，這些都是全具于
至善的總德之內，並且藉由它以通曉〈乾〉〈坤〉二卦動靜有常的道理。然後，
在第七章中所講「智崇禮卑」〔註23〕之意，他認爲是「因卑高以陳之位也，
崇所以大，卑所以廣，單言效法，藏崇于卑」。這是說，人的智慧貴在崇高，
禮節則貴在謙卑，既然天地已設尊卑之位，而人取法它，崇高是取法于天之
大，謙卑是倣效于地之廣。因此，只說效法天地的話，也就是「藏崇于卑」
之意，亦即是將崇高的德行寓藏于謙卑之中，如是，人就不會因爲過於崇高

〔註21〕同注1，冊四，卷之十，〈繫辭上傳〉，頁4：1438～1439。

〔註22〕《周易‧繫辭上傳》第六章曰：「夫《易》，廣矣！大矣！以言乎遠，則不禦。
　　　　以言乎邇，則靜而正。以言乎天地之間，則備矣。夫乾，其靜也專，其動也直，
　　　　是以大生焉。夫坤，其靜也翕，其動也闢，是以廣生焉。廣大配天地，變通配
　　　　四時，陰陽之義配日月，易簡之善配至德。」同注4，冊一，頁1：558～560。

〔註23〕《周易‧繫辭上傳》第七章曰：「子曰：『《易》其至矣乎！』夫《易》，聖人
　　　　所以崇德而廣業也。知崇禮卑：崇效天，卑法地。天地設位，而《易》行乎
　　　　其中矣。成性存存，道義之門。」同注4，冊一，頁1：560～562。

自傲而忘記謙卑的重要。也因此，吾人就能夠優游地融合自己的見聞在日用生活中，具備廣大敦厚的德行，並且時時內省自身，溫故而知新。換言之，方以智所言「藏」的思想，無非是要點醒吾人，凡是不論在德行涵養的「悟必藏於學」〔註24〕、知識追求的「藏智于物」〔註25〕或者實踐工夫的「藏頓于漸」〔註26〕等諸方面上，都要能夠相互兼融與含藏，守持中節之兼道，這也就是爲何方以智晚年要提出「藏理學於經學」〔註27〕這一命題的緣故。

綜合上述兩個層面的分析可知，在象數思想中，方孔炤父子二人以「虛空皆象數也」爲宗旨，形成方以智易學象數思想中的特色。就圖書卦策的形上本體而言，除了太極之外，還從「大一」的角度另作詮釋；此外，在倫理思想中，方以智所資取的《禮記・禮運》中「大一」的意涵，其實也是等同於《周易》中所言太極的意義，兩者同樣是宇宙生成的根源。〔註28〕

二、宇宙生成的意涵

從易學史的角度而言，《易傳》中的時間觀念，一直呈現著兩種向度：其一是有自然世界中「四時變化」〔註29〕、「天地節而四時成」〔註30〕的宇宙生

〔註24〕方以智「藏」的思想中，在德行涵養方面的表現，其曰：「學必悟而後能變化，悟必藏於學而能善用同人，達辭之道亦然。通其故則不爲所惑，不爲所惑，則善用之皆藥矣。」同註19，《通雅》，卷首之三〈文章薪火〉，頁1：77。

〔註25〕方以智「藏」的思想中，在知識追求方面的表現，其曰：「聖人不惡贖動，藏智于物，故圖書象數，舉其端幾，而衍《易》以前民用，損益盈虛，推行變化，在其中矣。」同註19，《物理小識》，卷之二「占候類」，〈藏智于物〉，頁61。

〔註26〕方以智「藏」的思想中，在實踐工夫方面的表現，其曰：「大《易》以陽漸用其陰，究也不知其然而然，是漸功，實頓功也，世言頓者皆助長耳。故知藏頓于漸，即藏其本无頓漸者，而天道人事，同此大止，同此大歸矣。」同註1，冊三，卷之七，〈漸卦〉，頁3：1150。

〔註27〕愚者曰：「《易》統三才萬法，而此中之秩序變化具焉。太枯不能，太濫不切，使人虛掠高玄，豈若大泯于薪火？故曰：『藏理學於經學』。依胡安定之分科，育士以備世用，隱居以精學業，尊幢莫峻足免，角爭自警荒狂，何須作偽，此則絃誦不絕而鼓舞深造在其中矣。」同註19，《青原志略》，卷首，「書院」，〈發凡〉，頁5，總頁14：40。

〔註28〕智曰：「〈禮運〉曰：『禮本于大一，分爲天地。』，即太極兩儀也。自此兩儀爲太極，而四象爲兩儀；四象爲太極，而八卦爲兩儀；雖至四千九十六，亦兩儀也。」同註1，冊五，卷之一，「圖書」，〈諸家冒示集表〉，頁5：80。

〔註29〕《周易・恆卦》大象曰：「日月得天而能久照，四時變化而能久成，聖人久於其道而天下化成，觀其所恆而天地萬物之情可見矣。」同註4，冊一，頁1：288。

成意義；其二是有人文世界中「以察時變」〔註31〕、「動靜不失其時」〔註32〕的人生價值意義。而在這兩個向度當中，後世尤以對後者的闡發較為關注。那麼，在方以智身上，他是如何看待這兩個向度中所透顯的時間概念呢？另外，前面提及，方以智易學「三極說」存在著「三而一」的關係，進而，無極、太極、有極三者在宇宙萬物之中，將會呈現出何種狀態來呢？針對上述的問題，本文認為，方以智對於宇宙生成之意涵的看法，可分成兩個方面來加以說明：一是「寂歷同時說」與「六十四卦皆時說」的時間概念；二是由「三極說」所共構的「圓∴運動圖」的空間概念。

（一）方以智易學中的時間概念

1、「寂歷同時」說

所謂「寂歷同時」〔註33〕乃是由其父方孔炤在《周易時論合編》中，針對有極、無極、太極三者的關係所揭示的易學宗旨。其內容在前文已闡述，此處舉朱伯崑先生的看法而言，他認為：「『寂』指所以然，即太極之體；『歷』指變化的過程，清晰可數，即太極之用。二者同時，謂體用無時間先後之別。」〔註34〕易言之，在時間的發生次序上，這三者的作用是同時無差的。進而，方以智也承繼其父親易學的宗旨而加以闡揚，於 1658 年所作的〈《時論》又跋〉中，其謂：

> 環中寂歷，善用惟時，拂迹者、膠柱者、竊冥者荒蕪，統御謂何，
> 獨立亦未易也。……差別難窮，賴此《易》準，待好學者深幾而神
> 明之。〔註35〕（《圖象幾表·時論又跋》）

「環中」〔註36〕一詞是指方孔炤的居室「環中草堂」〔註37〕的代稱。依據這

〔註30〕 《周易·節卦》大象曰：「天地節而四時成，節以制度。」同注4，冊一，頁 1：492。

〔註31〕 《周易·賁卦》大象曰：「觀乎天文，以察時變，觀乎人文，以化成天下。」同注4，冊一，頁 1：211。

〔註32〕 《周易·艮卦》大象曰：「時止則止，時行則行，動靜不失其時，其道光明。」同注4，冊一，頁 1：435。

〔註33〕 方孔炤《周易時論合編·凡例》中曰：「《易》之秩敍寂歷同時，萬古不壞者也。」同注1，冊五，頁 5：58。

〔註34〕 見氏著，《易學哲學史》全四冊（臺北：藍燈文化事業股份有限公司，1991 年 9月），冊三，「第四編第八章第五節 方以智與《周易時論合編》」，頁 3：492。

〔註35〕 同注1，冊五，方以智《時論》又跋〉，頁 5：53。

〔註36〕 關於「環中」一詞的出處有二種說法：一說出自《莊子·齊物論》：「彼是莫

段的大意，在方以智看來，「寂歷同時」之意，是指父親為避免人們落入「舍歷無寂」的弊病而發。其用意是點醒吾人「智力不及之寂然，即在以賢化愚之歷然中」，〔註38〕亦即是透過有極、無極、太極三者的體用同時，落實在形下世界的賢愚教化之功，從而讓人們體認到「時」的可貴之意，並且應該善加把握。至於那些愚昧不學的人，犯下蹈空玄虛、固執不變、故作冥想的毛病，殊不知太極的統御之理為何，仍然持自己的看法而不改易。對此，方以智嘆言道，這當中的差別難以即刻窮究而知，唯有以「寂歷同時」為準據來把握《易》理，仍有待好學深思的人繼續探究此一幾微而神妙的道理。對此，其又謂：

> 寂然同時之體，即在歷然之用中。今欲執寂壞歷，是竊偏權以莽蕩招殃者矣。開眼未全，盲引眾盲，宜其痛也。〔註39〕（《周易時論合編卷之一·坤卦》）

方以智認為，太極作為「寂然同時」的形上本體，其當下就是在「歷然」的有極、無極所呈顯的活動變化的時間歷程中。假使人們片面地執守著作為寂然的太極之體，而泯滅作為歷然的有極、無極之用，這種情形便是巧取偏執的權術，最終這種人將陷入莽蕩虛空而招致殃禍。如此，這種僅見一端而未能全然通達的人，當他告訴人們「執寂壞歷」的道理時，就如同是一位盲人招引來更多盲人一般，都是無知而盲昧。因此，這應該要引以為戒，痛加改易的，此即是方以智所謂「寂歷不相壞之說」。〔註40〕

得其偶，謂之道樞。樞始得其環中，以應无窮。」見清·郭慶藩，《莊子集釋》（臺北：貫雅文化事業有限公司，1991年9月），頁66；另一說出自北宋·邵雍曰：「先天圖者，環中也。」見北宋·邵雍著、明·黃畿注、衛紹生校理，《皇極經世書》（鄭州：中州古籍出版社，1993年9月），卷之七下，〈觀物外篇上·先天圓圖卦數第三〉，頁333。此二說可相互參照。

〔註37〕李世洽〈《周易時論》序〉（1660）中曰：「先生（方孔炤）束髮通籍以來，起家循吏，入領職方，出視楚撫，忤璫忤相，大節巍巍，晚丁鼎革之運，嘉遯環中草堂，令嗣密之萬里歸省，華表一鶴，猶復埋影雪窟，黃葉棲真，更從廬居阡陌中，盡變極研，卒就名山之業。」同注1，冊五，頁5：8～10。

〔註38〕潛老夫曰：「後世粥高流遁，偏愛埽理訶賢，荒我乾坤，能不防辨。……而《易》即以治天地，其智力不及之寂然，即在以賢化愚之歷然中，舍歷無寂，是謂寂歷同時，豈容逃範蒙圍，屑越《易》準。」同注1，冊四，卷之九，〈繫辭上傳〉，頁4：1401。

〔註39〕同注1，冊一，卷之一，〈坤卦〉，頁1：106。

〔註40〕智曰：「聖人寂然歷然不相壞，首目在上，手足在下，各盡其職，思官為宰，歷然咸宜而寂然自在也。是神化治教同時，而封濬命官即垂拱矣。聖人示萬

　　然而，吾人對「寂歷同時」的有極、無極、太極三者這一至理要如何能夠掌握得宜呢？對此，謝仁眞先生認爲，若從人的認知角度而言，因與呈顯在經驗中的認知對象的接觸而產生的認知活動稱之爲「感」，則對至理的接觸不是透過經驗，故稱之爲「寂」。〔註41〕換言之，這可以從兩個角度來作理解：其一是就至理的形上本體角度而言，它們三者是存在著一種「寂歷同時」的關係；其二，以吾人對至理的認知活動角度而言，這就變成是一種「寂感同時」〔註42〕而不是「寂歷同時」的關係。原因何在？方以智言道：

　　　　孔子連指日月寒暑，示寂感之蘊，而令以精入致用，爲行止之屈伸，

　　　　誰虛受而悟旨耶？〔註43〕（《周易時論合編卷之五・咸卦》）

依據此段文意，他認爲，被孟子讚美爲「聖之時者」的孔子曾就《周易・咸》九四爻辭作義理上的發揮，從天地間日月寒暑的往來推移之意義，進而闡明事物交相感應而利益常生的道理。同樣地，在方以智看來，這正表明吾人同至理的認知活動中，存在著「寂感之蘊」。是以，謝仁眞先生認爲：「時之作爲所表之象，對吾人之認知活動而言，是感；時之作爲欲用之理，對吾人之認知活動而言，是寂。」〔註44〕簡言之，以至理的體用關係言，在時間歷程上，它們是「寂歷同時」的；然而從吾人的認知活動言，在時間歷程上，吾人須藉由交相「感應」〔註45〕的認知能力，對至理的把握才能達到「寂感同時」的地步。這就如同方以智所言，依循著「精入致用」的道德法則，方能有所體悟其要旨。

　　　　世，有親切于各人之身者哉？並所謂寂歷不相壞之說，亦縣疣也。」同注1，
　　　　冊四，卷之十三，〈說卦傳〉，頁4：1675～1676。

〔註41〕見氏著，〈秩序變化同時──方以智易學中的時間觀念〉，（《淡江大學中文學
　　　　報》第7期，2001年6月），頁192。

〔註42〕智曰：「聖人以萬世之心作《易》，即以《易》轉萬世之心，成其疊疊而心心
　　　　无心，則寂感同時，至誠无息矣。……有開必先，聖人因時宜之而已。」同
　　　　注1，冊四，卷之十，〈繫辭上傳〉，頁4：1506～1507。

〔註43〕同注1，冊二，卷之五，〈咸卦〉，頁2：721。

〔註44〕同注41，頁192。

〔註45〕楊儒賓認爲：「感應的觀念，顯然已超過日常經驗的基本限制。因爲此際的時
　　　　空以不再是純粹的形式，也不再被列爲客觀的機械。……心靈與世界（物質），
　　　　也不一定是兩種不同的存在模式，而是可以有相當的關聯……此種感應並非
　　　　絕對雜亂無序的，它仍然要依循某些道德的與自然的法則之規範。」見氏著，
　　　　〈從氣之感通到貞一之道──《易傳》對占卜現象的解釋與轉化〉，收錄於楊
　　　　儒賓、黃俊傑編，《中國古代思維方式探索》（臺北：正中書局，1996 年 11
　　　　月），頁138。

2、「六十四卦皆時」說

《易傳》作為第一個詮釋《周易》之「經文」的哲學著作，其中，《象傳》作者對「時」所作的闡述可謂豐富而多元。在不同的詮釋面向下，使得「時」這一概念除了代表著自然世界中的宇宙生成意義，如日月、寒暑、動靜、消息、盈虛、終始、往來等涵義，更代表人文世界中的人生價值意義，如「時」、「時義」、「時用」等意涵。如是，將人的位置擺放在時空的序列當中，從身上所具有的內外感官對這個世界作出經驗的觀察、理性的思索與價值的實踐時，實際上已經將此一時間概念，從外在的宇宙生成之自然概念，轉化為內在的人生實踐之價值概念。

舉凡《象傳》作者所言「與時偕行」〔註46〕、「與時消息」〔註47〕等闡明「時」的重要性之外，其中，《象傳》作者還特別讚美六十四卦中具有「時」之「大矣哉」的卦義就有十二處之多（見表五），足見「時」所透顯的美善與偉大之意。這也難怪其父方孔炤在《周易時論合編・凡例》中特別強調「時」字，並且將該書取名為《時論》的特殊意義，其云：

> 時之為言也。孔子題之，子思書之，孟子潢之。……吾謂六十四皆不息之時也。時時變，中不變者也。伏羲約表一切生成之象，文王總表四時藏歲之圖，孔子始影寫一太極之真，而實歸於順理同患之用。春夏秋冬不可謂歲，欲離春夏秋冬，豈有歲乎？自天地未分而今時矣。今時之天地即未分時之天地也，是有極即無極也。可信時乘此中，所貴正經前用，使民善用其有極即無極之卦爻而已矣。〔註48〕（《圖象幾表・周易時論合編凡例》）

在方孔炤看來，作為自然義的「時」，它是無聲無臭，此即「天何言哉」之「時」。然而，在人文世界中，經由儒家孔子、子思、孟子等人的闡揚，賦予「時」的價值概念，變作為人文義的「時」，此即「時之為言」。這便是「時」所開創出來的兩個向度。如此，在《周易時論合編》中，對於「時」的概念，方孔炤則提出「六十四皆不息之時」的看法。所謂「六十四」是指《周易》中

〔註46〕《周易・益卦》大象曰：「益動而巽，日進无疆。天施地生，其益无方。凡益之道，與時偕行。」同註4，冊一，頁1：355～356。

〔註47〕《周易・豐卦》大象曰：「日中則昃，月盈則食，天地盈虛，與時消息。」同註4，冊一，頁1：458。

〔註48〕同註1，冊五，方孔炤《周易時論合編・凡例》，頁5：56。

的六十四卦，亦即是透過六十四卦的卦爻結構來代表著「時空的統合」〔註49〕
（如爻位中的「初上」，表「時之初」與「位之上」），以此象徵著終古不息的
時義，其內涵便是「時時變，中不變者也」。

　　何故如此？方孔炤解釋說，所謂「不息之時」，一方面，作爲伏羲所表達
的六十四卦象及先天圖言，有著生成意義的時間，呈現出歷程概念；而作爲
文王所表達的後天圖言，則有四時歲月的時間，呈現出自然概念；其作爲孔
子所寫出的太極圖言，有著時間的形上根源，呈現出太極的本體概念。但是，
這些不同意義的時間概念，同樣是落實於人生價值中用以安時處順、趨吉避
凶的道德原則之發揮。另一方面，就「時」的形上根源言，有未分之前與已
分之後的區別，或謂歲月之未分和已分的四時，或謂天地之未分和已分的今
時。對於這些未分與已分的對舉，方孔炤界定在未分之前是無極，已分之後
是有極，而無極則是在有極之中顯現，此即「有極即無極」。如是，落實在人
生價值的意義上，只要吾人肯「信時乘此中」，便能夠有繼往開來的「正經前
用」，繼而使得人們善加運用這六十四卦爻中所彰顯的「不息之時」，亦即是
「人人全具卦爻，而時時事事有當然之卦爻」〔註50〕之意。

　　繼之，在方以智身上，他又是如何看待這兩個向度中所透顯的時間概念
呢？對此，其謂：

　　　上經〈坎〉贊時用，〈頤〉〈大過〉贊時，惟二九中間，乃贊時義；
　　　下經〈遯〉〈姤〉〈旅〉贊時義，〈睽〉〈蹇〉贊時用，〈解〉〈革〉贊
　　　時，而〈隨〉獨贊曰：「隨時之義大矣哉！」，此特例也。聖人深心
　　　見乎詞矣。六十四皆時，皆〈乾〉之時也。〔註51〕（《周易時論合編
　　　卷之三・隨卦》）

〔註49〕曾春海認爲：「在六畫卦中的每一爻，都代表著時空的統合。吾人可以從六爻
　　　　的稱呼法看出，『初爻』的『初』蘊含著時間意義，指謂事物的開啓。第六爻
　　　　稱爲『上爻』，『上』字具方位的意思，意指上下四方的空間概念。因此，每
　　　　卦每爻基本上都預設時空的組合形式，同時意謂著時間與空間有不可分割的
　　　　密切關係。」見氏著，《易經的哲學原理》（臺北：文津出版社，2003年3月），
　　　　頁56～57。
〔註50〕余颺在〈方潛夫先生《時論》序〉有云：「先生之言曰：自天地未分而今時矣，
　　　　今時之天地即未分時之天地也，人人全具卦爻，而時時事事有當然之卦爻。」
　　　　同注1，冊五，頁5：23。又方孔炤《周易時論合編・凡例》亦曰：「兩間物
　　　　物皆河洛也。人人具全卦爻，而時時事事有當然之卦爻，無非象也。」同注1，
　　　　冊五，頁5：60。
〔註51〕同注1，冊一，卷之三，〈隨卦〉，頁1：428～429。

依據這段話的大意，方以智也認爲《彖傳》中十二卦具有「時」之「大矣哉」的意涵。同時，他指出〈隨卦‧彖辭〉曰：「隨時之義大矣哉」的卦義與其他各卦涵義之不同，並稱此爲「特例」。此外，他還稱讚說所謂「隨時之義大矣哉」是「聖人深心見乎詞」。如是，依循著上述方以智所揭示各卦「時」的意涵，進一步將此十一個卦作「句意形式」分析之後，便能清楚地呈現出他所謂〈隨卦〉的特例之處，如下（表七）所示：

表七：「『時』之大矣哉」的「句意形式」分析表（共計 12 個卦）

時間概念	〈彖辭〉的「句意形式」		各卦的排序〔註52〕	數量
時義	句意	「隨時之義大矣哉」	17〈隨卦〉	5個
	形式	A 時之義大矣哉		
	句意	如「遯之時義大矣哉」	16〈豫卦〉〔註53〕、33〈遯卦〉、44〈姤卦〉、56〈旅卦〉	
	形式	B 之時義大矣哉		
時用	句意	如「險之時用大矣哉」〔註54〕	29〈坎卦〉、38〈睽卦〉、39〈蹇卦〉	3個
	形式	C 之時用大矣哉		
時	句意	如「頤之時大矣哉」	27〈頤卦〉、28〈大過卦〉、40〈解卦〉、49〈革卦〉	4個
	形式	D 之時大矣哉		

　　由前述的（表七）可知，以「句意形式」的分析而言，〈隨卦〉確實與其

〔註52〕《周易》六十四卦的〈彖辭〉中，言「時」之「大矣哉」者計有：〈豫卦〉、〈隨卦〉、〈頤卦〉、〈大過卦〉、〈坎卦〉、〈遯卦〉、〈睽卦〉、〈蹇卦〉、〈解卦〉、〈姤卦〉、〈革卦〉、〈旅卦〉等十二個卦。試舉南宋‧項安世《周易玩辭》中，對此十二卦之涵義所作的闡述，其曰：「〈豫〉、〈隨〉、〈遯〉、〈姤〉、〈旅〉，皆若淺事而有深意，故曰『時義大矣哉』，欲人之思之也；〈坎〉、〈睽〉、〈蹇〉，皆非美事，而聖人有時而用之，故曰『時用大矣哉』，欲人之別之者；〈頤〉、〈大過〉、〈解〉、〈革〉，皆大事大變也，故曰『時大矣哉』，欲人之謹之也。」見氏著，《周易玩辭》，收錄於嚴靈峰編輯：無求備齋《易經集成》冊一百十一（臺北：成文出版社有限公司，1976 年），卷四，〈時義‧時用〉，頁180。

〔註53〕相較於《彖傳》作者所說的十二個卦，方以智在《周易時論合編》卷之三〈隨卦〉按語中，少談了一個〈豫卦〉，今補齊以求完備。又各卦的「句意形式」分析的代號，則按照「時義」（A、B）、「時用」（C）、「時（D）」三種的順序，依序代入英文字母符號排列之，惟因〈隨卦〉句意特殊，故以 A 爲首，共得ABCD 四組。

〔註54〕須說明者，只有〈坎卦‧彖辭〉曰：「險之時用大矣哉」，並非以卦名代入，其餘則有之。

他諸卦的表現形式不同。原因在於〈隨卦・彖辭〉是「A時之E」（E：代表「義大矣哉」等），其他各卦如〈遯卦〉是「B之E」、〈坎卦〉是「C之E」、〈頤卦〉是「D之E」，如此，便可明顯地看出兩者間的差異。另外，從義理的角度而言，〈隨卦・彖辭〉顯然是強調「隨時」〔註55〕這一意涵的重要性，而其他諸卦則是以「時」來概括整個卦義。那麼，方以智稱〈隨卦〉為特例的緣故為何？對此，其云：

> 幾在息者知之，惟其息也，乃可以環應其交，與求獲之宜，而天下隨此中矣。惟其上也，乃可以窮上反下，周四維而隨无妄之所之焉，中道亨矣。人情樂縱，卑者靡、高者僻、脫者放，群閭巷皆知言隨時矣。誰知隨時之義乎？比義之無適無莫，此正不落兩者也，義即宜也。〔註56〕（《周易時論合編卷之三・隨卦》）

在方以智看來，〈隨卦〉（䷐）所示的隨時之義，主要是隨從「時之機宜」。所謂「息」是指陰陽爻在爻位中的變化之意，時之機宜會被吾人察覺，這是因為吾人掌握爻位變動的法則。因此，依循著這一變化法則，對於〈隨卦〉中陰陽爻的變化，就可以「環應其交」而「求獲之宜」，並且，天下萬物的變化也是跟隨著這一法則而得中節。以〈隨卦〉卦義而言，處下之震（☳）為動而向上，故窮上與兌（☱）相悅，因而居上之兌則反下而應，上下周流，四維交應，隨從著無妄之正固而行，才能夠得中道之亨通。然而，他則藉此批評世間之人享樂縱情，或卑微而靡，或高傲而僻，或脫逸而放，街道巷尾盡是一些只知談論隨時的人。但是，真正能夠體會隨時之義的又有多少人。於是，他認為，真正的隨時之義是無適無莫的，不落於這兩種情況之中，而這個隨時之「義」就是「隨時之宜」之意。進一步，方以智舉出先秦諸子對隨時之義的看法，並加以申論，其曰：

〔註55〕〈隨卦〉（䷐），下震（☳）上兌（☱），〈彖辭〉曰：「隨，剛來而下柔，動而說。……隨時之義大矣哉！」同註4，冊一，頁1：177。其意思是說，從爻位來看，初九居六二、六三之下，九四、九五居上六之下；從卦象來看，內卦震為陽，而居於外卦兌為陰之下，內外卦皆象陽剛居陰柔之下。由整個卦象觀之，震為動，兌為說，震處兌下，即是「剛來下柔」，既能居下，震動而兌說，動則喜說，故天下萬物皆隨從機宜而動。換言之，舉凡動而說者，能因「隨時」而動，可隨則隨，動則無咎，因此，能夠守持正固而亨通，皆隨其時宜而動。以下各單卦的解釋，參見黃壽祺、張善文撰，《周易譯注》（上海：上海古籍出版社，2001年9月）的內容。
〔註56〕同註1，冊一，卷之三，〈隨卦〉，頁1：428～429。

可名之義即不可名之宜，與其訓宜，不如訓義。莊子憤假義而卮言激之，是仆而罪路也。……孟子之集義贊時，深于讀隨時之易者也；莊子知隨而已，真隨固不易也。言義者或不知真隨，而況偏隨者乎？……隨則終之以無咎，此繫辭者維萬世之義也。〔註57〕（《周易時論合編卷之三・隨卦》）

依據此段文意，對於可稱名的義字和不可稱名的宜字的區別，方以智認為，與其解釋作宜字，不如說是義字。何以如此？他先舉莊子為例，是以莊生憤慨世間的假義而作卮言為曼衍。在方以智看來，這是「仆而罪路」的表現。接著，談到孟子時，方以智稱讚他是「集義贊時」，亦即是一位深知「隨時」之易的賢者。然而，在方以智看來，莊子對隨時之義的體認，只在於知道「隨」而未達到「真隨」的境界。進而，方以智認為，會講隨時之義的人還不見得能體認出「真隨」的境界，更何況是那些「偏隨」的人呢？此處，方以智提到體認隨時之義有不同境界之說法，分為「隨」、「隨時」、「真隨」、「偏隨」等。其中，「隨」是指隨從的態度，「隨時」是指隨其時宜而動的態度，兩者相近而意異。至於，「真隨」是指對「隨時」依循著正道而得，而「偏隨」則是指對「隨時」取偏曲之道而得，兩者的差別在於對「隨時」之義的掌握是否正確得當。因此，方以智認為，所以會有「隨時」之義的目的，是提醒吾人不要犯上凶咎之禍，換言之，這就是《易傳》作者所揭示出維繫千古不變的「隨時」之義。

再者，對於易學中的時間概念，方以智也強調「六十四皆時」的看法，此「六十四」是指六十四卦之意，同樣也是繼承著其父「六十四皆不息之時」的觀點而來。他亦認為，六十四卦都是「時」的表現，並且具體地指陳諸卦「皆〈乾〉時也」。簡言之，它們都是如同〈乾卦〉之時義所揭示的「終日乾乾」、「天行健，君子以自強不息」〔註58〕之精神的展現。其中「時義」與「時用」這兩種時間概念，便是突顯出人文義的「時」。對於「時義」之意，在《周易時論合編》中，方以智的解釋是謂：「卦卦爻爻，時義各中其節，各指所之，相推即通其常」。〔註59〕其意思是說，在時間歷程上，每一卦爻結構都預設時

〔註57〕同註1，冊一，卷之三，〈隨卦〉，頁1：430。

〔註58〕《周易・乾卦》九三曰：「君子終日乾乾，夕惕若厲，无咎。」及其〈大象辭〉曰：「天行健，君子以自強不息。」同註4，冊一，頁1：22、1：31。

〔註59〕同註1，冊四，卷之十，〈繫辭上傳〉，頁4：1504。

空的組合形式，由「初」爻的開始，到「上」爻的所具的方位之意，在卦爻當中顯示的「時義」，便相應於萬物「各中其節」、「各指所之」的道理，並且從卦象的推演下，可以通曉變化的常則。是以，在人文世界中的價值意義上，其曰：

> 決遇施閉，可同時矣。……以書契之告，章顯其仁，其君臣道合之時義乎？〔註60〕（《周易時論合編卷之六·姤卦》）

以筮法而言，方以智認為，〈姤卦〉〔註61〕中陰陽爻相互遇合而有施展或閉塞，這便是處於同時發生的歷程上。因此，將這一道理以書契寫成文字而流傳於世，藉由卦爻辭來彰顯諸卦的道德意涵，此即「章顯其仁」。那麼，在人事之中，君臣關係同樣有著陽尊陰卑的相遇合之時義，假使君失其尊而臣逆其卑，如此一來，天下豈不大亂。另外，對於「時用」之意的闡述，方以智釋〈坎卦〉〔註62〕六三象曰：「來之坎坎，終無功也。」時謂：

> 不得時用之道，而來之坎坎，徒勞罔功。〔註63〕（《周易時論合編卷之四·坎卦》）

依據此段文意，如果吾人不能體察此卦所示「險陷」之時的作用這一道理，進退之間都居於險陷的情況。即使想要有所作為，心中仍舊是會徬徨不安，所作之事終究難有行險之功，而有徒勞無功之興嘆。然而，所作之事皆與心意相互乖違，要如何才能突破險陷的情況而有所得呢？於是，他又曰：

> 不欺而好學，因物而分藝，此〈睽〉之時用也。〔註64〕（《周易時論合編卷之五·睽卦》）

〔註60〕同注1，冊二，卷之六，〈姤卦〉，頁2：962～963。

〔註61〕〈姤卦〉（䷫），下巽（☴）上乾（☰），〈彖辭〉曰：「姤，遇也。柔遇剛也。勿用取女，不可與長也。……姤之時義大矣哉！」同注4，冊一，頁1：372～373。其意思是說，此卦主「遇」，從爻位來看，初六為一陰爻，屬柔，二至上為五陽爻，屬剛，此「柔遇剛」；由卦象來說，一陰在下，上遇五陽，猶如一女遇五男，以其不正，故不可長處，然而，天地陰陽相互遇合，本是事物得以彰顯之要素，因此「相遇」之時的意義甚為弘大。

〔註62〕〈坎卦〉（䷜），下上皆坎（☵），〈彖辭〉曰：「習坎，重險也。水流而不盈，行險而不失其信。……險之時用大矣哉！」同注4，冊一，頁1：260～262。其意思是說，此卦主「險陷」，從爻位來看，二五陽爻居中；就卦象而言，重重的險陷，如同水流入窪穴而不能盈滿，行於險境而能不喪失誠信，這是因為陽剛居中不偏之故，是以「險陷」之時的作用甚為弘大。

〔註63〕同注1，冊二，卷之四，〈坎卦〉，頁2：664。

〔註64〕同注1，冊二，卷之五，〈睽卦〉，頁2：842。

既然，所作之事皆乖背己意，在方以智看來，其對治之道便是能夠反求自身，不自欺欺人，並且能夠在險陷之時，善加學習各種事物，涵養充實技藝，此即「因物而分藝」。如是，內心一旦亨通，便能排除險境而渡過危難，這便是〈睽卦〉〔註65〕所示在「乖違」之時有待施用的道理。

（二）方以智易學中的空間概念

前面已述，方以智援引聲韻學中的概念，將作爲喉根音符號的◎，資取來表徵有極、無極、太極三者相一貫的涵蘊關係，此即方以智的「三極一貫圖」。對此，馮錦榮認爲：「方以智的圖比較著重表現太極在无極有極中，而且彼此相貫的特定形式。故方以智用一內部已兩次分割的同心圓來表示『三即一』的涵義。」〔註66〕，換言之，馮氏是運用「空間分割的構造」〔註67〕來說明方以智的「三極一貫圖」，並表明方以智的此一圖式實際上已寓存空

〔註65〕　〈睽卦〉（䷥），下兌（☱）上離（☲），〈彖辭〉曰：「睽，火動而上，澤動而下，二女同居，其志不同行。……睽之時用大矣哉！」同注4，冊一，頁1：324～325。其意思是說，此卦主「乖違」，從爻位來看，六五爻居陰位而得中，下應初九、九二的陽爻，以卦象而言，內卦兌爲澤，水潤而下，外卦離爲火，火炎而上，兩者上下乖背而不相遇，如同兩個女子同居一室，志向不同而互相乖違，是以「乖違」之時有待施用甚爲弘大。

〔註66〕　見馮錦榮，〈明末清初方氏學派之成立及其主張〉，收錄於日·山田慶兒主編，《中國古代科學史論》（京都：京都大學人文科學研究所，1989年3月），頁159。

〔註67〕　「空間分割的構造」這一概念是出自日·山田慶兒氏，其說：「我所注目的是表現在渾沌神話中空間分割的三個類型，或者說是空間的三個構造。世界起先是由渾沌這一單一要素統治的單一空間，我把他叫做一極構造，選擇一個圓作爲它的模型（圖一 a：見圖四）。世界空間逐次分割爲三，中間空間爲渾沌這一要素占據著，南北空間則爲儵（即禺號）和忽（即禺強）兩個要素分別統治著。就把它命名爲三極構造吧，並且用這樣的模型來表示：即把一個圓按同心圓狀分爲內部空間和外部空間，外部空間再進而二分爲上部空間和下部空間（b：見圖四）。這時由一極構造轉向三極構造，它大概是由於支配權的分享而轉變的。……按莊周的看法，其主要對立關係存在於渾沌與儵、忽之間，換言之，即存在於內部空間和外部空間之間，並且由於內部空間的消滅而終結。最後由於渾沌的死，世界分割成兩個空間，達到了由儵（即禺號）和忽（即禺強）這兩個要素統治的局面。我把它叫做兩極構造，用一個圓由直徑二分爲上部空間和下部空間這樣的模型表示（c：見圖四）」。原文見氏著，〈空間·分類·カテゴリ——科學的思考の原初的，基底的な形態——〉，《混沌の海へ》（京都：朝日新聞社，1982年6月），後收錄於由劉相安、沈揚譯，〈空間·分類·範疇——科學思考的原初的基礎的形態〉，《日本學者論中國哲學史》（臺北：駱駝出版社，1987年8月），頁45～94。

間構造中內部與外部之別。同時，馮氏也指明，他的這一概念是出自學者山田慶兒的說法而來。此處，不妨將山田氏的「空間分割的構造」圖示如下（圖四）：

圖四：渾沌神話中空間的三個構造

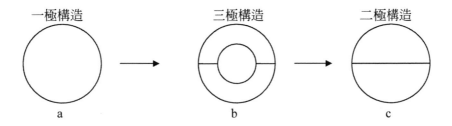

概括而言，山田氏乃是資取《莊子》、《山海經》、《神異經》、《淮南子》等典籍中的神話材料進行探索，得出渾沌神話的原型，並且把焦點放在詮釋渾沌神話中空間分割的類型上，因而將其構造分成一極構造、二極構造、三極構造等圓形模型。由此可知，山田氏的見解是極具創發性。進而，山田氏指出：「中國古代有兩種互異的哲學表現。其一即儒家的經典《易·繫辭傳》，另一個是道家的經典《老子》第四十二章。」〔註68〕於是，他藉由「空間分割的構造」之概念分別將前者所謂「易有太極，是生兩儀，兩儀生四象，四象生八卦」的分化過程圖示如下（圖五），再將後者所言「道生一，一生二，二生三，三生萬物。」的分化過程圖示如下（圖六）。

圖五：《易》宇宙論圖式（二極構造）

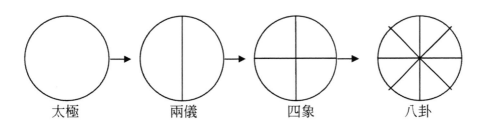

〔註68〕同上注，頁 60。

圖六：《老子》宇宙論圖式（三極構造）

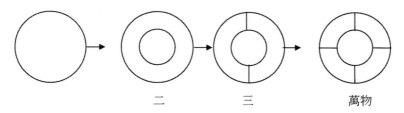

二　　　　　三　　　　　萬物

　　依據山田氏的看法，上面的（圖五）又可稱爲二極構造，而（圖六）則是三極構造。〔註69〕對於這兩個論點的立場究係是否恰當，這裡不作詳細考究。〔註70〕本文所著重的是，將此一「空間分割的構造」之概念拿來運用在方以智易學「三極說」的闡述上。因此，才會借用山田氏的概念加以說明方以智易學「三極說」所共構的「圓∴運動圖」。另外，所謂「圓∴運動圖」，乃是援引自馮錦榮所提出的一個假說，其圖示如下（圖七）：

圖七：（原圖2）──**無極・太極・有極關係圖**

原圖2a：無極・太極・有極的構造（正面圖）

太極（是曰中天）

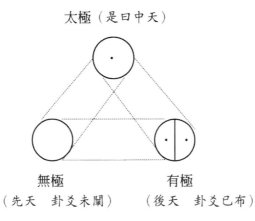

無極　　　　　　　　有極
（先天　卦爻未闢）　　（後天　卦爻已布）

〔註69〕山田慶兒氏解釋説：「（《易》云）太極係原初的而未分化的世界；兩儀是天地，所以也是上下；四象是四季，所以也是四方，八卦就是八方。……（這就是）二分法原理。……《老子》所説的『三』無非是在外部空間配置有陰陽、在內部空間配置有沖氣的三極構造。我認爲空間分割的基本構造是二極構造和三極構造。」同上注，頁60～62。

〔註70〕對於山田氏此一論點的提出，學者頗有專文討論，參見楊儒賓，〈從氣之感通到貞一之道──《易傳》對占卜現象的解釋與轉化〉，同注45，頁170～172、馮錦榮，〈明末清初方氏學派之成立及其主張〉，同注66，頁158～159。

原圖 2b：無極‧太極‧有極的
　　　　構造（俯視圖）

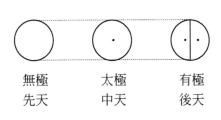

無極　　太極　　有極
先天　　中天　　後天

原圖 2c：圓∴運動圖

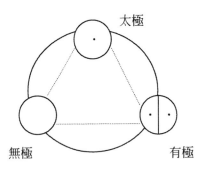

太極

無極　　　　　　有極

　　依據（圖七）所示，馮氏認爲：「（此）圖則在於強調『三即一』的運動
形式，這可稱爲『圓∴運動圖』」。〔註71〕換言之，吾人對於方以智易學「三
極說」的理解，可分成兩個角度來審視：其一，就「三極說」的涵蘊關係而
言，強調三者是「一在二中」的存在關係，此即他所言「三極一貫圖」──◎，
其內容爲「三極之貫，太極在无極、有極中，而无極即在有極中。」（《圖象
幾表‧諸家冒示集表》）；其二，就「三極說」的運動形式而言，著重於太極
在空間概念中呈現出「不落有無」〔註72〕的動態概念，〔註73〕誠如馮氏所指
是「圓∴運動圖」。那麼，其內容爲何？方以智曰：

　　圓∴三點，舉一明三，即是兩端用中，一以貫之。……上一點爲無
　　對待、不落四句之太極，下二點爲相對待、交輪太極之兩儀。……

〔註71〕對此，馮錦榮解釋說：「『圓∴三點』的『圓』，不錯可以理解爲圓融無碍，但
　　　　我意以爲暗指太極作交輪的圓形運動似更佳，即（原）圖 2c（見圖七）。所以
　　　　方說『上一點貫二者而如環』。從結構上說，三者是有上下之別，即（原）圖
　　　　2a（見圖七）。若從上俯視而下，則三者是相貫如一，即（原）圖 2b（見圖七）。
　　　　所以又說「即是兩端用中，一以貫之。」同注 66，頁 159～161。
〔註72〕方以智《易餘‧太極不落有无說》曰：「設有三形，畫作圖象，无已而形出之
　　　　耳：豈眞有屹然不壞之圖相，規規顯顯于兩畫之上哉？況又從而三之乎？然
　　　　不如此形畫，則不落有無之一貫圖中，終不昭豁，而直下卦爻之太極，必汩
　　　　汩日用不知矣。」見方以智著、龐樸注釋，《東西均注釋》（北京：中華書
　　　　局，2001 年 3 月），〈三微〉，注 7，頁 66 引。
〔註73〕成中英認爲：「本體是動態的、發展的概念。從事物的本源到事物成爲一個存
　　　　在，一個體系，是一個實在。故本體具有內在生命力和創造力的過程。」，見
　　　　氏主編，《本體詮釋學》第二輯（北京：北京大學出版社，2002 年 3 月），〈世
　　　　紀會面〉，頁 8。

無對待在對待中。設象如此，而上一點實貫二者而如環，非縱非橫
而可縱可橫。……別詳《∴說》〔註74〕（《東西均・三徵》）

此處，所謂「圓∴三點」〔註75〕（∴讀作伊）應是方以智《∴說》〔註76〕中
所闡述的核心概念。依據這段話，方以智之意並非是以「圓∴三點」來解釋
佛學思想，而是援引此一圖象符號，作爲闡述其象數思想的一個重要的圖式。
〔註77〕其用意是舉出「圓∴圖」之一「∴」，就能夠使得吾人明白有極、無極、
太極是三者互相聯繫而不能各自獨立的意涵。何以如此？在方以智看來，上
一點「・」是指「無對待、不落四句」的太極，所謂「無對待」是說不落於
有、無對待之「中」。換言之，是以太極之「一」貫于有極、無極「兩端」之
用，而「不落四句」當是指《周易時論合編・繫辭上傳》所云：「不知有太極，
不以函三明太極，不以二虛一實核太極，不以舉一明三用太極。」〔註78〕的
四句。其意思是說，要吾人不執著於「有太極」、「函三明太極」、「二虛一實
核太極」、「舉一明三用太極」等概念之中，而能體認到「無對待在對待中」
的道理，避免吾人陷於玄虛無際之誤。而下兩點「‥」是指「相對待、交輪
太極」的兩儀，所謂「相對待」是指有、無相待的有極與無極，同時，也可
以是指由太極所化生的陰陽二儀。因此，他設立此一圖象的用意，在於表明
上一點「・」的太極是貫通於下兩點「‥」的有極與無極，進而形成一個如
同環狀之圓的運動形式，達到周流上下，縱橫無礙的動態之境，此即是「非
縱非橫而可縱可橫」之意。簡言之，方以智易學「三極說」所共構的「圓∴

〔註74〕同注72，《東西均・三徵》，頁65～66。

〔註75〕關於「圓∴三點」說，學界普遍認爲並非方以智所自創，此一圖象乃是受到
佛教禪宗與華嚴宗的影響。有關此說的詳細討論，見朱伯崑，《易學哲學史》，
同注34，冊三，「第八章第五節 方以智與《周易時論合編》」，頁3：457～460；
羅熾，《方以智評傳》（南京：南京大學出版社，1998年12月），頁167～168
等。又周勤勤認爲：「此符號原是來自梵文字門之一，字形由三點而成，後據
此乃成立一專門術語：『伊字三點』，表達不縱不橫，具備三角關係者，喻指
物之不一不異、非前非後的關係」見氏著，〈方以智「∴說」解析〉，（《中國
社會科學院研究生院學報》第5期，2005年），頁94。

〔註76〕冒懷辛在〈方以智著作中所見其他撰述〉一文中列有方以智《∴說》一書，
故以此爲據。可參見本論文附錄五：桐城方氏學派著作表，頁269引。

〔註77〕方以智《東西均・三徵》曰：「大一分爲天地，奇生偶而兩中參，蓋一不住一
而二即一者也。圓∴之上統左右而交輪之，旋四無四，中五無五矣」同注72，
頁36。

〔註78〕同注1，冊四，卷之十，〈繫辭上傳〉，頁4：1504。

運動圖」正代表著一種不落有無而圓融無礙的意義。

第二節　宇宙生成的過程及其內涵

在方以智易學思想中，關於宇宙生成過程的探討，可分成五個方面來加以檢視：

其一，就宇宙生成的內涵言，方以智以太極作為宇宙生成的根源，認為由太極動而生陽，靜而生陰，是為兩儀，乃有相生相成之陰陽，進而分出四象、八卦、六十四卦，此即「加一倍法」的生成原理，亦即是「太極——兩儀——四象」的宇宙間架。

其二，就陰陽觀念言，方以智提出「陰陽本交汁」的看法，並且肯定陰陽是氣的觀點。

其三，就乾坤的涵義言，方以智提出「以乾坤之純，用六子之雜」的看法，也就是「乾坤生六子」的生成意涵。

其四，就「變」的觀念言，方以智認為「變化是學《易》之樞機」，以「變」的意涵作為學習《周易》一書的重要關鍵。

其五，就萬物相對待而言，方以智提出「公因反因說」的看法，以解釋萬物中的絕待與對待的並列關係。以下分別論述之。

一、「太極——兩儀——四象」的宇宙間架——「加一倍法」

《易傳》本著一陰一陽以彌綸天地之道，經由卦畫中「兩儀、四象、八卦」〔註79〕等二分的過程而開展，這便足以表徵著萬物化生的模式，亦即具有宇宙論的涵義。〔註80〕正如趙師中偉所作簡明的剖析，其曰：

> 由於「道」是創生的本體，依照《易傳》的萬物化生模式是，「易有太極，是生兩儀，兩儀生四象，四象生八卦，八卦定吉凶，吉凶生

〔註79〕《周易‧繫辭上傳》第十一章曰：「易有太極，是生兩儀，兩儀生四象，四象生八卦，八卦定吉凶，吉凶生大業。」同注4，冊一，頁591～592。

〔註80〕對此，趙師中偉認為：「關於歷代易學家對此章有兩種不同的解釋：一是指宇宙化生，天地生成。太極表示萬物本根的至高無上，至極無以復加的意思。如王弼、孔穎達、王夫之等。……一是講筮法變化、畫爻成卦。以朱熹、毛奇齡、李塨等為代表。」見氏師著，《周易「變」的思想研究》（臺北：私立輔仁大學中國文學研究所博士論文，1994年6月），「第二章第二節『變』的總法則——太極」，頁39～40。

大業」，即是按照二的乘法倍數化生，一 ──→ 二 ──→ 四 ──→ 八 ──→ 十六 ──→ 三十二 ──→ 六十四，以至於無限。〔註81〕

由此可知，〈繫辭上傳・第十一章〉中已含藏著「加一倍法」〔註82〕的數字遞增概念，因而，透過「道」的創生，宇宙便是在此種數字法則下，得以化生為千差萬別的事物，此即為《易傳》中的宇宙生成原理。如是，在方以智易學中，同樣是受此一傳統的影響而有其自身的表達方式。

承前所述，方以智易學中的宇宙論，乃是依循著《易傳》之傳統而展開論述。其內容為何，這可從方以智對於《河圖》、《洛書》所作的按語中看出端倪，其云：

> 太極動而生陽，靜而生陰，兩儀具矣。于陽儀上初加一奇為太陽，次加一偶為少陰，次于陰儀上加一奇為少陽，又次加一偶為太陰，四象之位以所得之先後言也。〔註83〕（《圖象幾表卷之一・河圖洛書舊解集》）

此處，方以智指出太極說的兩種意義：就義理而言，他認為，作為本體的太極，是陰陽生成之根源，當太極即活動時，則顯現為陽的屬性，反之，靜定時則顯現為陰的屬性，此即「動而生陽，靜而生陰」之意。就筮法而言，太極為卦畫生成的根源，由太極之動靜的開顯而呈現為陰奇陽偶的兩儀，此即是卦畫上的陽爻與陰爻。因而，卦畫的變化乃是在一陽儀之上，分別加上奇偶的兩儀而成太陽、少陰，於一陰儀之上，分別再加上奇偶的兩儀而成少陽、太陰（見圖八）。因此，據「加一倍法」而成四象的爻畫。如是，由此法則推衍下去，而成八卦、六十四卦以至於無窮，這便是卦畫的生成過程，同時也是表徵著易學中的宇宙生成原理。

〔註81〕 見氏師著，《道者，萬物之宗──兩漢道家形上思維研究》（臺北：洪葉文化事業有限公司，2004 年 4 月初版），「第九章第一節道為綱紀，為萬物化生之源」，頁 375～376。

〔註82〕 所謂「加一倍法」乃是北宋・邵雍所創的先天《易》數法則。其出處乃是引自〈傳聞雜記〉中程顥與邵雍的對話，其曰：「堯夫《易》數甚精。自來推長曆者，至久必差，指一二近事，當面可驗。明道云：『待要傳與某兄弟，某兄弟那得工夫？要學，須是二十年工夫。』明道聞說甚熟，以其說推算之，皆合，出謂堯夫曰：『堯夫之數，只是加一倍法，以此知《太玄》都不濟事。』堯夫驚撫其背，曰：『大哥你怎聰明！』」同注 17，《河南程氏外書》，卷第十二，〈傳聞雜記〉，頁 1：428 引。

〔註83〕 同注 1，冊五，卷之一，〈河圖洛書舊解集〉，頁 5：92。

圖八：方以智易學中「太極──兩儀──四象」的宇宙間架表

太極							
兩儀	▬▬ 陽				▬ ▬ 陰		
四象	⚏ 太陽		⚎ 少陰		⚍ 少陽		⚌ 太陰
八卦	☰ 乾	☱ 兌	☲ 離	☳ 震	☴ 巽	☵ 坎	☶ 艮	☷ 坤

　　另外，與前一節提及以「大一」作為宇宙的生成根源相較，方以智進一步闡述太極說的兩層意義，其謂：

〈禮運〉曰：「禮本于大一，分為天地。」，即太極、兩儀也。自此
兩儀為太極，而四象為兩儀；四象為太極，而八卦為兩儀；雖至四
千九十六，亦兩儀也。故自一至萬，謂之大兩，而太極者，大一也。
大兩即大一，而不妨分之以為用。〔註84〕（《圖象幾表卷之一‧諸家
冒示集表》）

依據此段文意，在方以智看來，《禮記‧禮運》所詮釋的倫理思想，其形上根源乃是在「大一」，由它化生為天地萬物，這一生成原理的方式，就跟太極生兩儀的筮法原理一樣。何以如此，他解釋說，兩儀（陰--／陽—）的生成，其根源是在太極，而四象（老陽⚌、老陰⚏、少陽⚍、少陰⚎）的產生，也是從兩儀化生而來。乃至於八卦的形成，也同樣是因兩儀之故而生成。因此，在六爻中，陰陽兩爻的排列法有 2 的 6 次方（$2 \times 2 \times 2 \times 2 \times 2 \times 2 = 2^6$），再乘上六十四卦為六十四種的排列法，故總爻數等於 $64 \times 2^6 = 4,096$，此即「四千九十六」之數。因之，就筮法言，由本體之「一」的太極經由「加一倍法」而生成萬物，此一法則的別稱叫做「大兩」。換言之，就義理言，在陰陽生成的過程之上，又另立一太極，也可說等同於天地之根源的「大一」，這就賦予本體論的涵意。如是，筮法中「大兩」的象數法則，就成為表徵「大一」化生萬物的必要條件，反之，「大一」則是作為「大兩」之法則的形上根源，由此兩者的體用關係而生成萬物。

　　在瞭解方以智易學的宇宙間架之後，吾人還要進一步來看生成過程的實

〔註84〕同注 1，冊五，卷之一，〈諸家冒示集表〉，頁 5：80。

質內涵，如陰陽、乾坤、變等重要概念。那麼，方以智對這些概念所持的看法爲何，都是須要逐一地說明。以下分別加以闡述之。

二、「陰陽本交汁」的陰陽觀念

「陰陽」這一對偶範疇，載於典籍之處甚多。其首見于《詩經》，﹝註85﹞作爲哲學意義，則出現於《左傳》﹝註86﹞、《國語》﹝註87﹞、《老子》﹝註88﹞、《易傳》﹝註89﹞等，由此可知，此一範疇自先秦思想以降，已經逐漸地彰顯出其重要性。就以《周易》經傳文爲例，陰陽二字出現在各篇中的次數，據戴璉璋先生的統計，在經文中，不見陽字，陰字見一次；在傳文中，陽字見十九次，陰字見十八次，﹝註90﹞合計共有三十八次之多。對於《易傳》中的

﹝註85﹞《詩經‧大雅‧公劉》曰：「篤公劉，既溥既長，既景迺岡，相其陰陽，觀其流泉。其軍三單，度其隰原，徹田爲糧。度其夕陽，豳居允荒。」同注4，冊五，卷十七，頁5：1705～1706。此一陰陽，指日光照射到的地區爲迎光或背光，已具有古人對環境的觀察歸結出向陽、背陽二種觀念。此處，僅以地形的陰陽作爲墾殖營居之考量，尚未具有化生之意涵。

﹝註86﹞《左傳‧昭公元年》曰：「天有六氣，降生五味，發爲五色，徵爲五聲。淫生六疾。六氣曰：陰、陽、風、雨、晦、明也。分爲四時，序爲五節，過則爲菑。」同注4，冊十五，卷四十一，頁15：1846。此處的陰陽，代表著陰寒與溫暖的兩種氣候變化。

﹝註87﹞《國語‧周語上》曰：「夫天地之氣，不失其序；若過其序，民亂之也。陽伏而不能出，陰迫而不能烝，於是有地震。」見左丘明撰、吳韋注，《國語》（臺北：九思出版有限公司，1978年11月），卷一，〈西周三川皆震伯陽父論周將亡〉，頁26。此中的陰陽，用以形容天地間的兩種氣，並且描摹出自然與人事的影響。

﹝註88﹞《老子‧第四十二章》曰：「萬物負陰而抱陽，沖氣以爲和。」見王弼注、樓宇烈校釋，《老子周易王弼注校釋》（臺北：華正書局，1981年9月），頁117。此中的陰陽，已經上升到抽象概念，具體地指出它們是獨立存在的兩種氣。

﹝註89﹞《周易‧繫辭下傳》第六章曰：「子曰：『乾、陽物也。坤、陰物也。陰陽合德而剛柔有體。以體天地之撰，以通神明之德。』」同注4，冊一，頁636～637。此中的陰陽，已賦予化生的意涵。

﹝註90﹞關於「陰陽」二字在《周易》經傳文各篇出現的次數，戴氏指出：「《周易》卦爻辭，沒有用『陽』字，『陰』字則只用了一次。即《中孚‧九二》：鳴鶴在陰，其子和之。……《易傳》中，《彖》、《象》、《文言》、《繫辭》、《說卦》五傳，都使用陰陽；《序卦》、《雜卦》兩傳則不用。」見氏著，《易傳之形成及其思想》，「第二章 三、陰陽觀念的發展」（臺北：文津出版社，1987年6月），頁56～68。據此，本文引用戴氏所作的統計表，再加上「經文」一項，製成如下（表八）所示：

陰陽觀念，戴氏則有一段精闢的論述，其曰：

> 《易傳》各篇對於陰陽的取義雖有歧異，但基本上都是沿襲春秋以
> 來的觀念，不外乎指天地之氣及兩種相對的功能。這是戰國時期人
> 們的共識。不過《易傳》的陰陽也不是沒有特色：它由卦爻來象徵，
> 被用為卦象、爻象，這是第一點特色。作為道生化萬物的兩種功能，
> 它具有形而上的性格，這是第二點特色。〔註91〕

由此可知，陰陽觀念在《易傳》中的解釋雖然出現歧異性，〔註92〕不過，就
字義的內涵而言，是指「天地之氣」與「兩種相對的功能」，這和春秋以來所
使用的觀念是有一致性，而到《易傳》中的陰陽，由於具有陰陽之卦爻象的
特色，進而將陰陽提升到抽象概念的層次，成為《周易》中重要的對偶範疇
之一，這便是陰陽理論的特色。

　　以方以智而言，他對於「陰陽」二字本義的解釋，其立場乃相異於《說
文解字》從文字學上的解釋，而是由聲韻學的角度另作說解，認為「爰易者，
一易之音也」。〔註93〕另外，在方以智易學中，對於陰陽觀念的意涵，他提出

表八：《周易》經傳文中陰陽二字出現次數統計表（＊為原表格沒有者）

篇名＼詞語	經文＊	彖	象	文言	繫辭	說卦	序卦	雜卦	合計＊
陰	1	2	1	2	9	4	0	0	19
陽	0	2	1	3	9	4	0	0	19

> 按：從（表八）陰陽二字出現的比率可知，陰陽必須相對或相合，才能顯現
> 　　出意義與作用。如過是孤陰或孤陽的出現，則無法清楚地表達「相對」
> 　　的概念，換言之，陰陽是具有同一性，兩者間既相對待，又相互轉化、
> 　　變動，如是，作為天道化生萬物的兩種功能。

〔註91〕同上註，「第二章　三、陰陽觀念的發展」，頁66。

〔註92〕戴璉璋認為：「在《易傳》中，《彖傳》、《文言》及《說卦》第五章的陰陽指
　　　氣；《象傳》、《繫辭》及《說卦》一、二兩章則用陰陽象徵功能。值得注意的
　　　是《象傳》、《文言》並未使用陰陽構成一套宇宙論；把陰陽用為宇宙論詞語
　　　的是《繫辭傳》。而《繫辭傳》的作者，是從功能的觀點上來談陰陽的，他用
　　　陰陽來說明易道的作用，不是說天地萬物都由陰陽二氣所構成。……通過七
　　　份資料的比較，我們可以發現《易傳》作者自有他們的共識。萬物在兩種功
　　　能相對、相應、相輔、相成的作用中，生生不息。這就是《易傳》作者最重
　　　要的共識，通貫於各篇的核心思想。這兩種功能，名稱不一，或稱之為乾坤，
　　　或稱之為剛柔、陰陽、健順等等，各篇所取，略有差異，其實所指，都不外
　　　乎易道的大用。」同上註，「序言」，頁5～6。

〔註93〕《通雅·天文》曰：「爰易者，一易之音也。一而已，日月為易，加一為易，

「陰陽本交汁」的看法，其云：

> 陰陽本交汁也，亦自輪為主客、體用，不以交而壞其輪也。……〔註
> 94〕玄黃之血，純粹之精，雜二為一，類自合離，陰能凝陽，陽即
> 用陰，皆消息也。（《周易時論合編卷之一·坤卦》）

所謂「陰陽本交汁」是形容陰陽生成之前的狀態。而「交汁」，是指相互結合、吸引之意。這句話是說明陰陽兩者原本就具有相互吸引的特性。在方以智看來，此一詞語乃是用以描摹太極所具有陰陽和合的性格，亦即為道體的呈現。如是，由這一陰陽交汁的太極，進而生成相互對立的一陰一陽，此即是《易傳》中「一陰一陽之謂道」〔註95〕的本體意義。因此，同為道體的太極與陰陽之關係，是以太極為主、為體，陰陽為客、為用。在宇宙化生過程中，陰陽交迭輪轉而生成萬物，且不因為自身「交汁」的變化而泯滅其輪轉的常則。

　　所謂「玄黃之血」〔註96〕是指〈坤卦〉，意思為以青黃交雜之血，譬喻陰陽交相和合；而「純粹之精」〔註97〕是指〈乾卦〉，因其六爻皆為陽爻，故為純粹之意，這是把乾坤當作為陰陽的另一種說法。換言之，當陰陽交汁時，揉合陰陽之「二」而呈現出太極之「一」，此即「雜二而一」；當陰陽未交汁時，乃是各從其類，陰自陰，陽自陽，此即「類合」，並且，陰與陽各自分離，此即「自離」，這便是方以智所言「類自合離」之意。假如，陰陽自離，獨陰、獨陽是不能生成萬物，必須由「陰能凝陽」。此中，陰具有氣的形式，有著凝

而覆云為 ⬤ 。一也。易也，金易也。皆卷舌之喉音也，即音可知其原矣。加阜為山之陰陽，〈鑿度〉作 ⬛⬛ 。」同注19，上冊，卷十二，〈天文·陰陽〉，頁1：455。又《周易時論合編·乾卦》中，方以智按曰：「『易』即陽字，古四聲通轉，旁響亦通，如亨、享一字是也。陽自分為陰陽，而互用之，陽即一也，陽即至變易者也。易從日月，而一自統二，日自統月，且一之聲，即『易』之聲。則易隨通聲明矣。後分別之，加阜為陽，加一為易。」同注1，冊一，卷之一，〈乾卦〉，頁1：4ᵇ。

〔註94〕同注1，冊一，卷之一，〈坤卦〉，頁1：112～113。

〔註95〕《周易·繫辭上傳》第五章曰：「一陰一陽之謂道，繼之者善也，成之者性也。」同注4，冊一，頁1：550～552。此中的陰陽，以陰陽更迭來闡述道的形上概念，具有宇宙生成和人文化成之涵義。

〔註96〕出自《周易·坤卦》上六爻辭曰：「龍戰于野，其血玄黃」同注4，冊一，頁1：66。

〔註97〕出自《周易·乾卦》曰：「大哉乾乎，剛健中正，純粹精也。六爻發揮，旁通情也。」同注4，冊一，頁1：50。又唐·李鼎祚《周易集解》引崔覲曰：「不雜曰純，不變曰粹，言〈乾〉是純粹之精，故有剛健中正之四德也。」見唐·李鼎祚著，《周易集解》（臺北：臺灣商務印書館，1996年12月），卷一，頁18。

聚、積累之作用，逮陽氣凝成，進而，「陽即用陰」，陽以陰用，呈現出陰陽之氣消息的變化歷程，以生成萬物。那麼，陰陽是指什麼？方以智在早期的《物理小識》中，便對陰陽是氣的觀點作進一步地剖析，其謂：

> 本一氣也，而自爲陰陽，分爲二氣而各具陰陽；有時分用而本不相離；有時互用而不碍偏顯；有時相制而適以相成，特人不著察耳。
> 〔註98〕（《物理小識・天類・水火本一》）

依據這一段話，方以智認爲，天地間氣的流行乃是源於太極的作用使然。太極本爲陰陽的根源，當它呈現在萬物之中時，則分爲陰陽二氣，屬於形下之氣，使萬物各自稟受著陰陽二氣的功能。有時候陰陽二氣分別作用，實質上皆是太極的分受，故不曾各自分離。有時候陰陽二氣相互作用，卻不妨礙各自的特性；有時候陰陽二氣相互對立、克制，卻仍然和諧地相互轉化而生成萬物。歸結來說，陰陽二氣，「它表示兩種相互對立的氣，或指兩種狀態。其作用是相互對立，相互推移，相互轉化，相反相成的；即是經過三個面向：對立、變化及統一。」〔註99〕在方以智看來，上述陰陽二氣所具有的功能，只是人們不加以留心體察而已。進言之，吾人只要確實掌握住「陰陽的對立統一學說」，〔註100〕就能明白「陰陽」這對範疇在宇宙生成過程中所具有的價值與意義。另外，關於陰陽兩者之間，是否有著尊卑、主從及體用之分？對此，方以智曰：

> 知陽統陰陽者，出入朋來，自无疾咎，而來往皆利矣。〔註101〕（《周易時論合編卷之四・復卦》）

> 冒論之爲无陰陽皆陰陽，實則體陽用陰，而體轉爲陰，用轉爲陽，直下止有一用，即貫陰陽。〔註102〕（《周易時論合編》卷之四）

第一段引文是方以智對《周易・復卦》（䷗）的解釋，卦辭曰：「出入无疾，朋來无咎」，其卦象是下震（☳）上坤（☷），象徵群陰剝陽，逮一陽回復而

〔註98〕同注19，卷之一「天類」，〈水火本一〉，頁17。
〔註99〕同注81，「第七章第二節　陰陽氣：變化一切萬物」，頁288。
〔註100〕所謂「陰陽的對立統一學說」，可分成三個面向——對立、變化及統一；九個類別，包括有陰陽對待、陰陽相求、陰陽交感、陰陽變易、陰陽依存、陰陽轉化、陰陽相濟、陰陽和諧及陰陽合德。至於每類別的詳細內容，見同注80，「第四章第二節『變』的形式」，頁224～237。
〔註101〕同注1，冊二，卷之四，〈復卦〉，頁2：546。
〔註102〕同注1，冊二，卷之四，頁2：654。

亨通。「出入」分別指陽氣之外長與內生。而「朋來」則是指卦中一陽初動上復，群陰引以爲朋，〔註103〕代表著陰陽之和合。如是，一陽初動並不會帶來疾害，反而，陰陽二氣的來往都是有利於行的。以義理而言，方以智認爲，陽具有統領陰陽的特性，但是，這句話似乎有邏輯上的矛盾，因爲在「陰陽本交汁」的前提下，陰陽二氣雖然對立卻是相互吸引的，何故另立一「陽」來統「陰陽」。那麼，對於這個「陽統陰陽者」要如何理解呢？關於這一問題，在《東西均‧反因》中，方以智提出陰陽主從、尊卑的分判，即是「眞陽統陰陽」〔註104〕的命題，此一「眞陽」並不是「陰陽對待」的相對性之陽，而是「不落陰陽」的絕對性之陽，也就是所謂「陽統陰陽者」。因此，在方以智易學的陰陽觀念中，實質上存在著兩個層次：一是「陰陽相對待」的陰陽，爲形下世界中的陰陽；一是「不落陰陽」的「眞陽」，爲一超越的、形而上的「眞陽」，亦即爲上述所言的「陽統陰陽者」。

第二段引文，是就陰陽的體用關係而言。所謂「冒論」指含糊地談論之意。方以智批評說，一般人含糊地認爲由「無」（無極）而有的陰陽才是陰陽，但是，他指出實際上陰陽兩者之間在作用時，還是有體用之別，以陽爲體，而以陰爲用。同時，由於陰陽具有相互轉化之特性，故可以轉變成陰爲體，而陽爲用。何故如此，在他看來，乃是「直下止有一用」，此「一」便是太極，由於它的作用而貫通于陰陽。

綜合上述可知，方以智所言「陰陽本交汁」，其實是太極的另一種表述方式。而其陰陽觀念，即是肯定陰陽爲氣的觀點，並非認爲陰陽是由虛無而形成。此外，陰陽還區分爲形上義的「眞陽」與形下義的陰陽，兩者分屬不同的層次，並且由「眞陽」統攝著相對待的陰陽，這可以說是方以智陰陽觀念的特色之一。

三、「以乾坤之純，用六子之雜」：乾坤爲萬物之體

方以智在闡述先天之學時，提出「以乾坤之純，用六子之雜」的看法，其曰：

〔註103〕關於〈復卦〉的解釋，可參見同注55，頁204～211。

〔註104〕《東西均‧反因》曰：「有天地對待之天，有不可對待之天；有陰陽對待之陽，有不落陰陽之陽……故曰：眞天統天地，眞陽統陰陽。」，又《東西均‧三徵》中亦曰：「眞陽統陰陽」，由此可知，所謂「陽統陰陽者」的陽，其內涵是指「眞陽」。同注72，頁94、65。

《易》妙以〈乾〉、〈坤〉之純，用六子之雜，又妙以〈坎〉、〈離〉之中，用〈震〉、〈艮〉、〈巽〉、〈兌〉之偏，不偏則用不神，〈震〉、〈巽〉，初用也；〈艮〉、〈兌〉，究用也。入乃爲眞動，悦乃爲眞止；隨地倒，隨地起，即隨天伏，隨天見也。以剛自處，以柔化物，故〈震〉、〈艮〉入〈巽〉、〈兌〉，而茹吐皆化，〈坎〉、〈離〉中濟，〈乾〉、〈坤〉純于雜中矣。行事講習之象，著于八卦之成，因人而天，學從悦入。〔註105〕（《周易時論合編》卷之八）

在他看來，〈乾卦〉（☰）之純陽與〈坤卦〉（☷）之純陰是《周易》的神妙之處，由此二卦的作用，而產生陰陽相雜的六子卦——〈震卦〉（☳）、〈巽卦〉（☴）、〈坎卦〉（☵）、〈離卦〉（☲）、〈艮卦〉（☶）、〈兌卦〉（☱），此即「乾坤生六子」〔註106〕的化生意義。在伏羲先天八卦方位圖中，以四正卦的〈坎卦〉、〈離卦〉各爲東、西之位，居於此圖之中，而以四隅卦的〈震卦〉、〈艮卦〉、〈巽卦〉、〈兌卦〉各爲東北、西北、西南、東南之位，居於此圖之偏。就義理言，四隅卦如不偏於四隅的話，就顯現不出〈乾〉、〈坤〉二卦神妙的作用。以乾坤生六子來說，〈震卦〉、〈巽卦〉二者爲長男、長女，是〈乾卦〉、〈坤卦〉作用之初始，而〈艮卦〉、〈兌卦〉爲少男、少女，是〈乾卦〉、〈坤卦〉作用之終究。就卦象的屬性言，眞動是指〈震〉象雷動萬物之意，眞止是說〈艮卦〉象山體靜止之意，因此，由〈巽卦〉的風行無處不入而顯示出〈震卦〉的雷動萬物，由〈兌卦〉的澤潤萬物爲悅而顯示出〈艮卦〉的山體靜止，此即「入乃爲眞動，悅乃爲眞止」。〔註107〕換言之，沒有〈巽卦〉之入，就無〈震卦〉之動；沒有〈兌卦〉之悅，就無〈艮卦〉之止，必須兩兩相配而行。

另外，就象數思想而言，六子卦是隨著象地之〈坤〉而倒、而起；同時也隨著象天之〈乾〉而伏、而見。所謂「起倒」與「見伏」是指陰陽對反的卦變術語，如陽爻爲見，則陰爻爲伏，反之亦然。以爻象的屬性言，陽爻表

〔註105〕同注1，冊三，卷之八，頁3：1214～1215。
〔註106〕《周易・說卦傳》第十章曰：「乾，天也，故稱乎父；坤，地也，故稱乎母；震一索而得男，故謂之長男；巽一索而得女，故謂之長女；坎再索而得男，故謂之中男；離再索而得女，故謂之中女；艮三索而得男，故謂之少男；兌三索而得女，故謂之少女。」同注4，冊一，頁1：678。此處，方以智結合〈說卦傳〉與伏羲先天八卦方位圖兩者，用以闡述「乾坤生六子」的生成意涵。
〔註107〕出自《周易・說卦傳》第七章曰：「震，動也；巽，入也……艮，止也；兌，說也。」同注4，冊一，頁1：677。

剛健以自處之意，而陰爻表柔順以化物之意；就乾坤生六子來說，「入」爲交媾之意，因此，由象長男、少男的〈震〉、〈艮〉二卦分別與象長女、少女的〈巽〉、〈兌〉二卦彼此交媾，於是「茹吐皆化」是生萬物，這當中還要有〈坎〉、〈離〉二卦的資助。換言之，這便是以象父母的〈乾〉、〈坤〉二卦之純陽、純陰的作用，而產生陰陽相雜的六子卦。

　　因此，「乾坤生六子」除了具有生成意涵之外，進一步地，還告訴吾人要取法如〈乾卦〉的健動不息，勤奮行事，與〈兌卦〉的樂於和朋友相互研習，此即「行事講習之象」，〔註108〕這些人文化成的道理，都是著成在八卦之中，只要人們能夠效法天地的道理，從中學習「悅入之學」，〔註109〕就能夠獲得喜悅的感受，此即「學從悅入」之意。其次，就乾坤的內涵而言，其謂：

　　　　姑分言之，靜塞者〈坤〉也，圜應者〈乾〉也。順其序別，〈坤〉用
　　　　也，神于變通，〈乾〉用也。成物立體者，〈坤〉也，無體而隨物寓
　　　　體者，〈乾〉也。其實專直翕闢，兩交一貫，而不得不互析以研之。
　　　　〔註110〕（《周易時論合編卷之一・乾卦》）

依據此段文意，方以智認爲，〈乾〉〈坤〉二卦各具其特性，〈坤卦〉以柔順爲義，故靜塞而順，〈乾卦〉以剛健爲義，故圜應而動。進言之，就其作用來說，〈坤卦〉主柔順，具有依照次序而條理的作用，〈乾卦〉主剛健，具有變化通達而神妙的作用。因此，在〈坤卦〉依序條理的作用下，萬物才能夠各自立體而成爲不同之物，而在〈乾卦〉變化通達的作用下，以其無固定之體而隨物寓體，並且在隨物寓體之中，「以統正性命爲元本」，〔註111〕生生不息。換言之，〈乾卦〉主生而〈坤卦〉主成，則〈乾〉〈坤〉二卦分別爲「動力因」與「目的因」。如是，在〈乾〉〈坤〉二卦一闢開一合閉下，「兩交一貫」而有六子卦，進而衍成六十四卦，代表著萬物的生成，亦即乾坤爲萬物之體。再者，就乾坤的體用關係而言，方以智云：

　　　　以用也，〈乾〉之直動，用〈坤〉之方也。〈坤〉之不習，本體也；〈乾〉

〔註108〕「行事講習之象」一詞，出自《周易・乾卦》文言曰：「終日乾乾，行事也。」
　　　　與《周易・兌卦》大象曰：「麗澤，兌。君子以朋友講習。」同注4，冊一，
　　　　頁1：47、1：481。

〔註109〕智曰：「以〈坤〉之安貞，載〈乾〉之不息，而〈乾〉、〈坤〉用悅入之學畢矣。」
　　　　同注1，冊二，卷之六，〈升卦〉，頁2：999。

〔註110〕同注1，冊一，卷之一，〈乾卦〉，頁1：7。

〔註111〕智曰：「〈乾〉以統正性命爲元本，本以旁通性情爲大用。」同注1，冊二，
　　　　卷之五，頁2：704～705。

之學問，所以善用也。〈乾〉體〈坤〉用，轉爲〈坤〉體〈乾〉用，

一部《易》皆爲善動前用。〔註112〕（《周易時論合編卷之一・坤卦》）

此處，所謂「用」指作用之意。「直動」〔註113〕是說〈乾卦〉在健動時爲剛直不撓。「方」指〈坤卦〉象地的方正而靜塞。「不習」〔註114〕是指〈坤卦〉在柔順時爲不待學習。在方以智看來，〈乾卦〉能夠剛直不撓，是由於有〈坤卦〉的方正靜塞之故。換言之，〈乾〉〈坤〉二卦是互爲體用的關係，缺一不可。進而言，〈坤卦〉自不待學習，便能夠顯現其本體的意義，反之，由於〈乾卦〉健動的彰顯，這當中的學問是萬物所以善用的原因。職是之故，〈乾〉〈坤〉二卦並不是一種固定的體用關係，一方面，可以說是以〈乾卦〉爲體，而〈坤卦〉爲用；另一方面，也可以轉變成〈坤卦〉爲體，而〈乾卦〉爲用，亦即「〈乾〉〈坤〉迭用于神」。〔註115〕那麼，何故如此，這是因爲《周易》一書本是以闡述善動前用的道理爲其宗旨。

綜合上述，關於「加一倍法」的宇宙生成原理和「乾坤生六子」的生成意涵，這當中的差異爲何，許朝陽先生對此作一精闢的剖析，其曰：

> 「乾坤生六子」則是以乾坤兩體爲父母，相交而生六子，這指的是六子係由乾坤之純陽純陰派生而出。另一方面，若我們將乾坤視爲陰陽另一種表達方式，那麼由乾至坤、由坤至乾生成變化中，更可以表現出陰陽消長、終始微盛之過程。可以說，「加一倍法」乃是描述世界爲一陰陽化育、流行不息的創健狀態；「乾坤生六子」則是由體生用以解析世界的本體論原則。「加一倍法」所重在「陰陽」，「乾坤生六子」所重在「乾坤」。〔註116〕

由此可知，雖然「加一倍法」與「乾坤生六子」的生成關鍵，各偏重在「陰陽」與「乾坤」二者身上，但是，就萬物化生的整體過程而言，實際上是殊途而同歸於一之形上本體的太極之呈現。

〔註112〕同注1，冊一，卷之一，〈坤卦〉，頁1：91。

〔註113〕出自《周易・繫辭上傳》第六章曰：「夫乾，其靜也專，其動也直，是以大生焉。夫坤，其靜也翕，其動也闢，是以廣生焉。」同注4，冊一，頁1：559。

〔註114〕《周易・坤卦》六二曰：「直方大，不習，无不利。」同注4，冊一，頁1：62。

〔註115〕智曰：「无非事也，无非物也，〈坤〉即〈乾〉之事物也。〈乾〉〈坤〉迭用于神，即〈乾〉之事物，猶混闢細交于開闢之晝夜，故利永貞。」同注1，冊一，卷之一，〈坤卦〉，頁1：101。

〔註116〕見氏著，《胡煦易學研究》（臺北：私立輔仁大學中國文學研究所博士論文，2000年6月），「第二章第二節　先天圖之概念及胡煦的補圖」，頁73。

四、「變化是學《易》之樞機」：言「變」的涵義

「變」字在《周易》中出現過四十九次，其中的涵義，誠如趙師中偉所指陳的看法，其曰：

> 周易形上辯証思維體系，是以太極的「變」，經由變化、變通及變動的形式開展，以天、地、人道爲範疇，向外擴展。而太極的「變」，具體落實在六十四卦的「變」之上，以卦爻變化，時位互轉，建構一個完整的宇宙世界模式。因此，周易的「變」可以說是：「太極化生萬物的變化歷程」。〔註117〕

據此，「變」乃是天地間得以成爲萬物萬殊的樞紐，也是《周易》形上辯証思維體系中的媒介。它的範疇包含著天地人三才之道，由此上承自太極，透過變化、變通和變動的不同形式，轉而落實在卦爻的變化上，代表著萬物生成過程中不可缺少的要素。換言之，《周易》的「變」可視之爲萬物能動的根源與基礎。

在方以智易學中，他則提出「變化是學《易》之樞機」的觀點，認爲學習《周易》一書的關鍵就在於通曉變化的道理，其謂：

> 變化是學《易》之樞機，會通是變化之樞機；擬議正以會通，俳竭所以擬議，其曰不容擬議者，乃巧逼其擬議會通者也。乘物游心，即多是一，則任天下之動賾擬議而不容擬議者，正存於其中。〔註118〕
> （《周易時論合編卷之十・繫辭上傳》）

所謂樞機，其本義是指戶樞的機具，即門軸，此處引申爲重點、關鍵之意。依方以智的看法而言，「變化」〔註119〕確實是學習《周易》的重點與關鍵所在，但是在通曉變化的道理之背後，還須有進一步的實踐，那便是「會通」〔註120〕

〔註117〕同注80，「第二章 『變』的意義」，頁15～16。

〔註118〕同注1，冊四，卷之十，〈繫辭上傳〉，頁4：1444。

〔註119〕對於「變化」本義的解釋，方以智自有一套說解方式，在《東西均》中，其曰：「變字從『𢇍』從攴，以莫亂于絲、莫亂于言，故使人戀；攴所以治之。化字古作「𠤎」，從倒人，人終必化；後加人於傍作化，則生死之道盡此。便就字義，亦足會心。」同注72，《東西均・盡心》，頁86。

〔註120〕關於「會通」工夫的實踐，方以智自早年就已經欲有博學會通的心志。他在《物理小識・總論》曰：「因地而變者，因時而變者，有之，其常有而名變者，則古今殊稱，無博學者會通之耳。」同注19，頁3。另外，反映在其易學思想中，亦可見此一思想傾向，如《周易時論合編》卷之一〈乾卦〉曰：「隱後知先，即无先後，觀聞不及，深入會通，此逆幾也。无先後者，先後歷然，適當時位，措宜中節，此順理也。」；卷之十四〈序卦傳〉曰：「急于明一，則姑置觀聞之天地倫物，而會通不觀不聞之天地倫物耳。歸實則止有此天地

的工夫。對此，謝仁眞先生認為：「『會通』不僅是認識論式的理論理性建構工作，形構吾人在不同思想間的理解與詮釋，而且還可能是一種價值理性的選擇與貞定，牽涉到個人具體生命情境的遭遇與存在處境，表現不同的人格特色與典型。」〔註121〕

　　換言之，「變化」與「會通」兩者不同處在於，前者著重於辯証思維體系的掌握，明瞭《周易》一名而含三義，即具有「易簡、變易、不易」〔註122〕的特性，只要人們通曉此一要領，把握「變」的形式，〔註123〕就能習得其中的奧妙；後者則是融合前者的視域，著重於理性與感性的調合，一方面是有認識論為基礎的理性建構，另一方面是有著價值判斷為準據的生命典型。職是之故，方以智所說的「會通」便成為體察《周易》的「變」最核心的工夫層面。擬議，指比類而議論。俳竭，指竭力辛勞。巧逼，指巧取而得。此言在天地間紛雜變動中，吾人以比類而議論的方法來把握「會通」的工夫，並且要以竭力辛勞的態度來進行，如果說遇到不能夠比類而議論的事物，就只能夠以巧取而得的方式來瞭解。

　　如是，吾人對事物變化的掌握就能瞭然於心，「即多是一」，化繁為簡，即便是天地間煩雜的事物中，無法以比類而議論的方法而掌握者，也能夠被包含在「會通」的工夫之中。舉例而言，方以智曰：

　　　通變成天地之文，而象事知器，極數定天下之象，而占事知來。〔註124〕（《周易時論合編卷之七》）

　　倫物之森然序列也。雖一元會之內，自分夜旦午昏，而一元會之午如此，萬元會之午即如此，此則森然序列者，即萬元會不壞者也。」同注 1，冊一，頁 1：7，以及冊四，頁 4：1711～1712。

〔註121〕見氏著，〈方以智由儒入佛之檢視〉，收錄於《華梵大學第二次儒佛會通學術研討會論文集》（臺北：華梵大學哲學系，1997 年 10 月），頁 157。

〔註122〕《周易正義》卷第一，「第一，論《易》之三名」下注曰：「《易緯乾鑿度》云：『《易》一名而含三義，所謂易也，變易也，不易也。』……鄭玄依此義作《易贊》及《易論》云：『易一名而含三義，易簡，一也，變易，二也，不易，三也。』」同注4，冊一，頁 1：8 引。

〔註123〕關於「變」的形式，趙師中偉指出：「周易『變易』的形式有三種：其一是『變化』，是從陰陽對立之中產生。即是一種陰陽既對立，而又互相轉化，互相統一的化生萬物之形式。並包括質量互變的變化。其二是『變通』。是指萬物的流通，即是一種周而復始，無往不復的化生萬物之方式。其三是『變動』。是指化生萬物的動力，此種『動』是各種現實物內最根本的活動，一則有主動的攝取，另則有被動的接受。」同注 80，「第二章『變』的意義」，頁 16。

〔註124〕同注 1，冊三，卷之七，頁 3：1046。

所謂通變，指萬物的通達變動。象，指卦象。極數，指極盡大衍之數，即取揲蓍。占，指占筮。方以智認為，因為有萬物的通達變動之故，天地間才會有各式各樣的文采。因此，吾人就能夠通過卦象，而知道器物製作的方法，此即「象事知器」。〔註125〕另外，由於通過大衍之數的變化，就能夠定出不同的卦象，而卦象則是象徵著天下萬物的形象，因此，藉由占筮的方法，用以斷定未來之事的吉凶，此即「占事知來」，正可謂「化裁推行，即所以格致研極也，而蓍變、卦變具其幾焉」。〔註126〕

五、「公因反因」之說：言萬物中的絕待與對待

方以智在闡述宇宙生成的過程中，就萬物對待變化的歷程而言，提出「公因反因」之說。其用意是說明現象界中萬物運動變化的基本規律，及其規律背後的形上本體。主要的內涵有兩個部分：（一）「公因」與「反因」的關係；（二）「交輪幾」的循環關係。以下分別加以論述之。

（一）「公因」與「反因」的關係

方以智提出「公因反因」之說的看法，乃是受到其父方孔炤《周易時論》思想上的啓發。〔註127〕在《青原志略》中，其學生左銳（字藏一，生卒年不詳）曾謂：

> 環中堂方潛夫中丞公，表公因貫反因，而至誠無息於代錯矣。〔註128〕
>
> （《青原志略‧中五說》）

依據此段文意，表明方孔炤所言的「公因貫反因」之意，乃是源自於《中庸》

〔註125〕出自《周易‧繫辭下傳》第十二章曰：「象事知器，占事知來。」同注4，冊一，頁1：658。

〔註126〕智曰：「森森者形乎？无形寓矣。不落二者之形无形，亦寓矣。象數言辭，猶是也，知之但踐其森森而已矣。故曰：太極踐卦爻之形，於穆踐禮樂之形，化裁推行，即所以格致研極也，而蓍變、卦變具其幾焉。」同注1，冊四，卷之十，〈繫辭上傳〉，頁4：1516。

〔註127〕方以智《藥地炮莊‧齊物論》曰：「老父（方孔炤）在鹿湖環中堂十年，《周易時論》凡三成矣。甲午（1654年）之冬，寄示竹關（以智），窮子展而讀之，公因反因，真發千古所未發。萬物各不相知，各互為用，大人成位乎中而時出之，統天乘御，從類各正，而物論本齊矣。復予著筒而銘之曰：『著卦之德，退藏于密，即方是圓，兩行貞一。』不肖子以智時閱此論，謹識之以終卷。」見方以智，《藥地炮莊》全二冊（臺北：廣文書局，1975年），卷之一，〈齊物論〉，頁1：245～246。

〔註128〕同注19，冊十四，《青原志略》，卷五，「說」，〈中五說〉，總頁14：267。

所謂「至誠無息」〔註129〕的天地之道，亦即以天地之道的至誠等同於「公因」，
而以萬物代錯不已的內涵等同於「反因」。〔註130〕接著，從方以智與左銳二人
師徒間的對話中，又再次可見到其父所言「公因反因」的看法，其曰：

> 藏一曰：「環中堂公因反因，誠破天荒，應午會矣！願請從《中庸》
> 指之，以引諸士信證，可乎？」敢問：「如何是公因？」老人曰：「不
> 二無息。」問：「如何是反因？」曰：「代明錯行。」〔註131〕（《青
> 原志略・公因反因話》）

藏一，指左銳。環中堂，指方孔炤的居室「環中草堂」。老人，指方以智。此
處，學生左銳盛讚方孔炤所言「公因反因」的看法，是一「破天荒」〔註132〕
的洞見，並且希冀方以智從《中庸》一書揭示其父的思想要旨，以引導諸士
子加深對此一概念的認識。於是，方以智指出「公因」就是「不二無息」之
意，而「反因」則是「代明錯行」之意。換言之，所謂「公因」，以其「不二」
的唯一性概念，故稱為「公」，同時，也表明它是天地萬物所共同的根源，故
為萬物之「因」，即根源、原因之意，亦即「公因」就是作為世間存在物的形
上本體。而所謂「反因」，以其「錯行」的相對性概念，故稱為「反」，意思
是呈現天地間相反相因的基本規律，也就是在「反因」對待變化的歷程當中，
完成宇宙生成的整體內容。是故，方以智於《青原志略・仁樹樓別錄》中具
體地指出「公因反因」的內涵，其謂：

> 夫為物不二，至誠無息者，公因也。宇宙、上下、動靜、內外、晝
> 夜、生死、頓漸、有無，凡兩端無不代明錯行，相反而相因者也。
> 公因在反因中，無我備物，孰能逃此範圍哉？〔註133〕（《青原志略・

〔註129〕《中庸章句》第二十六章曰：「故至誠無息。不息則久，久則徵。……天地之
　　　　道，可一言而盡也：其為物不貳，則其生物不測。」同注 17，冊六，《四書
　　　　章句集注・中庸章句》，頁 6：51～52。

〔註130〕方孔炤於《周易時論合編》中曰：「象山（陸九淵）句句翻之，舉反因耳；新
　　　　建（王陽明）謂是良知，指公因也。此章承行權而言，權變莫神于易，然權
　　　　即德之制，變即有其度，故首末以道呼之。道本至變，道又有方，不明其故，
　　　　非滯則蕩，道之于方，權之于制，隨在有費隱適當，无過不及之中節焉。」
　　　　同注 1，冊四，卷之十二，〈繫辭下傳〉，頁 4：1600～1601。

〔註131〕同注 19，冊十五，《青原志略》，卷十三，「雜記」，〈公因反因話〉，總頁 15：723。

〔註132〕對此，方中通在《物理小識》中有云：「公因一也，反因二也，此方氏之易學，
　　　　真破天荒，一切皆然，即醫可以取證。」同注 19，卷之五，「醫藥類下」，〈何
　　　　往非藥〉，頁 108。

〔註133〕同注 19，冊十四，《青原志略》，卷三，「書院」，郭林等編〈仁樹樓別錄〉，

仁樹樓別錄》)

在他看來，作為萬物共同的唯一根源，以展現出「至誠無息」的天地之道，無疑地就是「公因」，其他諸如宇宙、上下、動靜、內外、晝夜、生死、頓漸、有無等，都屬於二元的相對概念，這些「兩端」的事物都屬於「反因」的具體表現。〔註134〕在「反因」的作用下，萬物呈現著代錯而相對的變化歷程，此即「相反而相因」之意。就「公因」與「反因」的關係言，兩者顯現為「公因在反因中」的狀態，亦即形上本體即呈現於世間存在物的變化歷程中，諸如人我與萬物，都是涵蓋於它的範圍之中。是故，方以智所提出的「公因反因」之說同其易學思想有著何種的聯繫呢？對此，方以智晚年入主青原道場時，在署名「浮度智」的書信〈致青原笑和上〉〔註135〕中，便與笑峰禪師（1589～1660）揭示其易學和「公因反因」兩者的關係，其謂：

> 《易》鈔公因貫反對之因，所謂待中絕待，代錯之疇本如是也。世
> 出世法舛馳，惟此妙叶，乃可合統，乃可知合而分任之習坎。〔註136〕
> （《青原志略·致青原笑和上》）

方以智認為，《周易》形上辯証思維體系的奧妙之處就在於「公因貫反對之因」，這其實是對太極中「變」的思維的另一套說解之法。在前後兩組概念的對應關係上，「公因」等於太極，同是作為萬物生成根源的形上本體；而「反因」就是「變」的形式，它是世間存在物所以會呈現為「兩端」對待的根據。〔註137〕是以太極、「公因」、「所以」〔註138〕等為一絕待的概念，而以「變」

總頁 14：166。

〔註134〕方以智在《東西均》中曰：「天地惟有陰陽、動靜耳，非可以善惡、是非言也。聖人體道尊德以立法，故名字之。一不住一，故用因二之一，以濟民行；因二別三，而實非三非二非一也。舉其半而用其餘，用餘之半皆其半，則所謂相反相因者，相救相勝而相成也。晝夜、水火、生死、男女、生克、剛柔、清濁、明暗、虛實、有無、形氣、道器、眞妄、順逆、安危、勞逸、〈剝〉〈復〉、〈震〉〈艮〉、〈損〉〈益〉、博約之類，無非二端。參即是兩，舉一明三，用中一貫。千萬盡于奇偶，而對待圓于流行。夫對待者，即相反者也。」同注72，《東西均·反因》，頁87～88。

〔註135〕方以智書信中的笑和尚，指笑峰禪師。他的俗名為倪嘉慶，字篤之，號僕庵，江蘇江寧人。為僧之後，法名大然，字笑峰，故人稱之為青原笑峰禪師。

〔註136〕同注19，冊十五，《青原志略》，卷八，「書」，〈致青原笑和上〉，總頁15：410。

〔註137〕張永堂認為：「公因反因是方氏易學中極重要的觀念。公因即一，反因即二。……『公因』即指為物不二，至誠無息的本體，『反因』即指宇宙一切相反相因的兩端。反因無不代明錯行，而公因即在反因中。……所謂『公因在反因中』即『一在二中』之意。亦即太極在無極、有極中。」 見氏著，《方

與「反因」爲一對待的概念，如此一來，便清楚地界定世間存在物與「存有者的存有」的不同範疇的意義。〔註139〕因而，吾人置身於世間紛然雜陳的萬法之中，只有此一「公因貫反對之因」的要義是最爲神妙。由它可以統攝世間諸法實相，也就能夠瞭解在「公因」的統攝之下，萬物各依其性，各任其位，此即〈坎卦〉大象辭所言「習坎，君子以常德行，習教事」〔註140〕之意。是以方以智又謂：

> 吾嘗言天地間之至理，凡相因者皆極相反。〔註141〕（《東西均‧反因》）

> 但護大同之皮，昧治教之實，周旋卦名，不達反因，則後世之鄉愿，與无忌憚，合而爲一，盡世皆狼鼠矣。〔註142〕（《周易時論合編卷之五‧晉卦》）

> 此正其所以一也。有知反因即公因者乎？聖人隨觸而是，即隨受而素矣。〔註143〕（《周易時論合編卷之十四‧序卦傳》）

> 豈知反因之有公因，又豈知公因即在反因中，而決于善用乎？〔註144〕

以智的生平與思想》（臺北：國立臺灣大學中國文學研究所博士論文，1977年），「下篇方以智的思想第二節易學」，頁89。

〔註138〕方以智《東西均》曰：「有因無因，何譊譊爲？又安知有因、無因之爲大因、公因耶？有質論者，有推論者，偏重而廢一論乎？不通天地人之公因，即不知三聖人之因，即不知百家學問異同之因，而各護其門庭者各習其藥語，各不知其時變，何尤乎執名字之拘拘也？吾折衷之而變其號曰：「所以」，此非開天闢地之質論而新語也耶？」同注72，《東西均‧所以》，頁217。

〔註139〕方以智《東西均》曰：「因對待謂之反因，無對待謂之大因。然今所謂無對待之法，與所謂一切對待之法，亦相對反因者也，但進一層耳——實以統並，便爲進也。有天地對待之天，有不可對待之天；有陰陽對待之陽，有不落陰陽之陽；有善惡對待之善，有不落善惡之善；故曰：眞天統天地，眞陽統陰陽，眞一統萬一，太無統有無，至善統善惡。統也者，貫也，謂之超可也，謂之化可也，謂之塞可也，謂之無可也。無對待在對待中，然不可不親見此無對待者也。翻之曰：有不落有無之無，豈無不落有無之有乎？曰：先統後後亦先，體統用用即體矣。以故新其號曰『太極』，愚醒之曰『太無』，而實之曰『所以』。」同注72，《東西均‧反因》，頁94。由此可知，「公因」又可稱爲大因，它是一種「無對待之法」；而所謂「反因」，它則是一種「一切對待之法」，亦即世間的相對反因者。

〔註140〕同注4，冊一，頁1：263。

〔註141〕同注72，《東西均‧反因》，頁87。

〔註142〕同注1，冊二，卷之五，〈晉卦〉，頁2：785～786。

〔註143〕同注1，冊四，卷之十四，〈序卦傳〉，頁4：1721。

〔註144〕同注1，冊四，卷之十五，〈雜卦傳〉，頁4：1724。

（《周易時論合編卷之十五‧雜卦傳》）

上下者，〈否〉〈泰〉之反因通類也。〔註145〕（《周易時論合編卷之
十五‧雜卦傳》）

依據上述的諸引文可知，所謂的「公因」是屬於方以智易學「三理說」中的
「至理」層次，亦即是所以爲物的形上根源。萬物在此一「至理」的規範下，
舉凡卦象中〈否〉（䷋）〈泰〉（䷊）的上下相反、萬物中對待的相因者如動
靜、晝夜等都顯現出「反因」的表現形式。如此一來，吾人可由「反因」推
知「公因」的存在形式，此即知「反因」即「公因」者之意。又由於在「公
因」的作用下，便呈現出「反因」的表現形式，此即知「公因」即在「反因」
之意。換言之，「公因」的存在形式爲「一」，而「反因」的表現形式爲「兩
端」，是故「公因即在反因中」便透顯出「一在二中」的意涵。這一道理就是
「公因反因」之說的旨趣。然而，於此同時，方以智卻不禁感嘆道：

學者能知天地間相反者相因，而公因即在反因中者，幾人哉！〔註146〕
（《東西均‧所以》）

由此可知，方以智並不是強調「公因」與「反因」的各別意義，而是藉由此
一概念的提出，讓世人瞭解到天地間的相反者必然會有相因的表現，但是也
別忽略在「反因」的表現形式中，已經涵藏著「公因」的存在形式，此即「公
因即在反因中」之底蘊。

（二）「交輪幾」的循環關係

承前述，方以智「公因反因」之說的主旨在闡明「公因即在反因中」的「一
在二中」之意涵。在此前提下，「公因反因」之說的具體內容，便是從萬物相對
待的角度來開展其表現形式的內涵。就其象數思想而言，方以智在總括現象界
中萬事萬物的活動變化時，體察出宇宙萬物莫不呈現著一種生成與運行的律
則。這一表現形式的內涵，方以智合稱之爲「交輪幾」。〔註147〕對此，其曰：

〔註145〕同注1，冊四，卷之十五，〈雜卦傳〉，頁4：1749。

〔註146〕同注72，《東西均‧所以》，頁218。

〔註147〕朱伯崑指出：「方氏的相反相因說，還有另一內容，即從運動和變化的角度，
　　　　講對立面的相互依存即轉化。這方面的論點，稱之爲『交輪幾』。『交』，指對
　　　　立面相交合，……『輪』，謂輪轉，即流行，指對立面相消息，相盈虛，一動
　　　　一靜，一來一往等，因爲其盈虛消息乃一循環的過程，故稱爲輪。『幾』，謂
　　　　幾微，指運動變化的先兆或開端，因其細微，故稱爲幾。……方氏則將三者
　　　　結合起來，以『交輪幾』說明事物運動變化的基本規律。『交輪幾』，即『交

大元會、小呼吸，皆此交輪幾而一貫者也。四時行焉，百物生焉，天何言哉！〔註148〕（《周易時論合編卷之一・乾卦》）

元會與呼吸一也。交輪之幾，惟時日律曆，始能細剖，故以冬至象焉。〔註149〕（《周易時論合編卷之四・復卦》）

元會呼吸，律曆聲音，無非一在二中之交輪幾也。〔註150〕（《通雅卷五十・切韻聲原・旋韻圖說》）

在他看來，大至如邵雍所言的元會運世的宇宙循環觀，或小至人身動植物的呼吸循環，都是依循著「交輪幾」的規律而呈現出共通的一致性。如同在春、夏、秋、冬四季的交替下，萬物・有著生、長、殺、藏等四種生成歷程，這無一不是天道的展現。再者，方以智解釋〈復卦〉（䷗）卦辭「七日來復，利有攸往」時，認為宇宙的循環運行與人身動植物的呼吸循環都有其規律性，而此一規律性即是萬物交輪的幾微，唯有吾人掌握住時序、日月的曆律法則，才能夠對此規律性仔細地剖析。如同卦氣說中，以〈復卦〉擬配冬至，〔註151〕象其初爻為陽，覆於五陰爻之下而回復生春之意。由此可知，宇宙萬物的循環變化，都是在「公因即在反因中」的表現形式之作用下進行著。

就「交輪幾」的具體內容而言，方以智將其分成「交」、「輪」、「幾」三部分作進一步的說明。〔註152〕其一，關於「交」〔註153〕的意義，方以智在《周

輪之幾』，謂運動變化的幾微即存于對立面的相交和輪替中。對立面的相因，就運動變化說，即是流行或輪轉。『交輪幾』乃方氏象數之學的命題，出于對河洛圖式和先後天圓圖的解釋。」同註34，冊三，「第八章第五節　方以智與《周易時論合編》」，頁3：537。

〔註148〕同註1，冊一，卷之一，〈乾卦〉，頁1：11～12。

〔註149〕同註1，冊二，卷之四，〈復卦〉，頁2：546。

〔註150〕同註19，下冊，卷五十，〈切韻聲原・旋韻圖說〉，頁2：1508。

〔註151〕對此，方孔炤曰：「天貫乎地，惟有時耳。即時之節可以徵矣。〈復〉之冬至，〈无妄〉之交春，皆以節徵之者也。細節細微，一呼一吸，皆有冬焉，皆有春焉。」同註1，冊二，卷之四，頁2：569。

〔註152〕方以智《東西均》曰：「明天地而立一切法，貴使人隨；暗天地而泯一切法，貴使人深；合明暗之天地而統一切法，貴使人貫。以此三因，通三知、三唯、三謂之符，纍之曰交、曰輪、曰幾，所以徵也。交以虛實；輪續前後；而通虛實前後者曰貫，貫難狀而言其幾。暗隨明泯，暗偶明奇，究竟統在泯、隨中，泯在隨中。三即一，一即三，非一非三，恆三恆一。」同註72，《東西均・三徵》，頁37。

〔註153〕方以智《東西均》曰：「心以為量，試一量之可乎？一不可量，量則言二，曰有曰無，兩端是也。虛實也，動靜也，陰陽也，形氣也，道器也，晝夜也，

易時論合編‧說卦傳》中曾以陰陽爻的交錯爲例，是謂：

> 大圓紐半，以相錯對，猶之人身向背，上下相轉，即可見以窮不可
> 見之理，可知一神于二，无不如此錯行交幾者。〔註154〕（《周易時
> 論合編卷之十三‧說卦傳》）

這是方以智對《周易》中「八卦相錯」章的解釋。依據此段文意，所謂「大
圓」，指《圖象幾表‧大圓圖》中所載之圖式（見圖九）。紐半，指將此圖式
折半後，呈現六十四卦的陰陽對半之意。由於此圖分爲左右各半圓的卦象，
其中的陰陽爻象皆相互對錯，如同人身的胸部與背部相向而合，手掌可以上
下相轉。是以人身的具體概念作爲比喻，指陳出卦象中陰陽之抽象概念的道
理，如是便能夠知曉此圖中的太極之一涵藏著陰陽爻之二的神妙作用。在此
錯行之中，呈現出陰陽消長的變化排列。

圖九：〈大圓圖〉〔註155〕

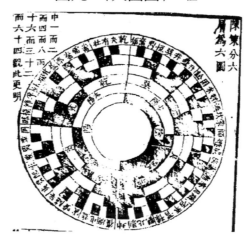

其二，關於「輪」〔註156〕的意義，方以智在《周易時論合編‧說卦傳》
中曾曰：

> 幽明也，生死也，盡天地古今皆二也。兩間無不交，則無不二而一者，相反
> 相因，因二以濟，而實無二無一也。」同注72，《東西均‧三徵》，頁40。
> 〔註154〕同注1，冊四，卷之十三，〈說卦傳〉，頁4：1651～1652。
> 〔註155〕同注1，冊五，卷之二，「卦畫」，頁5：167。依照圖中的按語亦可稱作〈陳
> 策分六層爲六圖〉。
> 〔註156〕方以智《東西均》曰：「物物皆自爲輪。直者直輪，橫者橫輪，曲者曲輪。虛
> 中之氣，生生成輪。舉有形無形，無不輪者。無所逃于往來相推，則何所逃
> 于輪哉？」同注72，《東西均‧三徵》，頁56。

播五行于四時，言環中必輪用也。以歲爲徵，寔則大而元會，小而呼吸，皆此輪也。〔註157〕（《周易時論合編卷之十三・說卦傳》）

這段話是方以智對《周易》中「帝出乎震」章的解釋。此處，他舉《河圖》、《洛書》的生成原理來加以說明（詳見第四章第三節〈密衍〉圖式的闡述）。在他看來，《河圖》以五行擬配四時，有其排列的法則，是以環中的中五之數爲起點，開展出一至十的輪用排列的數字變化。《河圖》中的數字變化，乃是以十二時辰的歲限爲表徵。實際上，不僅十二時辰，甚至於大如元會運世的宇宙循環觀，或小至人身動植物的呼吸循環，其背後都有相同的輪用變化之規律。

其三，關於「幾」的意義，方以智在《周易時論合編・繫辭下傳》中謂：

邵子知牡丹于未蓓蕾之先，善喻也。冬至子半，一蓓蕾之幾也。當午知夜，何俟終日？知微彰剛柔之精義一致者，烏有不知幾者乎？斷可識矣。〔註158〕（《周易時論合編卷之十一・繫辭下傳》）

這是方以智對《周易》中「知幾其神乎」章的解釋。他舉邵雍言牡丹花生於蓓蕾之中爲例，強調任何事物在變化之前有其先兆，發端於細微之處，故稱爲幾。猶如在歲末冬至的夜晚時，花朵的蓓蕾露出其初生的形狀，此爲開花前的先兆，即爲幾。又晝夜交替的先兆，可以子午二時辰爲判斷的依據，若午時一過，便可推知夜晚將致之幾，就不需要整日等待晝夜何時轉換的問題，此即「君子見幾而作，不俟終日」〔註159〕之意。是故方以智認爲，判斷事物的先兆須從細微之處來覺察，進而「研幾」〔註160〕以掌握住先兆，方能徵知《周易》中剛柔變化的義蘊。因此，在他看來，「交輪幾」三者的關係是彼此密切的結合，共同說明事物運動變化的內在規律。誠如其所言謂：

何謂「幾」？曰：「交」也者，合二而一也；「輪」也者，首尾相銜也。凡有動靜往來，無不交輪。……晝即夜、夜即晝，原在晝而夜、夜而晝之中，謂之本無晝夜，而亦不壞晝自晝、夜自夜也。

〔註157〕同注1，冊四，卷之十三，〈說卦傳〉，頁4：1657～1658。

〔註158〕同注1，冊四，卷之十一，〈繫辭下傳〉，頁4：1575。

〔註159〕《周易・繫辭下傳》第五章曰：「幾者動之微，吉之先見者也。君子見幾而作，不俟終日。《易》曰：『介于石，不終日，貞吉。』介如石焉，寧用終日，斷可識矣。君子知微知彰，知柔知剛，萬夫之望。」同注4，冊一，頁1：632～633。

〔註160〕《周易・繫辭上傳》第九章曰：「夫《易》，聖人之所以極深而研幾也。唯深也，故能通天下之志；唯幾也，故能成天下之務。唯神也，故不疾而速，不行而至。」同注4，冊一，頁1：583～584。

則生死、呼吸、往來、動靜無不相即，並不相壞，皆貫者主之。

此所以代也、錯也。所以代錯者，無息之至一也。〔註161〕（《東西均‧三徵》）

由此可知，世間存在物必然在「交輪幾」的內在規律下不斷地呈現出生成與變化。如何掌握知幾和通變之道，可從「交」與「輪」的內涵來瞭解。簡言之，「交」者，指世間的「兩端」既對立又相交合的規律，即「合二而一」之意。「輪」者，指世間的「兩端」輪轉為用，呈現出盈虛、消息、終始等的循環過程，即「首尾相銜」之意。是故現象界中的萬物萬殊一動一靜、一往一來，如同晝夜、生死、呼吸等，無不相即相生，都是統貫於「交輪幾」的內在規律而活動變化。然而，「交輪幾」的作用僅在於呈現萬物代錯的循環關係，旨在顯現出「公因貫反對之因」的表現形式，而其背後「所以代錯者」的根源，則是「無息之至一」，亦即方以智所謂「公因」的此一存在形式。

第三節　方以智易學中的宇宙結構論

關於《周易時論合編》中宇宙結構論，可分成兩個部分來看：其一，方以智繼承其父方孔炤易學中的象數思想，闡發自宋明以降，以邵雍、朱熹為主的圖書象數之學，建構出一種「圖書式宇宙論」，〔註162〕其內容為探討圖書卦策之學，如〈密衍〉中的「圖書式宇宙論」，以及氣論、五行尊火說；其二，受到明末清初西學東漸的影響下，方以智曾與畢方濟、湯若望等西方傳教士交往，吸收其所傳入的西學知識，如天文、曆算等質測之學，並將這些自然知識記載在早期的《物理小識》、《通雅》及父子倆所編錄的《圖象幾表》等著作中，隱然形成另一種「科學的宇宙論」，〔註163〕其內容為探討天文曆算之

〔註161〕同注72，《東西均‧三徵》，頁57～58。

〔註162〕所謂「圖書式宇宙論」，乃是以《周易‧繫上十一》：「河出圖，洛出書，聖人則之」為預設的前提，後來圖書之學經由北宋道士陳摶所傳，分成三個支派：一派是傳〈先天圖〉的邵雍，二是傳〈河圖〉、〈洛書〉的劉牧，三是傳〈太極圖〉的周敦頤。（據南宋‧朱震《漢上易傳‧表》）於是乎圖書易學始於宋代，流傳於元明清三代，成為易學中三個主要的領域，這就是後世所言的河洛之學。其內容主要以天地之數、大衍之數為基礎，雜採陰陽五行、四季、五方等概念而衍成黑白圓點的圖式，其內涵是用具體化的圖象來表達易學的義理，以太極作為「存有者的存有」而化生萬物，形成一種「圖書式宇宙論」。此處，本文則概括稱為「哲學的宇宙結構論」。

〔註163〕所謂「科學的宇宙論」，指古代的羲和傳統，即《周易‧繫下二》：「古者包

學，這些自然知識可看作是跨入近代自然科學的前身。本文將分別說明這兩種宇宙結構論的內涵，並作一綜合論述。

是以「宇宙論」（Cosmology）的內涵為何，學者鄔昆如曾指出其確切的意涵，是謂：

> 一、事實上，宇宙論可以分為兩種模式，一種是科學的，屬於天文觀察所得出的事實；另外一種是屬於哲學的。……六、宇宙論的學說，一方面可以從哲學上討論，另一方面可以從科學去討論。科學的宇宙論大部分停留在宇宙的起源、現況以及未來的發展；到今天為止，科學所研究的宇宙論，從星雲、太陽系到地球。……至於哲學的宇宙論，不是問宇宙是什麼東西，而是問宇宙為什麼這樣。也就在宇宙為什麼是這樣的問題上，從因果的法則所導引出來的是宇宙的起源如何，以及問及宇宙是否有目的。〔註164〕

如其所言，廣義的宇宙論包含哲學的宇宙論與科學的宇宙論。要之，前者乃是將存有本身與世間存在物當成一個整體，著重在「形上秩序」（metaphysical order）的探討，所得到的宇宙結構，或稱之為「哲學的宇宙結構論」；後者則是以經驗現象為主，著重於「自然秩序」（natural order）的討論，所得到的宇宙結構，或稱之為「科學的宇宙結構論」。然而，兩者究其未分前的本源而言，可謂為一，近代以降，因為學科的細分，致使二者分道揚鑣。事實上，這兩種模式的宇宙論無非是企圖解釋宇宙間的根源性、秩序性及生成變化等問題，在中外歷史的長河中，逐漸累積成一套豐富的宇宙論學說。

一、哲學的宇宙結構論

所謂「哲學的宇宙結構論」旨在為經驗現象界之所以可能提出一超越的根據。何以如此，前面第三章第一節曾提及方孔炤父子以易學「三極說」來

義氏之王天下也，仰則觀象於天，俯則觀法於地」和《周易・繫上五》：「《易》與天地準，故能彌綸天地之道。仰以觀於天文，俯以察於地理，是故知幽明之故」之意，是故以感官為前提，是故古人透過現象界的觀察而得到的經驗知識，記載在歷代史書的〈天文志〉內，這些天文地理知識的內容主要是探討天體、儀象、曆法等，這些都是屬於近代以降的「科學的宇宙論」。因此，本文稱其結構為「科學的宇宙結構論」。

〔註164〕見氏著，《哲學概論》（臺北：五南圖書出版有限公司，1999 年 10 月），「第二篇宇宙論」，頁 308～311。

證成萬物背後的形上根源，亦即是經由太極分化過程的展開，以有、無極之
辨呈現出其作爲「存有者的存有」〔註165〕之形上意義。如是，它便成爲宇宙
萬物的本體，是先於經驗而獨立存在的實體，而由它所開展出的宇宙論之內
容，故名之爲「哲學的宇宙結構論」。因此，就其具體內容而言，可分爲以下
兩個部分：

其一，方孔炤父子二人的圖書象數之學，主要編錄在《圖象幾表》〔註166〕
八卷之中。書中所載的諸家易說，除了纘承方氏三代家學之外，並且也匯集
近代名儒不下十百餘家，〔註167〕又所附各類的圖式（包含由文字、卦爻象、
黑白點等所組成），據本文推估約有二百六十多幅之眾。〔註168〕由此可知，此
書一方面乃匯集自漢唐、宋明以降的圖書象數之學的精華，另一方面也反映
出方氏易學中的象數思想，足可謂爲「天下孤本，稀世鴻寶」〔註169〕的一大

〔註165〕 關於「存有者的存有」的解釋，趙師中偉指出：「就本體論而言，主要是研究
『存有者的存有』，即是宇宙本性的研究。而本體論所要研究的存有，不是具
體的存有形式，而是超出具體存有之上的『存有者的存有』。因爲，具體的存
有形式是相對的，有始有終的。『存有者的存有』則是普遍的、絕對的、永恆
的。它在邏輯上在先，具有『本原』、『普遍本質』的含義。由此之故，我們
稱『存有者的存有』，叫做『本體』。」同注 81，「第一章第一節形上學研究
第一根元，爲學問之母」，頁4。

〔註166〕 本文所載《周易時論合編圖象幾表》八卷的目錄，係根據文鏡影印版的編排。
同注1，冊五，頁39～46。或參見本論文附錄八：《周易時論合編圖象幾表》
目錄編碼及書影的說明，頁322～341。

〔註167〕 在李世洽所作《周易時論序》（1660）中曰：「潛夫方先生，纘承家學，著爲
《時論》，紹聞則祖明善（方學漸）而禰廷尉（方大鎮），集說則循康節（邵
雍）而遵考亭（朱熹），而又精探揚（揚雄）、京（京房）、王（王弼）、鄭（鄭
玄）、周（周敦頤）、程（程頤）、張（張載）、蔡（蔡元定）之奧，以匯及近
代名儒鉅公、窮經博物諸君子，不下十百餘家。綜合全豹，徵幾析義，綱舉
目擴，亡慮數十萬言，亦何燦然，其明備也。」同注1，冊五，「序跋」，頁5：
8。

〔註168〕 經由吾人檢索是書之後，將各卷圖式的統計數量詳列如下：卷之一，「圖書」
（頁5：69起）（約61幅）；卷之二，「卦畫」（頁5：161起）（約27幅）；卷
之三，「八卦」（頁5：247起）（約35幅）、卷之三，「卦變」（頁5：289起）
（約33幅）（共約68幅）；卷之四，「蓍策」（頁5：327起）（約42幅）、卷
之四，「卦序」（頁5：367起）（約2幅）（共約44幅）；卷之五，「旁徵」（頁
5：405起）（約22幅）；卷之六（頁5：495起）（約12幅）；卷之七（頁5：
591起）（0幅）；卷之八（頁5：651起）（約33幅）（共約67幅），八卷合計
約有267幅。見本論文附錄九：《周易時論合編圖象幾表》附圖一覽表，以及
「表十二：《圖象幾表》附圖的數量統計表」，頁342～393。

〔註169〕 在文鏡影印版的《周易時論合編圖象幾表》中，大部分的書頁都印有紅色小

奇書。由於書中圖式繁多，本文無法一一臚列詳究，故擬就〈密衍〉中十一個小圖的衍化過程來探討方以智的「圖書式宇宙論」。

其二，方孔炤父子曾提出兩間皆氣之說的命題，用以解釋萬物在形上之氣的作用而生成的根源問題，此即其氣論的兩層涵義，並且兼談理氣的關係，以及「二氣五行」的理論間架所開展出來的內涵。

（一）〈密衍〉中的圖書式宇宙論

〈密衍〉一圖（見圖十），原圖式只有十個，乃是出自方以智的老師王宣之手。〔註170〕進而，方以智在邵雍、朱熹及其師的基礎上，融合宋明以來的圖書象數之學並加入注解而成十一個小圖。〔註171〕概括而言，此一圖式可以說是對前人諸家河洛之說的總結。〔註172〕此圖記載於《圖象幾表》「圖書」類中的第四個，在圖式之首，方以智作有識語以明其宗旨，是謂：

> 《全書》析衍諸圖，煩矣。而无體有極之故，易位生成之故，圖書體用之分合合分，終未剔醒也。此豈天地必如此剖合次第乎？理寓象數，衍而歷之，《易》燎然耳。故因邵子小衍，以虛舟子法衍之曰：

篆字體：「页下顁出，胜世贈順」八字，足見其內容爲歷來易學著作中之罕見者。

〔註170〕虛舟子曰：「天下之數始于一，終于十，而五爲中。言五而兼六者，五爲生數之終，而六爲成數之始也。言五與十者，合兩生成之終數也，故五十者數之統也。五與十爲數十五，以一五而合二五也，參伍也，故河洛爲十五者十二，原其始則五行之生數，十五已足，用九用六，用十五也。即以此作十圓圖，而五在中，已盡其玅，大衍以十承五，以五乘十，而是矣。《河圖》五十五，虛其中宮之五者，亦適合也。」同注1，冊五，卷之一，「圖書」，〈密衍〉，頁5：109。

〔註171〕在《周易時論合編圖象幾表》目錄中，〈密衍〉之下繫有題解，其曰：「有極即無極，《河圖》金火易位，除十正陽，變成《洛書》，凡十一圖。」同注1，冊五，「目錄」，頁5：39。

〔註172〕據朱伯崑的判定，認爲〈密衍〉中各圖式的名稱是：「此圖式的第一圖之前，尚列有「前衍無極即有極圖」，只是一空白，並無象數，乃方以智所增。……從第一圖到第十圖，圖下皆有解說，此解說，大概是方以智據王宣義所作。第一圖，只有一小白圈，居中宮，稱爲『有極即無極圖』。……第二圖爲中五圖，稱爲『邵子小衍』。……第三圖，乃中宮十五圖，稱爲『道家曰古河圖』。……第四圖爲五行生數分布圖。……第五圖爲陰陽相配圖。……第六圖爲五行成數圖。……第七圖爲河圖。……第八圖爲中宮除十圖。……第九圖爲金火易位圖。……第十圖爲洛書圖。……此說，就易學史說，是對以前各家河洛說的總結。」同注34，冊三，「第四編第五節（3）河洛中五說」，頁3：441-445。是故本文採取朱氏所作諸圖的定名以爲準據，但是在圖式的次序上，另行加上「前衍無極即有極圖」作爲第一圖來闡述之。

〈密衍〉〔註173〕（《圖象幾表卷之一‧密衍》）

《全書》是明‧楊時喬（？～1609）《周易古今文全書》〔註174〕的簡稱。「小衍」是指邵雍所言的「五者，蓍之小衍也」〔註175〕之意。由此可知，方以智注解〈密衍〉的原因，一方面是因爲前人衍圖煩雜，使得圖書中的體用關係未能豁然明晰，亦即「無體有極」、「易位生成」的道理不得彰顯；另一方面，爲讓人瞭解「至理」是含藏於象數思想之中，亦即「以此《河》《洛》象數，爲一切生成之公証」。〔註176〕因此，方以智才會依邵雍和王宣等人的象數思想爲準據，以「依然辟喻」的方式，達到「研幾者自得之」的目的。以下，即分別析論此十一個小圖的生成過程，以開展其「圖書式宇宙論」的面貌。

圖十：方以智〈密衍〉的圖書式宇宙論

（圖十之一） （圖十之二） （圖十之三）

〔註173〕同注1，冊五，卷之一，「圖書」，〈密衍〉，頁5：107。

〔註174〕楊時喬，字宜邊，號止菴，廣信上饒人。傳見明‧黃宗羲，《明儒學案》（臺北：河洛圖書出版社，1974年12月），下冊，卷四十二，甘泉學案六，〈端潔楊止菴先生時喬〉，頁2：84。《四庫全書總目提要》曰：「此書凡分六部，曰：《論例》二卷、《古文》二卷、《今文》九卷、《易學啓蒙》五卷、《傳易考》二卷、附《龜卜考》一卷。每部皆有自序，其大意在薈萃古今，以闢心學說《易》之謬，所宗惟在程朱。」收錄於四庫全書存目叢書編纂委員會撰，《四庫全書存目叢書‧經部》（臺南：莊嚴文化事業有限公司，1997年2月），冊九，頁9：584。

〔註175〕邵氏曰：「五十者，蓍數也。……五者，蓍之小衍也。」同注36，卷之七上，〈觀物外篇上‧河圖天地全數第一〉，頁299。

〔註176〕在《周易時論合編‧凡例》中，方以智記語曰：「訓詁習膠，一執名字，則不能會通，雖語之亦不信也。急于破執，因用掃除之權，而巧遁洸洋者，又借掃除以掩其固陋已矣。故以此《河》《洛》象數，爲一切生成之公証。……事物之節限，可得而徵矣。既不爲文字所膠，而又豈爲洸洋所蕩乎？故作〈冒示〉、〈密衍〉、〈極倚〉諸圖，依然辟喻耳。在研幾者自得之。」同注1，冊五，卷之一，頁5：70～71。

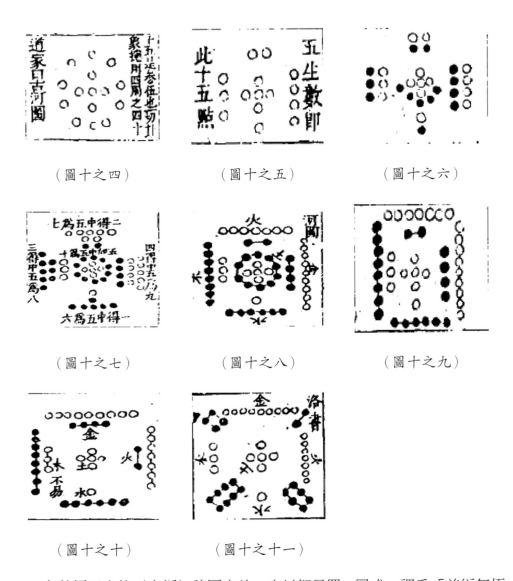

（圖十之四）　　　　　　（圖十之五）　　　　　　（圖十之六）

（圖十之七）　　　　　　（圖十之八）　　　　　　（圖十之九）

（圖十之十）　　　　　　（圖十之十一）

　　在其師王宣的〈密衍〉諸圖之前，方以智另置一圖式，謂爲「前衍無極即有極圖」，〔註177〕簡稱「前衍」（圖十之一）。其用意是以虛空的狀態，說明太極處於尚未分化之前，實際上已涵蘊著萬象的存在。就其空白之處言，視爲「無極」；就其涵蘊萬象言，視爲「有極」，由整體觀之，則象一「無極即

〔註177〕在「前衍無極即有極圖」（圖十之一）之下，方以智引朱子之說而論曰：「朱子曰：『已形已見者，可以言知；未形未見者，不可以名求。』故權立前衍，使人逆而窮之，順而理之。開眼者，河洛卦策，處處彌綸，有何虛空非象數，象數非虛空乎？」同注1，冊五，卷之一，「圖書」，〈密衍〉，頁5：107。

－181－

有極圖」，寓含有「虛空皆象數」〔註178〕之意，亦即為經驗現象之所以可能提出一超越的根據，具有存有論的意義。繼之，方以智以一圓環「○」象太極已呈顯之初的狀態，從無極到有極的相互轉化之中，三者則顯現為一種「寂歷同時」的關係，此即「秩敘寂歷，冒如斯也」之意，故方以智將此圖式謂為「有極即無極圖」（圖十之二）。對於此圖，其註云：

> 北即太陽，東即少陽，南即少陰，西即太陰，隨處一星，即有中五四破，而八卦、九宮、十二盤、三百六十皆具矣。可信象即無象，名即無名，天下理得，成位乎中。〔註179〕（《圖象幾表卷之一‧密衍》）

依據此段文意，應合（圖十之二）與（圖十之三）觀之方能瞭解其意涵。方以智認為，任何事物之數皆始於一，如同象數中卦爻已布，故曰「有極」。以此一圓環為中，亦稱中一。由四方擬配四象，謂之「四破」，亦即是北方為太陽之位，東方為少陽之位，南方為少陰之位，西方為太陰之位。由中五破析為四方，各得上下左右之四個圓點以象四星，並以這五個圓點以象中五，此乃「隨處一星，即有中五四破」之意。九宮，指《洛書》，謂其九數縱橫相加均為十五，亦稱「縱橫圖」、「九宮圖」。十二盤，指天干地支所排列的十二個時辰。三百六十，指〈乾〉〈坤〉兩策數相加的數目總和。〔註180〕其意是說八卦、九宮、十二盤、三百六十等圖式皆由「中五四破」而來。此時（見圖十之二），四方的圓點尚未顯露，處於「無極」的狀態，但是實際上《河圖》、《洛書》等象數思想已經蘊藏在此一圓環之中，故名為「有極即無極」。因此，可見之象由無象為始，可稱之名從無名為始。換言之，可見之象、可稱之名的具體事物，即具有無形之理在其中，因而萬事萬殊便能夠各得其理，各居其位，此即「天下理得，成位乎中」〔註181〕之意。接著是「邵子小衍」（圖十之三），在此圖式之下，其註云：

〔註178〕智曰：「諸家各有鬮合，而或有執此復疑彼者，或有信後天圖不信先天者，蓋未全悟虛空皆象數，一合皆合者也。若謂圖數不可信，則六合之日月，七天之經絡，應叶之律曆，周旬之支干，皆不可信矣。」同註1，冊一，卷之三，〈蠱卦〉，頁1：436。

〔註179〕同註1，冊五，卷之一，「圖書」，〈密衍〉，頁5：107。

〔註180〕《周易‧繫辭上傳》第九章曰：「乾之策，二百一十有六；坤之策，百四十有四，凡三百有六十，當期之日。」同註4，冊一，頁1：576～577。

〔註181〕語出《周易‧繫辭上傳》第一章曰：「易簡而天下之理得矣。天下之理得，而成位乎其中矣。」同註4，冊一，頁1：534。

中五即中一也，可以藏一而旋四用三矣。可用三于一矣，或縱或衡即參矣。或四用半即兩矣。有此，無此，亦兩也，有無與不落有無，亦參也，萬法明矣。〔註182〕（《圖象幾表卷之一・密衍》）

方以智以為，中五是由中一推衍分化而得，是以「中五即中一」。在此一圖式中，蘊藏著「藏一而旋四用三」〔註183〕的道理，也就是說「中一」居於四方之中，故為「藏一」，亦即「用三于一」之意；四方之位，猶如四星的旋轉，故為「旋四」，如周圍四點用其半，則兩兩相對，此即「或四用半即兩」之意；由縱橫數之，皆成三，故言「用三」，亦即「或縱或衡即參」之意。由此可知，此「中一」即象第三章中所言的方以智「三極一貫圖」——◎，而有此「中五即中一」之象，無此「中五即中一」之象，亦是成兩之數；是以象有的「有極」與象無的「無極」，以及不落有無的「太極」，也是成參之數。要之，此一「中五圖」表明天地間生成變化的法則，其究竟乃是「至理」的顯現。〔註184〕再者是「道家曰古河圖」（圖十之四），於此圖式之下，方以智注云：

天地之數，盡于十五，以五乘十，十乘五，皆大衍也。故全圖皆太極，而不礙以中之十五為極，又以中五為極，又以中五之一為極，一又有旋毛之中，則圈圈皆有太極之正中明矣。〔註185〕（《圖象幾表卷之一・密衍》）

由前述可知，大小衍之數的區別，主要源自於邵雍之說。〔註186〕而五與十相乘為大衍之數〔註187〕的說法，乃是根據朱熹所言「大衍之數五十，蓋以《河圖》

〔註182〕同注1，冊五，卷之一，「圖書」，〈密衍〉，頁5：107。

〔註183〕在《圖象幾表・諸家冒示集表》中，方以智亦有言曰：「兩即藏三，謂對錯之中藏一，而三為錯綜之端矣。二分太、少為四象，而一即藏于中五矣。此參兩、參伍、旋四、藏一之旨，所以為萬法盡變也。」同注1，冊五，卷之一，「圖書」，〈諸家冒示集表〉，頁5：80。

〔註184〕劉謹銘指出：「此『中五』之圖式，即已充分地說明有、無之兩，以及有、無、不落有無之參，若能洞澈此一至理，則可明瞭天地生成變化之種種法則，而此正是五為參兩之合的深刻意蘊所在。」見氏著，《方孔炤《周易時論合編》之研究》（臺北：私立文化大學哲學系研究所博士論文，2004年5月），「第七章第二節二、密衍」，頁205。

〔註185〕同注1，冊五，卷之一，「圖書」，〈密衍〉，頁5：107。

〔註186〕邵雍曰：「《易》之大衍何？數也，聖人之倚數也。天數二十有五，合之為五十。地數三十，合之為六十。故曰五位相得而各有合也。五十者，蓍數也。六十者，卦數也。五者，蓍之小衍也。故五十為大衍也。」同注36，卷之七上，〈觀物外篇上・河圖天地全數第一〉，頁299。

〔註187〕《周易・繫辭上傳》第九章曰：「大衍之數五十，其用四十有九，分而為二以

中宮天五乘地十而得之」。〔註188〕在方以智看來，天地之數五十五〔註189〕的意蘊，皆統攝於十與五這兩個數，故其注曰：「十五是參伍也，一切卦象總用四周之四十」，〔註190〕意思是五之倍三爲十五，因自乘而爲參伍之意。是故天地之數去掉此圖的中宮五之數，爲五十，即合於大衍之數。再者，去掉參伍之數，只剩四十，這四十之數則散佈在四周，是一切卦象之總用，只不過這四十之數仍處於尚未顯露的階段。又清‧胡煦在此圖式下作按語云：「此圖十五是太陰、太陽九六之合，亦少陰、少陽七八之合也。是一圖而四象全矣。」〔註191〕胡氏的看法認爲十五之數，則是筮法中陰陽老少之奇偶數的和，此說亦可參考。

　　另外，方以智以爲，五乘十，或者，十乘五，皆合大衍之數五十之意。全圖，指〈密衍〉十一個小圖。極，指根源、本原之意。他認爲，每一個圖式的生成過程都是太極之理的顯現。要之，以全圖象太極之分化，與以中宮之十五爲本原的說法，二者不相妨礙。是以，逆其理而推之，中宮十五統於五，故以中五爲其根源，而中五又是從中一推衍而得，故又以一爲其根源。又據楊時喬《周易古今文全書》所載的圖式中畫有一「旋毛太極圖」〔註192〕

象兩，掛一以象三。揲之以四以象四時，歸奇於扐以象閏。五歲再閏，故再扐而後掛。」同注4，冊一，頁1：573～574。其中「衍」，指推衍；「大衍之數」，指揲著衍卦所用五十根著策之數，其中虛一不用。「兩」，指兩儀，亦即陰陽；「三」，指天地人三才。「揲」，指用手將著策分開成一束的動作；「奇」，指揲著終了前所剩餘的策數；「扐」，指著策夾於手指間的動作；「閏」，指閏月；「四營」，指分二、掛一、揲四、歸奇等四種揲著的程序。

〔註188〕《周易本義》曰：「大衍之數五十，蓋以《河圖》中宮天五乘地十而得之。至用以筮，則又止用四十有九。」同注17，冊一，〈繫辭上傳第五〉，頁1：130。

〔註189〕《周易‧繫辭上傳》第九章曰：「天數五，地數五，五位相得而各有合。天數二十有五，地數三十，凡天地之數，五十有五，此所以成變化，而行鬼神也。」同注4，冊一，頁1：575～576。其中「天數五」，指一三五七九等五個奇數，合之爲數二十五；「地數五」，指二四六八十等五個偶數，合之爲數三十。換言之，將這一到十的數字加總之和，共爲數五十五，這就是「天地之數」。它所代表的意涵，不是指算數中記錄的數字，而是古人以數字總和，對萬物整體作一抽象的概括。

〔註190〕同注1，冊五，卷之一，「圖書」，〈密衍〉，頁5：107。

〔註191〕胡煦按曰：「此圖十五是太陰、太陽九六之合，亦少陰、少陽七八之合也。是一圖而四象全矣。特少靜而老動，故《易》有用九用六之說，用則陰陽太少分矣。故用九則不用六，用六則不用九，此圖即三五之義，觀後圖自明。」見清‧胡煦撰，《周易函書約存》，收錄於《四庫全書珍本》九集，冊十一至二十四（臺北：臺灣商務印書館，1979年），冊十二，卷一，〈河圖篇〉，頁12：13。

〔註192〕在《圖象幾表‧諸家冒示集表》中列有一圖式，即爲明‧楊時喬《全書》中的「旋毛太極圖」，是圖底下注曰：「《全書》所載，旋毛有中脊焉。鄭漁仲已

——〔圖〕。此處，方以智乃申論為「一又有旋毛之中，則圈圈皆有太極之正中明矣」，意思是由「中一」到中宮十五的數之推衍過程中，每一圓點無非具全著太極的中正之道，因此，這個道理就明白可見。再者為「五行生數分布圖」（圖十之五），於此圖式之下，其注云：

> 二五分之，即五行生數，中一五原不動，而四行乃二五所分也，四
> 象顯矣。〔註193〕（《圖象幾表卷之一・密衍》）

此圖式表明，居中的中五不變動，而周圍的十個圓點即二五，分化為奇偶之數的排列組合，〔註194〕並以四方擬配四象，謂之「四行」，表示數與象在方位上的確立，其順序便成為一居北為太陽，三居東為少陽，二居南為少陰，四居西為太陰等四象。要之，此圖式共由一二三四五等五個數所排列組合而成，此五數合稱為「五行生數」，亦即方以智所言「五生數即此十五點」之意。由此可知，此圖式象徵著奇偶之數已經萌生的階段，其奇偶總數為 15。接著是「陰陽相配圖」（圖十之六），在此圖式之下，其注云：

> 有陽即有陰，微固交汁，而顯亦各分也。冬春陰在外，陽在內；夏
> 秋陽在外，陰在內。〔註195〕（《圖象幾表卷之一・密衍》）

在本章前一節中有言，方以智對於陰陽觀念的意涵，提出「陰陽本交汁」的看法。是以陰陽未呈顯之前，即為「陰陽本交汁」之太極，在陰陽呈顯之後，便各自有一陰與一陽之象的生成。是圖則以白點表示陽，以黑點表示陰，代表著數字的倍增與陰陽二象的分化，此即「有陽即有陰，微固交汁，而顯亦各分也」之意。另外，方以智先以四方擬配四時，〔註196〕如北方之一，時序為冬，南方之二，時序為夏，東方之三，時序為春，西方之四，時序為秋。

言之，蔡元定得于蜀山隱者。」對此，方以智則批評曰：「故或『丶』之、『丨』之、『乂』之、『十』之，為太極之寂歷同時，不可畫，畫之不能盡，而姑約指之，使自得耳。旋毛甲坼，尚不知圈點之可通，習見卦畫，則知———為卦畫也。豈知可點、可注、可直、可曲、可自下而上、可自上而下、可正交、可隅交、可環蟠、可斷緒，無非卦畫耶？」同注1，冊五，卷之一，「圖書」，〈諸家冒示集表〉，頁5：79及5：80～81。

〔註193〕同注 1，冊五，卷之一，「圖書」，〈密衍〉，頁 5：108。

〔註194〕對此，胡煦按曰：「中之成數十，即四方二五之合也，四方生數之二五，即中十數之分也，是體用一如之妙也。」同注 191，冊十二，卷一，〈河圖篇〉，頁 12：13。

〔註195〕同注 1，冊五，卷之一，「圖書」，〈密衍〉，頁 5：108。

〔註196〕對此，胡煦按曰：「四時之理，原是如此，特不留心看圖，便不解圖中之妙。」同注 191，冊十二，卷一，〈河圖篇〉，頁 12：14。

進而，再以內外之位擬配四時與陰陽二象，也就是說，冬春二季，分居北、東二方，黑點象陰，一三居外，而白點象陽，一三居內，此即「冬春陰在外，陽在內」之意。夏秋二季，分居南、西二方，白點象陽，二四居外，而黑點象陰，二四居內，此即「夏秋陽在外，陰在內」之意。居中的中五仍不變動，分化爲陰陽二象各五點，而爲十之數，其餘散佈於四方的四象，也是成雙成對。由此可知，是圖扮演著〈密衍〉生成過程的關鍵，其意義是開啓陰陽之象與數的分化（陰 15／陽 15，總數 30）、四象配四時、內外之別等對應關係。再者爲「五行成數圖」（圖十之七），此圖式之下，其注云：

> 陰陽既配，各以中五加之，即各具五行之成數。〔註 197〕（《圖象幾
> 表卷之一·密衍》）

由前圖可知，五方圓點的陰陽之象與數已完成分化與擬配，此即「陰陽既配」之意。此處，方以智以爲，將前圖的生數各加上「中五」之數五，即北方爲六，東方爲八，南方爲七，西方爲九，中宮加五爲十，得六七八九十等五數，合稱爲「五行成數」，也就是「各以中五加之，即各具五行之成數」之意。由此可知，是圖標誌著五行生成之數的完成，內位爲五行生數（總數 15），外位爲五行成數（總數 40），兩者的總數和爲 55。此時，陰陽之象的排列尚未完成，僅可視之爲河圖的前身。接著是「河圖」（圖十之八），在此圖式之下，其注云：

> 環生對克，矩在西南；巳亥方連，寅申方開；太少應之，四正藏隅，
> 爲十五者四。〔註 198〕（《圖象幾表卷之一·密衍》）

此圖式表明總數和爲 55 的《河圖》，同於天地之數五十五。由於前圖中，四方的成數已自行合併，各以生成之數擬配五行，即一六居北爲水，二七居南爲火，三八居東爲木，四九居西爲金，五十居中爲土。〔註 199〕所謂相，指相生，有滋養、助長之意；克，指相勝，有克制、約束之意。而「環生對克」即由五行相生的次序右旋而環生，水生木，木生火，火生土，土生金，金生水；其相對者

〔註 197〕同注 1，冊五，卷之一，「圖書」，〈密衍〉，頁 5：108。

〔註 198〕同注 1，冊五，卷之一，「圖書」，〈密衍〉，頁 5：108。

〔註 199〕關於方以智〈密衍〉圖式中，以五行擬配五方、四季的觀點，乃是受到西漢揚雄《太玄》思想的影響，其謂：「三八爲木，爲東方，爲春，生火，勝土；……四九爲金，爲西方，爲秋，生水，勝木；……二七爲火，爲南方，爲夏，生土，勝金；……一六爲水，爲北方，爲冬，生木，勝火；……五五爲土，爲中央，爲四維，生金，勝水。」見漢·揚雄著、鄭萬耕校釋，《太玄校釋》（北京：北京師範大學出版社，1989 年 2 月），〈太玄數〉，頁 294～296。

爲相克，即水勝火，金勝木。如下面（圖十一）、（圖十二）所示：

圖十一：五行環生對克〔註200〕　　　　圖十二：五行環克對生

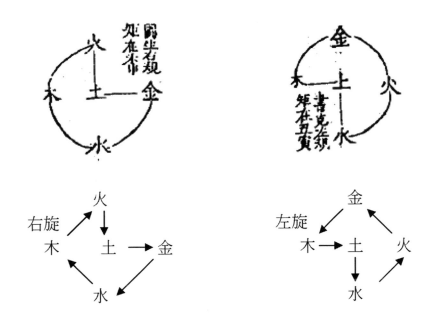

所謂「矩在西南」指火土金三位所構成的矩形，正好居於西南方，亦即以五行擬配八方之意。是圖再以十二地支擬配五行，如下（圖十四）所示：

圖十三：〈方圖諸象・十二方環中央〉〔註201〕

〔註200〕本文與原二圖式所載稍異，蓋將圓環改益爲箭頭之故。在此二圖式之下，潛老夫曰：「《圖》生右旋規之，矩在未申。《書》克左旋規之，矩在丑寅。」其父之說亦可與方以智之說互相參照。同注1，冊五，卷之一，「圖書」，〈河洛析說〉，頁5：138。

〔註201〕同注1，冊五，卷之二，「卦畫」，〈方圖諸象・十二方環中央〉，頁5：195。

圖十四：五方、五行、四時、四象、十二時辰對照表〔註202〕

巳	午	未 （南、火、夏、少陰）	申
辰 （東、木、春、少陽）	赤衡 青規　黃圭　白矩 （中、土） 黑權		酉 （西、金、秋、太陰）
卯			戌
寅	丑	子 （北、水、冬、太陽）	亥

　　對此，朱伯崑先生指出：「『矩』指火土金之位，成爲矩形，其弦面向西南，配十二支，當未申，乃夏秋即陰陽二氣之交接處或轉折點。中宮土則面向此方位，成就火生土，土生金的順序。」〔註203〕其意思正如方以智所言曰：

> 四正惟夏秋爲用之最盛，以巳亥爲鍵軸，而自巳至亥，陰方也，主用也；自亥至巳，陽方也，主不用之用也。〔註204〕（《圖象幾表卷之六・人身呼吸合天地卦氣說》）

在他看來，以巳亥作爲轉折點，由巳到亥者，屬陰而主用，爲夏轉秋之象；反之，由亥到巳者，屬陽而主不用之用，爲秋轉夏之象，此即是「巳亥方連」之意。況且寅居東北，爲陽之屬，申居西南，爲陰之屬，表陰陽二氣一開一閉之象，猶如陰陽老少之象與其相互配應，如前所述的太陽居北，其數配一六；少陽居東，其數配三八；少陰居南，其數配二七；太陰居西，其數配四九，這就是「寅申方開，太少應之」之意。由此可知，方以智以陰陽二氣擬配十二地支，試圖將陰陽二氣、四象、十二地支等納入《河圖》五行相生系統之中。另外，就河洛關係言，在《河圖》尚未轉化爲《洛書》之前，位居四正之位的天地之數，便蘊含著即將分列於四隅之位的可能性，只是仍處於尚未變動的狀態，此即「四正藏隅」之意。再者，《河圖》中隱含四個有趣的數字組合，其一是取周圍的五行成數各半爲十五，如七八爲十五，六九爲十

〔註202〕須說明者，本文爲求文意上解釋的方便，乃援引（圖十三：〈方圖諸象・十二方環中央〉）之圖式，惟括號內的文字爲本文所增加者，其次序爲五方、五行、四時、四象。

〔註203〕同注34，冊三，「第四編第八章第五節　方以智與《周易時論合編》」，頁3：443。

〔註204〕同注1，冊五，卷之六，「旁徵」，〈人身呼吸合天地卦氣說〉，頁5：523。

五；其二是取五行生數之總合，即一二三四五亦爲十五；其三是再取中五與
成數之十相配，即五與十爲數十五，此四組十五之數這就是「爲十五者四」
之意。就《河圖》中黑白點的排列位置言，方以智認爲：

> 中五之一爲中心，中五連心之四爲第一層，隨中五之地十爲第二層，
> 一二三四爲第三層，六七八九爲第四層，合中一謂之五層可也，猶
> 四方合中爲五方也。《書》則三層。〔註205〕（《圖象幾表卷之一・密
> 衍》）

由此可知，《河圖》中具有五層的數字排列組合（見圖十五），分開來看便是
指將前圖的「邵子小衍」當作第一層，以「道家日古河圖」當作第二層，以
五行生數中的一二三四當作第三層，以五行成數中的六七八九當作第四層，
再加上前圖「有極即無極」的中一作爲第五層，猶如取東西南北四方而合中
爲五方之意是相同的。如是，將每一層畫爲一圓環就可以得到五層的同心圓
圖，這便顯現出《河圖》中象數之理的奧妙。

圖十五：《河圖》五層示意圖

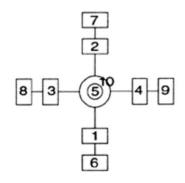

後世對於《河圖》源流的考證，以清儒胡渭的《易圖明辨》一書所考辨者
頗爲詳實，以爲《河圖》中的五行生成乃是經由好幾道的遞變過程而成。〔註206〕
據許朝陽先生的歸納，他認爲說：

> 清儒胡渭於《易圖明辨》一書，費甚多心力考據宋人河圖洛書之源流，
> 以爲河圖「五行生成」乃經下列過程遞變以成：一、《尚書》〈洪範〉
> 單純之五行。二、《左傳》以生數附會五行。三、《漢書》〈五行志〉

〔註205〕同注1，冊五，卷之一，「圖書」，〈密衍〉，頁5：108。
〔註206〕其說詳見於清・胡渭撰，《易圖明辨》，收錄於嚴靈峰編輯：無求備齋《易經
　　　　集成》冊一百四十五（臺北：成文出版社有限公司，1976年），卷二，〈五行〉，
　　　　頁73～88。

以天地之數與五行互爲牝牡。四、《禮記》〈月令〉又以天干、四季、五方位附會之。五、《太玄》形之於圖。六、最後由鄭玄以五行注《易》。

綜上所述，後世對「河圖」的理解，實際上是將戰國以來發展的五行、五方、天干等思想，雜揉於「大衍之數」與「天地之數」。〔註207〕

如以許氏的分析來看方以智對《河圖》的理解，可以發現到方以智除了同樣受到自戰國以來發展的五行、五方之說與四季等思想的影響。另外，還加上《易傳》中陰陽二氣、四象以及天地之數、大衍之數等數字概念的影響而衍成。再者是「中宮除十圖」（圖十之九），此圖式之下，其注云：

天下之數盡于十，而十不用，以九極則十復爲一也。〔註208〕（《圖象幾表卷之一・密衍》）

此圖式表明，即將要轉化成《洛書》前的第一步驟，以總數減十爲先，即《河圖》之數五十五去十爲四十五之意。所謂盡，指涵蓋、概括。極，指極限。方以智認爲，天下之數的變化莫不出一至十的十個數，故以這十個數來涵蓋其它數字之意。但是，此處則去十而不用，以九爲極限，因此，每逢十就復歸於數一，何以如此，究其緣故，方以智乃徵引《集象》中的說法，以爲是取算器的數學運算法則來加以解釋。〔註209〕由此可知，《河圖》與《洛書》之數的差別，就在於中宮除十這一階段的變化。接著是「金火易位圖」（圖十之十），此圖式之下，其注云：

水木土不易，而火金易者，用先陰也。五行惟金火以陰用陽。〔註210〕
（《圖象幾表卷之一・密衍》）

此圖式表明，即將要轉化成《洛書》前的第二步驟，以五行中的金火易位爲次，即前一圖（圖十之九）的金四九與火二七互易其位，其餘不變動之意。何故金火須要易位，主要原因是金火易位之後，方能符合「左旋相克」〔註211〕與「天下之道，必相制乃可用」〔註212〕之理。方以智認爲，五行中水木土三位不變動，

〔註207〕同注116，「第一章第三節二、清儒對圖書的批評」，頁43～44。

〔註208〕同注1，冊五，卷之一，「圖書」，〈密衍〉，頁5：108。

〔註209〕《集象》曰：「《洛書》用九不用十，以陽數自一極于九也。不用十而十寓于一，何也？算器逢五寄上位，變而爲一，逢十寄前位，變而爲一。」同注1，冊五，卷之一，「圖書」，〈密衍〉，頁5：110引。

〔註210〕同注1，冊五，卷之一，「圖書」，〈密衍〉，頁5：108。

〔註211〕盧舟子曰：「建極以克制爲生，以扶陽爲經，苟非金火易位，何能左旋相克耶？」同注1，冊五，卷之一，「圖書」，〈密衍〉，頁5：111。

〔註212〕潛老夫曰：「天下之道，必相制乃可用，制殺之道先起金方，金火不易位，則

但是金火二位卻改變，這是因爲「用先陰」之故，即是居於陰方的火金二位主用之意。由此可知，五行之中，金火二位是具有「以陰用陽」〔註213〕之性質，正如其父方孔炤所說「五行惟金火之性獨烈，水木不變而金火通變」〔註214〕之意。接著是「洛書圖」（圖十之十一），於此圖式之下，方以智注云：

> 陽居四正，陰居四隅，八方九宮，《洛書》建極。朱子所云：「中主外客，正君側臣，聖人扶陽抑陰之道，非有一毫造作也。」環克對生，矩在歲限，巳亥數貫，左旋數生，合五生偶，半邊亦生隅，爲十五者八，縱橫交午皆是矣。〔註215〕（《圖象幾表卷之一·密衍》）

此圖式表明，一三五七之陽數居於四正之位，而二四六八之陰數各居四隅之位，此即形成四正、四隅之八方，以及縱橫相加均爲十五的「九宮數」，這就是今日所見《洛書》的圖形。所謂建極，指建用皇極，出自《尚書·洪範》。〔註216〕此處，方以智以〈洪範〉的九疇擬配《洛書》，〔註217〕此即「陽居四正，陰居四隅，八方九宮，《洛書》建極」之意。進而方以智援引朱子之說，強調《洛書》建極，正是揭示「陽抑陰之道」。所謂「環克對生」即由五行相勝的次序左旋而環克，金克木，木克土，土克水，水克金，金克木；其相對者爲相生，即金生水，木生火。如上（見圖十二）所示。所謂「矩在歲限」指水土木三位所構成的矩形，恰好在東北方，正值冬春之交替，爲寅丑之歲限。（見圖十四）

　　所謂「巳亥數貫」是指位居東南之巳與西北之亥，兩者遙遙相對，其數正好是四五六的順序相連貫。而「左旋數生」〔註218〕意思是由中宮五起，依左旋

永不相制矣。」同注1，冊五，卷之一，「圖書」，〈密衍〉，頁5：113。
〔註213〕智曰：「南方西方，陰而用陽，暑即藏寒，爲萬物之用地，成地坤土居間，故易位在此。」同注1，冊五，卷之一，「圖書」，〈密衍〉，頁5：114。
〔註214〕同注1，冊五，卷之一，「圖書」，〈密衍〉，頁5：113。
〔註215〕同注1，冊五，卷之一，「圖書」，〈密衍〉，頁5：108。
〔註216〕《尚書·洪範》曰：「初一曰，五行，次二曰，敬用五事，次三曰，農用八政，次四曰，協用五紀，次五曰，建用皇極，次六曰，乂用三德，次七曰，明用稽疑，次八曰，念用庶徵，次九曰，嚮用五福，威用六極。」同注4，冊二，頁2：444。
〔註217〕此一圖式稱爲〈洪範九疇圖〉，其中的注解可參見〈洪範九疇諸解〉中諸家的說法。同注1，冊五，卷之一，「圖書」，頁5：129～136。
〔註218〕盧舟子曰：「《洛書》之數亦環相生，中五合北一爲六，故左旋西北得六，北一合六爲七，故西方得七，西七合西南二爲九，故正南得九，九合東南四爲十三，除十算三，故正東爲三，三合東北八爲十一，除十算一，故正北得一。」

的順序兩數相加，中五加北一為西北六，北一加西北六為西七，西七加西南二為南九，南九加東南四為十三，遇過半則須去十以通變，即去十成東三，東三加東北八為十一，去十成一為北一。而「合五生偶」指中宮五起，依右旋的順序兩數相加，中五加北一得六，中五加東三得八，中五加南九得十四，遇過半則須去十以通變，即去十得東南四，中五加西七為十二，去十得西南二，恰好是奇數相加得偶數之例，可知此二者皆隱含數字加減的邏輯法則。而「半邊亦生隅」意思是先以中宮五的四周以每三個數相加，如四三八、四九二、二七六、六一八，可得四種組合，其數之和皆為十五而稱之。再以中宮五為中心，配上縱橫與對角線的兩數之和，如五一九、五三七、五四六、五二八，亦可得四種組合，其數亦各得十五。要之，總共有八種組合方式，其數之和皆為十五，此即「為十五者八，縱橫交午皆是」之意。（見圖十六）

圖十六：《洛書》縱橫數十五之圖

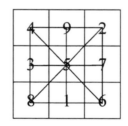

由前述分析可知，〈密衍〉十一個小圖的生成過程，其所開展的「圖書式宇宙論」之進程，可分為兩個層面來看：一是數的生成變化過程、二是圖書的推衍過程。如下簡表所示：

1、數的生成變化過程

　　0（虛空）－＞1－＞5－＞15－＞15－＞30（陰陽15各半）
　　（太極）　　（四破＋中一）
　　－＞55－＞55－＞45－＞45－＞45。
　　　　（去十不用）　　（金火易位）

2、圖書的推衍過程

　　前衍無極即有極（方以智密衍十一圖）－＞有極即無極（王宣密衍十圖）－＞邵子小衍－＞道家曰古河圖－＞五行生數－＞陰陽相配－＞

同注1，冊五，卷之一，「圖書」，〈密衍〉，頁5：111～112。

　　五行成數－＞河圖－＞中宮除十　－＞金火易位－＞洛書。

　　以上，便是方以智〈密衍〉圖式中的數理與圖書推衍的整體內容，經由吾人逐一地分析之後，可以瞭解到圖書易學的特點與價值，正如趙師中偉所作精闢的剖析，其曰：

> 在眾多的研究者當中，圖書易學是極為特殊的一套易學研究系統：一則秉持《周易》卦象的符號化體系，作思想性的展延，將抽象的概念化思想，予以具象化。另一則是東方思維和生命哲學的探求，將宇宙萬象生命，藉由形式化的圖象，使其簡單完整的呈現，顯現周延的思維模式。〔註219〕

由此可知，古代易學中的「圖書式宇宙論」，乃融合自戰國以來發展的陰陽五行、方位、四季、時辰等思想，並吸收《周易》卦象的符號化體系和《易傳》中的象數思想，濃縮為一個個簡單而具象化的圖式，並且依照一定的數理邏輯加以排列組合，形成一套獨特的河洛圖書之學，足以展現出古人周延的思維模式。是以今日的水平來看，圖書易學仍有許多部份是值得吾人加以探究與闡揚的地方。既然，圖書易學具有如此的特性，那麼，吾人要問方以智借用圖書解《易》的目的何在？圖書表達的意義為何？大衍之數五十，與天地之數五十五的關係為何？對於這些問題，本文列舉三點作一說明：

　　其一，就圖書解《易》的目的言，其父方孔炤曾謂：「圖書一理，皆《易》道也。」〔註220〕這說明以河洛圖書解《易》就是要表達一個道理。即是藉由方圓橫直的線條，配合黑白、方位、大小、對覆等錯綜交互關係，而構成形象，以表達抽象的意義或哲理。〔註221〕簡言之，這一道理便是形上的《易》道，亦即以一套「哲學的宇宙結構論」的表達方式，呈現出太極的本體意義。是以方以智亦曰：

> 本以太極為體，圖書為用；究以圖書立體，而以太極為用。止有善用，即用此圖書卦爻、倫常時位之體用也。〔註222〕（《圖象幾表卷之一‧河圖洛書舊解集》）

〔註219〕見氏師著，《易經圖書大觀》（臺北：洪葉文化事業有限公司，1999年3月），〈序〉，頁1～2。是書承蒙趙師中偉惠贈，謹此致謝。

〔註220〕同註1，冊五，卷之一，「圖書」，〈河圖洛書舊解集〉，頁5：84。

〔註221〕見鄭吉雄，《易圖象與易詮釋》（臺北：國立臺灣大學出版中心，2004年6月），《易圖明辨》與儒道之辨〉，頁138。

〔註222〕同註1，冊五，卷之一，「圖書」，〈河圖洛書舊解集〉，頁5：94。

此處，方以智以體用的概念來闡發太極與圖書的關係。他認為，作為形上本
體的太極是以具象化的圖書來顯示其作用，待圖書的推衍過程展開之後，即
彰顯圖書的本質，原是以太極為作用的。就連清代易學家胡煦曾經稱讚方以
智〈密衍〉圖式，其謂：

> 〈密衍〉之圖最得看圖之法，皆須上下連貫看之。蓋聖人之圖，拆
> 之合之，皆有妙義存焉。凡看諸圖，皆當如此。〔註223〕（《周易函
> 書約存卷一·河圖篇》）

由此可知，吾人以〈密衍〉圖式上下連貫的推衍過程當作是觀玩圖書的法門，
正可以體現「河出圖，洛出書，聖人則之」〔註224〕的奧妙之旨，不論是拆開
來只看其中一幅圖式，或者合起來整體觀之，都寓藏著神妙的道理，難怪乎
清代胡煦要勉人「凡看諸圖，皆當如此」，足見圖書解《易》的重要性。

其二，就圖書表達的意義言，傳統《易》學有三個主要領域，即是義理、
象數、圖書，可視為對《周易》所作的三種不同的詮釋。在方以智看來，其云：

> 會通者，以為象數，一切是象數；以為道理，一切是道理。〔註225〕
> （《周易時論合編卷之十三·說卦傳》）

他認為，在「虛空皆象數」的命題下，只要吾人能做到會通的工夫時，《周易》
中的變化之理，無非顯現在象數卦策之變化中，進而宇宙中一切存在物的歷
程變化，皆可函攝於象數之中。再者，象數本身即是一種抽象的符號，圖書
亦然，這二者所表達的意義，誠如馮友蘭所言：「所謂『象』，就是用一種形
象表示一個道理。」〔註226〕換言之，吾人透過此種「圖象的思維」〔註227〕
來理解萬物萬殊之理時，一方面，跳脫於以文字詮解文字的詮釋方式，可以
消解文字詮解的制約與侷限，另一方面，有助於人們在闡述《周易》的義理
時，作一直觀式的演繹與發揮。因此，既然象數、圖書皆是用符號化的圖象
來表示道理，那麼不僅能夠傳達《周易》經傳文的原意，還可以躍升到觀玩

〔註223〕同注27，冊十二，卷一，〈河圖篇〉，頁12：14。

〔註224〕出自《周易·繫辭上傳》第十一章，同注4，冊一，頁1：594。

〔註225〕同注1，冊四，卷之十三，〈說卦傳〉，頁4：1638～1639。

〔註226〕見氏著，《中國哲學史新編》全七冊（北京：人民出版社，1988年1月），冊
五，「第五十一章」，頁5：54。

〔註227〕鄭吉雄認為：「它是非文字的、直觀的、可以更容易地超越文本的文字內容的。
因此，圖象作為一種詮釋方法，更宜於演繹發揮，更容易從文本的『原意』
中飛躍出來，跳脫到另外一個意義層次。以『圖』釋經的優點在此，但缺點
亦在於此。」同注221，〈《易圖明辨》與儒道之辨〉，頁197。

圖象的另一種意義層次，此即方以智所謂「以爲道理，一切是道理」之意。

其三，就天地之數與大衍之數的關係言，在《易傳》中的「數」，有著兩組的「神秘數字」，〔註228〕一是以天地之數五十五爲首，另一則是以大衍之數五十爲首。此二組數字的意義分別代表著兩種不同形式的數之宇宙論，前者是以《河圖》、《洛書》作爲代表，形成一種「圖書式宇宙論」；後者是以筮法爲基礎，透過「四營」的揲蓍程序，呈現出作爲本體的太極之「一」與「其用四十有九」的推衍過程，形成一種「數字宇宙論」。再者，大衍之數與天地之數之間相差之數爲五，從方以智〈密衍〉圖式來看，關鍵便是「邵子小衍」（圖十之三）的「中五」之數，可見這五之數乃是關鍵數字。是故，方以智曾謂：

> 邵子言小衍者，示五而萬備矣。愚者言前衍者，舉一而五具矣，一亦不舉而伍亦具矣，萬亦具矣。知之則全圖皆太極也。知全圖之皆太極，又當知中之十五爲極，十五以中五爲極，中五又以中一爲極，一又有其所以然者，則兩間之星星似此，皆有太極之正中焉，歷歷常明矣。〔註229〕（《圖象幾表卷之一・密衍》）

依據此段文意，方以智認爲，邵雍的「蓍之小衍」所揭示的中五之數，正是萬物所以備齊的基礎。繼之，他在〈密衍〉圖式中置一「前衍無極即有極圖」，其目的是標舉出「一」之太極而後「中五」具全之意，如是方能作爲其他諸圖式的形上根源，此後「一」之太極雖虛空不見，實際上它已涵蘊於萬象之中。因此，「中五」之數得以具全，萬物亦得以具全，由此可知，全圖都是作爲本體的太極之顯現。在明瞭此一道理後，逆數而推之，便可知曉《河圖》以中之十五爲其根源，而十五之數中，又以中五爲其根源，中五又以「中一」爲根源，此「中一」之數乃是根源於太極。是故，《河圖》、《洛書》二圖中的黑白圓點，如同天地間的點點繁星，皆是由於太極的中正之道而歷然呈顯之故。對此，朱伯崑先生曾指明說：

> 方氏父子不僅推重先後天圖式，尤爲推崇河洛圖式。……他們以「中五」爲中心概念，將《繫辭》中的「天地之數」，「大衍之數」，「參

〔註228〕葉舒憲和田大憲指出：「神秘數字是一種世界性的文化現象，是指某些數字除了本身的計算意義外，還兼有某種非數字的性質，它在哲學、宗教、神話、巫術、詩歌、習俗等方面作爲結構素反復出現，具有神秘或神聖的蘊含。人類學家稱其爲神秘數字，又稱魔法數字或模式數字。」見氏著，《中國古代神秘數字》（北京：社會科學文獻出版社，1998年3月），〈導言〉，頁1。

〔註229〕同注1，冊五，卷之一，「圖書」，〈密衍〉，頁5：109～110。

伍錯綜」說和《說卦》中的「參兩」說，串通在一起，形成一套邏輯的體系，解釋河洛二圖的結構及其變化的法則，作爲世界變化的基本模式。〔註230〕

由朱氏的論點可知，方以智〈密衍〉圖式的整個推衍過程，確實與「中五」、「天地之數」、「大衍之數」等有著緊密的邏輯聯繫，以此解釋《河圖》、《洛書》二圖的變化法則，開展出一個「哲學的宇宙結構論」，作爲萬物生成變化的形上根源。

（二）兩間皆氣之說：氣論的兩層涵義

兩間皆氣之說這一命題的形成，一部分來是自於方孔炤父子易學思想中太極所化生的陰陽之氣，另一部分可視爲方以智探求自然界諸多現象的成果，具體的內容主要呈現在早期的《物理小識》與晚期的《周易時論合編》、《東西均》等著作中。概括而言，兩間皆氣之說可分成形上之氣與形下之氣的兩層涵義，此一氣論思想或可稱之爲「氣類思想」。〔註231〕又方以智曾在《東西均‧所以》中自言道「自孟子創之曰『氣』，而愚創證之」，〔註232〕足見他欲建立一套氣類思想以實徵之。

1、所以爲氣的形上之氣

就易學思想的角度言，方孔炤父子二人對於氣論的看法可歸結爲兩間皆氣之說。理由何在，對此，其父方孔炤曰：

> 兩間皆氣，散殊適用，天地但定位耳，其所以爲氣者，於穆其中，故曰太極。所以者即在氣中，如一壺水，即一壺潤，潤與水不可分。
> 〔註233〕（《周易時論合編卷之十三‧說卦傳》）

這一段話是方孔炤對〈說卦傳〉「天地定位」章的解釋。所謂兩間，指天地。氣，包含形上與形下之氣，此處是指陰陽二氣。〔註234〕兩間皆氣，意思爲天

〔註230〕同注34，「第四編第八章第五節 方以智與《周易時論合編》」，頁3：435。

〔註231〕《通雅》曰：「若以形象所主，必有相當，氣類之應，乃出自然，不應各有入度之限。」此處所謂「氣類思想」，指形上之氣流行於萬殊的自然現象中，並且加以統類配應的思想而言。同注19，上冊，卷十一，〈天文‧曆測〉，頁1：450。

〔註232〕同注72，《東西均‧所以》，頁225。

〔註233〕同注1，冊四，卷之十三，〈說卦傳〉，頁4：1651。

〔註234〕是以方以智的先祖方大鎮曾謂：「氣者，陰陽也，一善繼道而性之者得乎心，忘乎氣矣。是心而不必言心，是氣而不必言氣，各踐其親親長長，誦讀耕鑿之形，而舞蹈其陰陽矣。」同注1，冊四，卷之九，〈繫辭上傳〉，頁4：1425。

地之間莫不是陰陽二氣流貫變化於其中，當它呈現時，本是分散的兩種氣，各有殊用，當二氣相互結合時，則形成具體的物象，如八卦中的天地山澤水火風雷等，以此象徵天地萬物各居其位，各定其形。〔註235〕然而，陰陽二氣何故有如此的作用，乃是因為背後有一個「所以為氣者」存於其中之故，此即方孔炤「於穆其中」之意，實際上它就是太極。是故作為本體的太極，它就是所以為氣的形上之氣，亦即是陰陽二氣的所以然者，因此，太極即是在陰陽二氣之中。何以如此，方孔炤便以壺中之水為比況來說明此一道理，意思是將氣比喻為水，將潤性比喻為太極，由於水是具體之物，它的屬性為潤澤，兩者互為表裏，不可分開，以此認為太極與氣的關係也是不可分而視之。接著，方孔炤又謂：

> 兩間皆氣也，所以為氣者，且置勿論，論其質測，氣貫實中而充塞
> 虛廓。〔註236〕（《圖象幾表卷之七·兩間質約》）

依據這段文意，方孔炤又再次重申兩間皆氣之說。然而，這次他針對「所以為氣者」的內涵則採以知而不論的態度，而是先行對「物理」層面的質測之學作說明。此處的氣，依方孔炤之意，亦是指陰陽之氣，他認為陰陽之氣是流貫於物體內而充滿在整個虛空的大地中。至於方以智對於兩間皆氣之說的看法又是如何？對此，其云：

> 兩間皆氣也，而所以為氣者在其中，即萬物共一太極，而物物各一
> 太極也。〔註237〕（《周易時論合編卷之十·繫辭上傳》）

方以智對於太極的觀點乃是延續著第三章中所談論的易學「三極說」而來。此處，他則著重在討論氣之內涵。方以智認為，兩間皆氣之說的氣是指陰陽之氣，亦即相互對立的形下之氣，而「所以為氣者」便是其根源，此即太極。那麼，這一「所以為氣者」是指什麼？在他看來，萬物稟受陰陽之氣而成，其根源乃是由於太極的作用，是故太極便是萬物的形上本體。再者，就萬物稟受於太極的程度而言，當太極在作用時，每一事物各自稟受不同，因此就

〔註235〕對此，方孔炤曰：「〈乾〉午在上，而〈坤〉子在下，如人之身，故曰定尊卑
之位也；〈艮〉山結金石之氣于下，而泉脈從此出；〈兌〉澤通雲雨之氣于上，
而土石因此潤，是通氣之至靜也；〈震〉雷從地起，由內而動于外；〈巽〉風
自天行，由外而入于內，是氣之至動互相激發者也。」同註1，冊四，卷之
十三，〈說卦傳〉，頁4：1650。

〔註236〕同註1，冊五，卷之七，「旁徵」，〈兩間質約〉，頁5：628。

〔註237〕同註1，冊四，卷之十，〈繫辭上傳〉，頁4：1502。

形成紛雜萬殊的形體與樣貌。接著，方以智又曰：

> 一切物皆氣所爲也，空皆氣所實也。〔註 238〕（《物理小識・天類・
> 氣論》）

這段話是說，一切「物」的觀點亦是由前述第三章中「物理」的角度出發，
是以有形有體的事物，一律是受到陰陽之氣的流行所爲，在天地間的虛空之
處，都是充滿著陰陽之氣的變化流行。〔註 239〕另外，方以智在《東西均・所
以：聲氣不壞說》〔註 240〕中也有談論到氣的內涵，有學者便指稱它爲「無始
兩間皆氣」，並認爲方以智的氣類思想中，氣不但是一種永恆的存在，同時，
氣還兼具有形上與形下等理論範疇的兩層涵義。〔註 241〕是以本文亦持相同的
看法，那麼，方以智對於形下之氣的內涵又是如何說解？對此，方以智則提
出氣的「四幾」之說作說明。

2、「四幾」之說的形下之氣

此處的氣論是方以智針對自然界所作物質性的探求成果，一方面他肯定
氣是天地間一切存在物的構成要素；另一方面，他也強調氣之物質性的探求，
須經由質測之學的實徵工作加以掌握才行。是故，對於氣之物質性的討論，
方以智提出「四幾」之說──氣、形、光、聲作進一步的說明。在《物理小
識》中，其謂：

> 但以氣言，氣凝爲形，蘊發爲光，竅激爲聲，皆氣也。而未凝、未
> 發、未激之氣尚多，故概舉氣、形、光、聲爲四幾焉。〔註 242〕（《物
> 理小識卷之一・天類・四行五行說》）

〔註 238〕同注 19，卷之一，「天類」，〈氣論〉，頁 3。

〔註 239〕對此，方以智的學生揭暄曾謂：「所以爲氣者，吾師言之矣。氣既包虛實而爲體，
原不礙萬物之鼓其中，而依然以爲用也。凡諸有形色、有聲聞，莫不賅而存之，
天地之間，豈有絲毫空隙哉？」同注 19，卷之一「天類」，〈氣論〉，頁 3。

〔註 240〕方以智曰：「無始、兩間皆氣也。以氣清形濁論，則氣爲陽；以陰暗陽顯論，
則氣爲陰。則氣者陰陽，無體之體，可有可無；而所以爲氣者，即此心此理
也。」同注 72，《東西均・所以附：聲氣不壞說》，頁 226。

〔註 241〕劉浩洋指出：「所謂『兩間』，即天地之間，亦即人類所身處的形器世界。至於
『無始』，可作兩種解釋：一是『無始空』，亦即不落於因果終始的形上究竟；
二是『無始劫』，亦即尋常之年月時日無法計量的曠古久遠。由此觀之，在方以
智的氣類思想中，氣不但是一種永恆的存在，同時，氣還兼具有形上與形下等
理論範疇的兩層涵義。」見氏著，《方以智《東西均》思想研究》（臺北：國立
政治大學中國文學研究所碩士論文，1997 年 6 月），「第三章」，頁 57。

〔註 242〕同注 19，卷之一，「天類」，〈四行五行說〉，頁 11。

另外，在《圖象幾表》中，方以智亦曰：

> 俱是氣，俱是所以爲氣，但分凝形、蘊光、發聲之氣，與未形、未
> 光、未聲之氣，蓋氣自分爲三者，而自以一分共爲四也。〔註243〕（《圖
> 象幾表卷之五・附五行雜變約三式、堪輿、祿命、星禽、卜相所取》）

所謂「幾」，出自《周易・繫辭下傳》的「幾者，動之微」，〔註244〕意思是指
自然界中任何事物初動之時的幾微狀態。此處，方以智針對氣之物質性的觀
察所得到的概括即是「四幾」之說。要之，他認爲經驗世界中由於有所以爲
氣的形上之氣作爲其物質性的根據，於是經由形上之氣的派生，才顯現出未
凝形之氣與凝形之氣的兩種表現形態。至於未凝形之氣是指一般所見的空
氣；而凝形之氣則分爲三種形態，即形、光、聲等吾人可感知的物質性之氣。

（1）論「四幾」之說的氣

對於「四幾」說中氣的界定，如前述是指針對物質性之氣的討論，簡言
之，即形上之氣所派生的氣。至於對「氣」〔註245〕的內涵之解釋，方以智在
《東西均》中曾謂：

> 生生之幾皆气也，气（炁）者，天象而爲≈也。氣凝而成天地，天
> 地之虛仍是未凝之氣，相代而化，旋出入而橐籥焉。〔註246〕（《東
> 西均・譯諸名》）

在他看來，就連人類萬物的生命與氣息，都是由於太極的作用而有物質性之氣

〔註243〕同注1，冊五，卷之五，「旁徵」，〈附五行雜變約三式、堪輿、祿命、星禽、
　　　　卜相所取〉，頁5：465。另外，方以智對〈說卦傳〉「乾爲天」章的解釋時，
　　　　曾謂：「『乾』本音爲角，屬腭送氣聲：以類萬物之情，何者非五行干支，三
　　　　式星禽，軌革卦影，以類變生，克氣、光、形、聲，索之，舉无逃矣。」同
　　　　注1，冊四，卷之十三，〈說卦傳〉，頁4：1682。

〔註244〕同注4，冊一，頁1：632。

〔註245〕「氣」是中國哲學中一個重要的範疇，由於思想家對氣概念的認識之深化與
　　　　豐富，使得它遍及各個領域、具有不同層次的詮釋。是以張立文將氣的涵義
　　　　概括爲八種：（一）氣爲雲煙或雲氣、（二）氣是浩然之氣和精氣、（三）氣爲
　　　　元氣、（四）氣爲無或有、（五）氣爲識所現之境、（六）氣爲導引神氣、（七）
　　　　氣爲太虛、（八）氣爲電氣、質點或以太等。同時，張氏將上述八義的內涵，
　　　　分成六方面來理解，即是：（一）氣是自然萬物的本原或本體；（二）氣是客
　　　　觀存在的質料或元素；（三）氣是具有動態功能的客觀實體；（四）氣是充塞
　　　　宇宙的物質媒介或媒體；（五）氣是人生性命；（六）氣是道德境界。見氏著，
　　　　《中國哲學範疇精粹叢書——氣》（北京：中國人民大學出版社，1990年12
　　　　月），頁1～5。

〔註246〕同注72，《東西均・譯諸名》，頁163。

的運動變化，是以在自然界中所觀測到的氣，即空氣或「大氣」，〔註247〕就以
「≈」的形狀來象徵。於是在太極的作用下，顯現出氣的物質性變化，以氣之
凝聚而形成物質性的天地。然而，在整個大地的虛空中仍舊充塞著未凝形之氣，
即佈滿著空氣，是故空氣繼續流行於天地間，便能夠作為化育萬物的資糧。

（2）論「四幾」之說的形

對於形的內涵之解釋，方以智在《物理小識》中云：

> 謂是虛氣實形二者可也。虛固是氣，實形亦氣所凝成者，直是一氣
> 而兩行交濟耳，又況所以爲氣而宰其中者乎？神不可知。〔註248〕

（《物理小識卷之一·天類·四行五行說》）

他認爲，「四幾」中的氣和形之差別：前者是物質性之氣的形式要素，不見於
吾人眼睛的覺察範圍內，因爲不受形質所限，故爲虛；後者是物質性之氣的
實質要素，有一具體的形質，故爲實。是以不受形質所限的氣爲虛氣，而一
具體可見的形爲實形，亦即萬物之形質。同樣的，兩者都是由太極所派生而
成，屬於凝形之氣的形態。由此可知，「一氣」，是指形上之氣，即太極，由
它所派生的氣，可分爲未凝之氣與凝形之氣的兩種層次。隨著彼此交濟的作
用，而產生天地間各種變化莫測的自然現象，此即「一氣而兩行交濟」之意。
然而，究其根源而言，總是有一「所以爲氣者」的太極，在背後宰治之故，
其神妙的作用是先於吾人的感官經驗而有之。

（3）論「四幾」之說的光

方以智對於光的內涵之解釋，同樣是記載在《物理小識》中，其謂：

> 光理貫明暗，猶陽之統陰陽也。火無體而因物見光以爲體，猶心無
> 體而因事見理以徵幾也。晦夜昏黑，地雖遮日，空自有光，人臥暗
> 室，忽然開目，目自有光，何訝虎、梟、貓、鼠之夜視耶？氣凝爲
> 形，發爲光聲，猶有未凝形之空氣與之摩盪噓吸，故形之用，止于
> 其分，而光聲之用常溢于其餘。氣無空隙，互相轉應也。〔註249〕（《物
> 理小識卷之一·天類·光論》）

〔註247〕關於「大氣」的內涵，方孔炤曾在《圖象幾表》中言：「黃帝明大氣舉地之說，
朱子明地爲浮空不墜之物，北極之下，半年無光，赤道之下，五穀再熟，蓋
自周公、《周髀》言之矣。士子不學，而忽聞西儒脬豆之喻，乃驚耳。」同注
1，冊五，卷之七，「旁徵」，〈兩間質約〉，頁5：627。
〔註248〕同注19，卷之一，「天類」，〈四行五行說〉，頁11。
〔註249〕同注19，卷之一，「天類」，〈光論〉，頁5。

方以智以為，光之理是統貫著明與暗二者，如同前一節所述的以「眞陽」統領著陰陽二氣。另外，他還談到火的特性，認爲火本身因爲無固定之形體，只能隨著物體燃燒後出現的火光，才會顯現出它的形體來。〔註250〕如同吾人的心智亦無固定之形體，須隨事見理以爲徵幾之用。接著，方以智認爲，在天黑的夜晚，空氣中自有光之理作用著，不因昏黑而失其特性。舉實際的例子來說，人入暗室中，忽然張眼，仍可感覺到光的存在，便不必詫異於動物在夜間仍舊可以目視自如的情況。

再者，由於太極所派生的凝形之氣，由於它的凝聚而成具體可見的「形」，或由它的釋放而爲光與聲，這種情形就如同未凝形的空氣與它相互摩擦吸取是一樣的道理。然而，形、光與聲三者是有差別的，前者的形，其作用僅止於其形體的分別，而後者的光與聲，其作用經常是不受形質之限。是故天地間充塞著凝形之氣的形、光與聲三者，彼此類應而構成自然界中的一切物質。

（4）論「四幾」之說的聲

方以智對於聲的內涵之解釋，也是出現在《物理小識》中，其曰：

> 日光常肥，地影自瘦，不可以圭角、直線取也。何也？物爲形礙，其影易盡，聲與光，常溢於物之數，聲不可見矣。〔註251〕（《物理小識卷之一・曆類・光肥影瘦之論可以破日大於地百十六餘倍之疑》）

所謂「光肥」，指日光遍照大地，故以「肥」字來形容其日照範圍的廣大，而「影瘦」，指日光照射到物體後，在地上形成影子，依其形狀而有固定的影長，故以「瘦」字來形容影子的狹小。在方以智看來，要測量日光與地影二者眞正的大小，是無法以圭角、直線等器物來衡量。何以如此，原因在於觀測之物有其形體之限，故其影長也有限，而聲與光二者沒有這一限制，常常超出數度的測量之外，尚且聲本身是沒有形質，不被吾人所見。那麼，聲的特性爲何？方以智指出：

> 氣自有聲，空自生聲，惟耳攝而通之，惟心靜而知之。天以雷風爲聲，地以竅穴爲聲，皆陰陽之氣相摩盪而不已者也。而人可知矣。

〔註250〕對此，方以智的學生揭暄注云：「氣本有光，借日火而發，以氣爲體，非以日火爲體也。故日火所不及處，盧窗空中皆有之則餘映也。」同注19，卷之一，「天類」，〈光論〉，頁5。

〔註251〕同注19，卷之一，「曆類」，〈光肥影瘦之論可以破日大於地百十六餘倍之疑〉，頁25。

〔註252〕（《物理小識卷之一‧天類‧聲論》）

方以智認為，天地間的凝形之氣，自有其聲，它是從虛空之中所產生，只能夠被吾人的耳朵所感通。而在吾人心緒平靜時，才能聞其聲而知。至於聲的產生是如何而來？他以為，聲的響發是由於陰陽之氣彼此摩盪不已而產生，如雷風之聲、地穴之聲，皆是如此。進而，在《東西均‧所以：附聲氣不壞說》中，方以智還主張「惟聲氣不壞，以虛不壞」〔註253〕的觀點，是以虛空不壞的角度而言，聲與氣等無形的自然現象，都隨著太極的作用而不毀壞。

綜合上述，方以智對於「氣」的概念之理解，可謂兼具著形上與形下的兩層內涵。尤其從他論「四幾」的形下之氣的內容來看，特別強調氣之物質性的意義。是以方孔炤父子對「氣」的整體意涵之掌握，朱伯崑就曾扼要地分析道：

> 方氏父子對氣的理解，具有多種涵意：一是指寒暖之氣，二是指空氣，三是指聲光傳播的媒介物，四是指太空中的氣體，五指構成有形物體的原素，六指人體內生命的活力和氣息，七指社會風氣，總之，涉及到天文、氣象、物理、生理和心理等各領域。這些不同涵意的氣，就其共性說，一無形體，二能流行，具有氣體的特徵，故方氏總稱之為「氣」。〔註254〕

由此可知，朱氏所謂方孔炤父子的「氣」之涵義，以其自身的觀點來總括的話，即是兩間皆氣之說，其內容則分屬於形上之氣與形下之氣的兩層涵義，此一氣論思想或可總稱之為「氣類思想」。

3、兼談理氣的關係

在方以智易學思想中，對於「氣類思想」的探討則是開展出兩間皆氣之說的理論架構，使得氣不但有著「四幾」之說的形下意義，而且，還透顯出作為「所以為氣者」的形上意義。是以，方以智易學中論及理氣關係時，又是如何說解？此處，若將其「氣類思想」與第三章所言的「三理說」兩者相互對照後，便可以看出方以智易學中的理氣二者具有以下的關係。如（表九）所示：

〔註252〕同注19，卷之一，「天類」，〈聲論〉，頁6。
〔註253〕方以智曰：「質核凡物皆壞，惟聲、氣不壞，以虛不壞也。天地之生死也，地死而天不死。氣且不死，而況所以為氣者乎？」同注72，《東西均‧所以：附聲氣不壞說》，頁226。
〔註254〕同注34，冊三，「第四編第八章第五節 方以智與《周易時論合編》」，頁3：465。

表九：方以智易學中的理氣之理論層次表

理論層次	易學	理	氣
所以然	太極	至理	形上之氣（所以爲氣者）
不得不然	陰陽	宰理、物理	形下之氣（四幾：氣、形、光、聲）

關於上列的層次關係，方以智在《東西均》中說道：

> 所以然，生不得不然，而與之同處。〔註 255〕（《東西均‧東西均開章》）

所謂「不得不然」，指世間的存在物，即萬事萬物，而「所以然」，就是作爲存在物的存有，亦即形上本體。由此可知，經由形上本體的「生」之作用，使得萬物得以生成變化，而此一超越的本體，在作用之時，便已涵藏在萬物之中。對於理氣關係的內涵，方以智云：

> 所以然即陰陽、動靜之不得不然，中而雙表，概見于形氣。形本氣也，言「氣」而氣有清濁，恐人執之，不如言「虛」；虛無所指，不如言「理」；理求其切于人，則何如直言「心宗」乎？近而呼之，逼而醒之，便矣。〔註 256〕（《東西均‧所以》）

就易學的角度而言，方以智認爲，「所以然」即是爲陰陽、動靜等相對概念之所以可能提出一超越的根據。此一超越的根據，又可稱之爲太極、「所以」、「至理」等異名而同實的形上概念。是以張舉太極的形上概念後，就能顯現出相對概念之意涵，如存在於世間中的形氣。在他看來，太極貫於形氣，即世間的形質之物來自於形上之氣所凝成，則太極可稱之爲「氣」；當吾人言氣時，便落於實質的清濁之分，方以智恐人陷於物質性之氣的執著，不見其根源，就說它是虛，則太極可稱之爲「虛」。然而，「虛」無從指涉其對象概念，是故方以智說它是理，即太極可稱之爲「理」；「理」的概念又不如「心宗」來得切近於人，於是太極可稱之爲「心宗」。換言之，所謂「氣」，所謂「虛」，所謂「理」，所謂「心宗」等，其實並非不同的概念，而是方以智施以「近而呼之，逼而醒之」的方便法門，而有各種因時制宜的稱謂而已。由此可知，在方以智易學的理氣關係中，理與氣乃是各自兼具著「所以然」與「不得不然」的兩個理論層次，並行而不悖，並非如同一般宋明儒者所主張的「理本

〔註 255〕同注 72，《東西均‧東西均開章》，頁 3。
〔註 256〕同注 72，《東西均‧所以》，頁 221。

論」或者「氣本論」的理氣內涵。

4、「二氣五行」的理論間架

（1）五行之氣

在上述中，方以智根據形上之氣與形下之氣的兩層涵義，作爲其「氣類思想」的理論架構，從而強調氣之物質性的部分，加深質測之學中「物理」層面的認識意義。然而，自然界中存在著紛然萬殊的事物，若要各各加以細究的話，勢必須要一套學說予以統類說明，因而中國傳統哲學中五行原理的觀念便應運而生。是以方以智在探討五行原理的內涵時，仍舊從傳統五行之氣的角度出發，是謂：

> 水爲潤氣，火爲燥氣，木爲生氣，金爲殺氣，以其爲堅氣也，土爲沖和之氣，是曰五行。〔註257〕（《物理小識卷之一‧天類‧四行五行說》）

依據此段文意，所謂「潤氣」，指濕氣。而「堅氣」是爲補充說明金的性質。五行中的水、火、木、金、土，分別統類著潤氣、燥氣、生氣、殺氣，以及沖和之氣，此即爲五行之氣的內涵。〔註258〕由此可知，五行之氣是萬物性質的抽象概括，各具有一定的特性與作用。再者，方以智於《物理小識‧藥性總論》中，乃結合醫藥的觀點，對五氣、五味與陰陽的關係作一說明，其曰：

> 天地生萬物者五氣，五氣定位，則五味生。氣者天也，溫熱者天之陽，寒涼者天之陰，陽則升，陰則降。味者地也，辛甘者地之陽，酸苦鹹者地之陰，陽則浮，陰者沈。〔註259〕（《物理小識‧藥性總論》）

他認爲，天地在化育萬物的過程中，乃是稟受著五行之氣的化運而成，待五行之氣各定其性質後，則產生大地中的五材之味。〔註260〕是以五行之氣運

〔註257〕同注19，卷之一，「天類」，〈四行五行說〉，頁11。

〔註258〕對五行的內涵，其父方孔炤亦有云：「因世間可見之五材，而隱表其五氣之行，氣分其氣以凝爲形，而形與氣爲對待，此一之用二也。土形居中，而水、火二行交旋其虛實之氣焉。是土爲形主，水形流地，火形緣物，而水、火寔爲燥、濕之二氣也。金、木之形，因地而出，其爲氣也，列于東西以爲生、殺，故舉南北之水、火，而東西之金、木寓矣。」同注1，冊五，卷之七，「旁徵」，〈兩間質約〉，頁5：645。

〔註259〕同注19，「總論」，〈藥性總論〉，頁6。

〔註260〕對此，方以智的祖父方大鎮在《野同錄》中曰：「氣行於天曰五運，產於地曰五材，七曜列星，其精在天，其散在地，故爲山爲川，爲麟羽毛介草木之物，

行於天之中，溫熱之物是稟受天的陽氣之故，而寒冷之物則是稟受天的陰氣之故，因而，陰陽二氣在天之中的表現形態是陽氣上升而陰氣下降。另外，五材之味產於大地，辛甘之味是稟受地的陽氣而成，而酸苦鹹之味則是稟受地的陰氣而成，是以陰陽二氣在地之中的表現形態是陽氣上浮而陰氣下沉。

　　由此可知，五行之氣與五材之味乃是在陰陽二氣的規範下所產生，而陰陽二氣又是從太極所派生出來。因此，就方以智易學思想而言，則開展出「太極→陰陽→五行」〔註261〕的宇宙生成過程，此即「二氣五行」的理論間架。然而，就五行關係而言，方以智較重視對水火二行的闡述。對此，其謂：

　　　　《易》曰：「一陰一陽之謂道」，非用二乎？謂是水火二行可也。
　　〔註262〕（《物理小識卷之一・天類・四行五行說》）

依據這段話可知，方以智重視五行中水火二行的原因，乃是它們正好可與八卦之中象徵水、火的〈坎〉（☵）、〈離〉（☲）相配位。〔註263〕於是，他認為，就「二氣五行」間架中的「陰陽」層次言，陰陽二氣所產生的五行之氣，實際上可再統攝於兼具陰陽性質的水火二行。接著，他又說道：

　　　　水濕火燥，相反甚明，而《易傳》曰：「水火不相射」，何也？……
　　　　天一生水而反成陰潤之性，地二生火而反成陽燥之性，呵氣屬火而
　　　　化為氣水，精液為水而反以成人，果二物耶？〔註264〕（《物理小識
　　　　卷之一・天類・水火本一》）

在方以智看來，就物性而言，水火的性質，一濕一燥，一陰一陽，其相反之

　　　　　聲色臭味，別其端幾。」同注19，〈總論〉，頁1。
〔註261〕方以智「二氣五行」的理論間架乃是源自於宋儒・周敦頤《太極圖說》的思想。周氏曰：「無極而太極。太極動而生陽，動極而靜，靜而生陰，靜極復動，一動一靜，互為其根，分陰分陽，兩儀立焉。陽變陰合，而生水火木金土，五氣順布，四時行焉。五行一陰陽也，陰陽一太極也，太極本無極也，五行之生也，各一其性。無極之真，二五之精，妙合而凝，乾道成男，坤道成女，二氣交感，化生萬物，萬物生生，而變化無窮焉。」見宋・周敦頤撰、清・董榕輯，《周子全書》（臺北：廣學社印書館，1975年6月），卷一，〈太極圖說・章句上〉，頁4～14。
〔註262〕同注19，卷之一，「天類」，〈四行五行說〉，頁11。
〔註263〕智曰：「〈坎〉、〈兌〉皆以漸沁取習，惟〈離〉言麗，此言麗澤，合止水于流水，藏火麗于水麗，轉風力水氣為金聲，金石同體，金、水相生，《河圖》四九，西金數足，義利成〈坤〉，而歸于〈乾〉剛，聖人之始終條理，振時習之鐸，此其象哉？」同注1，冊三，卷之八，〈兌卦〉，頁3：1239～1240。
〔註264〕同注19，卷之一，「天類」，〈水火本一〉，頁17。

理甚爲明確，亦即《易傳》所說的「水火不相射」〔註265〕之意。再者，就《河圖》的圖式而言，天一居北，配位於五行之水，故言「天一生水」。然而，天爲陽，水爲陰，象徵陽的天一反而具有陰潤的性質。地二居南，配位於五行之火，故言「地二生火」。但是，地爲陰，火爲陽，象徵陰的地二反倒具有陽燥的性質，如此一來，陰陽二氣在水火二行之間互相轉化及並列，形成一相反相成的特性。另外，就物理現象的觀察言，如人們呵出的熱氣，屬性爲火，遇冷則結成水氣；又若男人的精液爲液態，屬性爲水，卻是人所以出生的物質基礎。綜合以上的例子來說，正表明陰陽之氣在水火二行的配位關係上，可以表現出相互轉換，「其用在乎推行化裁」〔註266〕的意義。

（2）五行尊火說

承上所述，方以智在此水火二行的意義上，進而提出五行尊火說的特殊看法。對此，其曰：

> 夜火乃見，而正用日中，五行尊火，用物而辨。〔註267〕（《周易時論合編卷之二・同人卦》）

這段話是方以智解釋《周易・同人卦》大象辭曰：「天與火，同人，君子以類族辨物」。〔註268〕方以智認爲，夜晚由於有火的照明，人們始得以見物，這乃是陽氣「正用日中」之故。因此，五行中以火爲尊，表明其能夠「用物以辨」的特性。再者，其又謂：

> 天地主日，五行尊火，火象惟〈離〉與〈晉〉稱之曰明，而〈襍卦〉曰：「晉，畫也。」，貴人道之用也。〔註269〕（《周易時論合編卷之五・晉卦》）

在方以智看來，天地間尊陽而抑陰，故「天地主日」，〔註270〕而五行之中當以

〔註265〕《周易・說卦傳》第二章曰：「天地定位，山澤通氣，雷風相薄，水火不相射。」同注4，冊一，頁1：671。

〔註266〕方以智曰：「配位者，極物從類之端法也。其用在乎推行化裁。」同注19，卷之一，「天類」，〈水火南北位〉，頁18。

〔註267〕同注1，冊一，卷之二，〈同人卦〉，頁1：332。

〔註268〕同注4，冊一，頁1：150。

〔註269〕同注1，冊二，卷之五，〈晉卦〉，頁2：789。

〔註270〕對此，在《東西均》中，方以智曰：「日月並照，而天地之內，惟日爲主，月與星漢皆借日爲光。以日行成歲，以日成畫夜，以日成寒暑，月豈敢並日哉？日東而月西，東升而西降，東生而西殺，故四時以春生統秋殺。十二時用九，自寅至戌，以三屬夜，亦貴畫也。」同注72，《東西均・公符》，頁101。

火爲尊，如同六十四卦象中，只有〈離卦〉（☲）與〈晉卦〉（䷢）的象辭言其卦象具有「重明」〔註271〕、「大明」〔註272〕之意。而在《周易‧雜卦傳》亦有「晉，晝也」〔註273〕之言，這些無非是強調火在人倫上施用的重要性。〔註274〕是故於《物理小識》中，方以智引用元‧醫學家朱震亨（1281～1358）的看法，並論述其將五行之火稱之爲「君」的理由，其云：

> 太極動靜陰陽，而生五行，各一其性，惟火有二，曰：「君火、人火也。」，「相火、天火也。」火內陰外陽而主動者也。以其名配五行，謂之君；以其虛無，守位稟命，因其動而可見，故謂之相。天恆動，人生亦恆動，皆火之爲也。〔註275〕（《物理小識卷之一‧天類‧火》）

此段引文乃是摘錄於朱氏在《格致餘論‧相火論》〔註276〕中的說法。朱氏以爲，「二氣五行」的理論間架在醫學上亦可相通。醫理中的五行各一其性，只有火兼具兩組的內涵，其一爲君火、人火，其二爲相火、天火。進而，朱氏解釋說火具有「內陰外陽」而主動的特性，配之五行，則謂「君」；又其形虛無，守位而稟命，動而可見，故稱「相」。因此，他認爲，天與人之所以運動

〔註271〕《周易‧離卦》象曰：「離，麗也。日月麗乎天，百穀草木麗乎土，重明以麗乎正，乃化成天下。」又〈說卦傳〉中曰：「離爲火，爲日。」同注4，冊一，頁1：270、683。

〔註272〕《周易‧晉卦》象曰：：「晉，進也。明出地上。順而麗乎大明，柔進而上行，是以康侯用錫馬蕃庶，晝日三接也。」同注4，冊一，頁1：305～306。

〔註273〕同注4，冊一，頁1：699。

〔註274〕對此，《圖象幾表》曰：「在胎之前，非三緣之火不能結搆：身既生後，非丹田之火不能養成，故百骸、五臟、六腑、十二經絡，獨以心火爲君，命火爲臣，始能傳生化食以資長其骨肉，此火不調則百病生，此火一散則百骸廢。人初死時，百骸俱在，獨此煖氣一去，則四大皆潰散矣。」同注1，冊五，卷之一，「圖書」，〈五行尊火爲宗說〉，頁5：158。

〔註275〕同注19，卷之一，「天類」，〈火〉，頁14。

〔註276〕朱震亨，字彥修，元朝金華婺州義烏人。因世居丹溪，故人稱朱丹溪，學者尊稱爲丹溪翁或丹溪先生，與劉完素、張從正、李杲等人並稱金元四大醫學家。著有《脈訣指掌病式圖說》、《金匱鉤玄》、《格致餘論》等書。其在〈相火論〉曰：「太極動而生陽，靜而生陰，陽動而變，陰靜而合，而生水火木金土各一其性。惟火有二，曰：『君火、人火也。』，曰：『相火、天火也。』火內陰而外陽，主乎動者也。故凡動皆屬火，以名而言，形氣相生，配於五行，故謂之君。以位而言，生於虛無，守位稟命，因其動而可見，故謂之相。天主生物，故恆於動，人有此生，亦恆於動，其所以恆於動，皆相火之爲也。」見元‧朱震亨撰，《格致餘論》，收錄於《叢書集成初編》全四千冊，《格致餘論及其他七種》（北京：中華書局，1983年8月），冊1393，頁34。

不息的根源，皆是由於火的作用使然。針對朱氏的看法，方以智則加以評曰：

> 丹溪言君火以名，相火以位，未暢也。天與火同，火傳不知其盡，
> 故五行尊火曰君。〔註277〕（《物理小識卷之一・天類・火》）

朱氏在〈相火論〉中以君火爲名，以相火爲位的說法，方以智認爲未能暢曉五行之火的原理。他以爲，天與火都是陽氣「正用日中」之故，意涵相通。若火燃於物而相傳，便能有綿延不盡的作用，不論是「人身」〔註278〕或「天地」〔註279〕之中的五行，都應以火爲尊，予以統攝，故稱之爲「君」。由此可知，方以智的五行尊火說，乃是吸收宋儒周敦頤「二氣五行」的理論間架以及金元醫學家朱震亨的〈相火論〉而提出。

二、科學的宇宙結構論

所謂「科學的宇宙結構論」是指在現象界中經由直觀的經驗與儀器的實徵，進而認知到宇宙的整體，它是以觀測爲基礎，紀錄下所觀察到的宇宙萬象之變化，並且描摹出宇宙結構的樣貌及其內容。那麼，方以智以自然知識爲基礎的質測之學中，其探索宇宙結構的內容爲何？以下將分成兩個部分來探討：

其一，對「宇宙」一詞的釋義，以瞭解在時空範疇下，經驗界中的自然現象呈現出何種的面貌。

其二，相較於前面所談的「圖書式宇宙論」，在方以智易學中，還涉及到另一種科學的宇宙論，它是淵源於古代的羲和傳統，強調「仰則觀象於天，俯則觀法於地」的經驗知識，其成果則反映在歷代史書的〈天文志〉內。因此，本文試圖對中國古代的宇宙結構論作一概述，分成兩個時代作爲對照：1、

〔註277〕同注19，卷之一，「天類」，〈火〉，頁15。

〔註278〕在《東西均》中，方以智曰：「《傷寒論》人身以陽氣爲主，佛言暖氣歸火，而性情蒸于營衛，相因生火。陽氣附火，火曰焚和，故能病人；然養人者，即此火也。庸醫清火，惟恐不盡，火盡而人死。食既滋之，飲以流之，藥常清之，鬱則發之。或滋其陰，以運轉自解；或培其本，以大補從治，使水火既濟而已。」同注72，《東西均・公符》，頁108。

〔註279〕在《圖象幾表》中，方以智曰：「六氣配八卦，《醫經》圖之，而不得其解，嘗一推之。八卦本六卦也，五行行于水火，而或六或四，要歸于一用其兩已矣。六氣寔寒暑燥濕四者，而偏多以風熱之二，何耶？邵子曰：『水火動而隨陽。』歧伯曰：『水爲陰，火爲陽，五行尊火，動靜歸風，人身以動物載靜理，故以火爲生死，病人者火也。所以生者即火也。庶徵五若，以風屬思，天地問以風火爲動用之幾，隨陽者火也。』」同注1，冊五，卷之六，「旁徵」，〈人身呼吸合天地卦氣說〉，頁5：522～523。

兩漢時期的宇宙結構論，略陳「言天三家」──蓋天說、渾天說、宣夜說──三者的內涵；2、明末清初方孔炤父子的宇宙結構論，主要討論地圓說和地理知識，此處僅作初步的試探，最後針對哲學與科學的宇宙結構論作一綜合論述。

（一）「宇宙」一詞的釋義

是以中國哲學來檢視時，透過古人對於「宇宙」一詞意涵的理解，同樣可以得到一種宏觀的體會，其曰：

上下四方曰宇，往古來今曰宙。《尸子・佚文》〔註280〕

奚旁日月，挾宇宙？《莊子・齊物論》〔註281〕

有實而無乎處者，宇也；有長而無本剽者，宙也。《莊子・庚桑楚》〔註282〕

久，彌異時也。宇，彌異所也。〈經上〉……久，古今旦暮。宇，東西南北。《墨子・經說上》〔註283〕

天地萬物之橐，宙合有橐天地。《管子・宙合》〔註284〕

往古來今謂之宙，四方上下謂之宇。《淮南子・齊俗訓》〔註285〕

〔註280〕見水渭松注譯，《新譯尸子讀本》（臺北：三民書局，1997年1月），〈佚文〉第51條，頁214。關於尸子其人其事，水氏在〈導讀〉中言：「尸子，名佼，是我國戰國時期的一位學者。其人最早見述於司馬遷《史記・孟子荀卿列傳》，云：『楚有尸子、長盧。』……其後劉向《別錄》則云：『司馬遷言楚有尸子，疑謂其在蜀。今案：《尸子》書，晉人也，名佼，秦相衛鞅客也。鞅謀事劃計，立法理民，未嘗不與佼規也。商君被刑，佼恐並誅，乃亡逃入蜀。自爲造此二十篇書，凡六萬餘言，卒因葬蜀。』（裴駰《集解》引）……班固《漢書・藝文志》「雜家」類有『尸子二十篇』。自注云：『名佼，魯人，秦相商君師之。鞅死，佼逃入蜀。』……尸佼究爲晉人，抑或魯人，由於缺乏可資論證的根據，故只能暫付闕如。……然以《尸子》之總體思想而論，則分明是『兼儒墨，合名法』的。……《尸子》本二十篇。……但書至宋而殘缺。《宋史・藝文志》將之列於『儒家類』而僅爲『一卷』。」前揭書，〈導讀〉，頁1～8。要之，據水氏所記載的目錄如下：〈勸學〉、〈貴言〉、〈四儀〉、〈明堂〉、〈分〉、〈發蒙〉、〈恕〉、〈治天下〉、〈仁意〉、〈廣〉、〈綽子〉、〈處道〉、〈神明〉、〈止楚師〉、〈君治〉等篇，以及〈佚文〉共收入188條。
〔註281〕同注36，頁100。
〔註282〕同上注，頁800。
〔註283〕見張純一，《墨子集解》（臺北：文史哲出版社，1971年2月），卷十，頁393。
〔註284〕見顏昌嶢，《管子校釋》（長沙：岳麓書社，1996年2月），卷第四，〈宙合〉第十一，頁102。

過此而往者，未之或知也。未知或知者，宇宙之謂也。宇之表無極，

宙之端無窮。《全後漢文卷五十五・靈憲》〔註286〕

由此可知，先秦兩漢時代的「宇宙」一詞，常常是分開指稱兩個概念，即「宇」是「上下四方」、「東西南北」所指涉的空間範疇；「宙」是「往古來今」、「古今旦暮」所指涉的時間範疇，自《莊子・齊物論》始合稱為「宇宙」。要之，典籍所載「宇宙」、「宙合」、「久宇」等詞語皆為相同的意涵，無非是指時間與空間範疇所組合成的三維象度，它是萬物和人類之存在物的共同存在場域，有著過去、現在、未來的時間轉換之歷程，以及在六合之中萬物運動變化之歷程，呈顯出「宇宙」一詞所開展出的時空範疇。〔註287〕如是，在方以智看來，也有相同的看法，其謂：

以推移之宙，消貪心；以規矩之宇，辨物則，則一萬俱畢矣。去者已去，來者未來，今又逝也，貪執何為？達人樂此，而荒狂又竊之，故必明六合五破之宇，處處皆然，乃知物之則，即天之則，即心之則也。管子曰：「宙合」，謂宙合宇也。灼然宙輪于宇，則宇中有宙，宙中有宇，春夏秋冬之旋輪，即列于五方之旁羅盤，而析幾類應，孰能逃哉？〔註288〕（《物理小識・占候類・藏智于物》）

依據此段文意，就宇宙而言，方以智以為，「宙」表時間推移的概念，其作用是在消解吾人的貪婪之心，「宇」表空間方圓的概念，其作用是協助吾人辨別萬物運動變化的法則，是以「宇」和「宙」所形成的時位關係，實際上已涵蓋本體的「一」與現象的「萬」。就人生而言，吾人所認知的時間，不外是過去、現在及未來的推移變化，此為自然的法則。人們何必要貪執於為「已去者」而歎息，

〔註285〕見張雙棣，《淮南子校釋》全二冊（北京：北京大學出版社，1997年8月），下冊，卷十一，頁2：1165。

〔註286〕見東漢・張衡〈靈憲〉，收錄於清・嚴可均校輯，《全上古三代秦漢三國六朝文》全四冊（北京：中華書局，1958年12月），冊一，《全後漢文》，卷五十五，頁1：777。

〔註287〕陳德興指出：「中國哲學的『宇宙論』興趣即表現在此時空範疇尚未鋪陳開來之『根源』與此時空範疇鋪陳開來之『過程與情狀』的探討，如張岱年：《中國哲學大綱》對中國哲學的宇宙論探討之『根源』部分，稱之為『本根論』，對萬物開展之『過程與情狀』的探討，稱之為『大化論』；此二部分之內容學者又常以天道觀、天道思想統稱之。」見氏著，《兩漢氣化宇宙論之研究》（臺北：私立輔仁大學哲學系研究所博士論文，2005年7月），「第一章第三節 一、氣化宇宙論的研究向度」，頁13。

〔註288〕同注19，卷之二，占候類，〈藏智于物〉，頁61。

爲「今逝者」而惆悵，爲「未來者」而迷惘的情感之中，不比消心之達人，樂而不傷，卻只能「荒狂又竊之」，陷於執著的狀態中。因此，方以智認爲，吾人要能夠明瞭上下四方、中五四破的「宇」，本是處處皆自然，無一毫人心之造作，便能體會出這是大自然的「物之則」，也就是天道運行的「天之則」，亦是人倫五常的「心之則」。接著，方以智引《管子・宙合》〔註289〕再作申論，提出「宙輪于宇」〔註290〕此一破天荒的看法，也就是「宇中有宙，宙中有宇，春夏秋冬之旋輪，即列于五方之旁羅盤」之意。如其所述，由於「宇」和「宙」時位關係的相互涵攝，以及四季的轉換，皆可從羅盤辨析方位，由此既能指陳客觀的自然現象，又能被吾人主觀的掌握，豈有逃於其外者乎？

（二）中國古代宇宙結構論的概述

當古代人在仰望天空時，映入眼簾的第一印象，是一個如同碗所覆蓋的天，人們稱之爲穹蒼或天穹。其中，日月星辰猶如巧奪天工般的珠寶在天空中閃閃發亮，一切的星體都按照一定的軌跡週而復始的運行，這就是吾人對於天地的直觀印象。長久以來，人類將穹蒼中所發生的現象，都歸諸於天，由它促使著萬物的生成變化、歷史的興衰更迭。隨著中國古代農牧業生產的需要，而發展起天文學和算學，其中較爲人所熟知的是，從漢代以降，出現一批以科學方法來編制曆法、觀測天文的思想家，如西漢的揚雄（公元前 53～18）、東漢的張衡（78～139）、南北朝的祖沖之（429～500）、唐僧一行（683～727）、明末清初李之藻（1565～1630）、王錫闡（1628～1682）、梅文鼎（1633～1721）等人。在中國天文曆法史上，發展出不同形態的宇宙結構論，用以

〔註289〕《管子・宙合》曰：「『天地萬物之橐，宙合有橐天地』，天地甚萬物，故曰萬物之橐。宙合之意，上通於天地之上，下泉於地之下，外出於四海之外，合絡天地，以爲一裹。散之至於無間，不可名而山。是大之無外，小之無內，故曰有橐天地。其義不傳，一典品之，不極一薄，然而典品無治也。多內則富，時出則當。而聖人之道貴富以當。奚謂當？本乎無妄之治，運乎無方之事，應變不失之謂當。變無不至，無有應當，本錯不敢忿。故言而名之曰宙合。」同注5，卷四，〈宙合〉第十一，頁111～112。

〔註290〕方以智次子方中通於〈藏智于物〉下注曰：「宙輪宇中，此眞破天荒之一決也。心本不自知其心，愈窮愈幻，而心所造之事，心所件之物，森然不紊也。自非格物之比量，豈享物格之現量哉？消心之言，止貴平心，心平乃虛，虛乃明，乃能燭物之理，而不被物惑，亦不爲談物者所惑，亦不爲掃物者所惑，果然不惑，則因物付物之本空也。卦氣、太宮、洞極、元包、皇極、潛虛、蔡疇，以至太乙用十六，象正三推八八，皆衍數之節度，而理自冥應者也。」同注19，卷之二，占候類，〈藏智于物〉，頁61。

詮釋天地的整體內容。

1、兩漢時期的三種宇宙結構論：蓋天說、渾天說、宣夜說

兩漢時期，將天看作爲萬物之一，並作一物理性的探究，在當時已出現三種宇宙結構的理論——蓋天說、渾天說、宣夜說。〔註291〕其中，影響後世較大的學說分別是蓋天說與渾天說。以下即針對此三種學說略陳其概。

（1）蓋天說

這一學說的宇宙結構論以《周髀算經》爲典要，並以東漢的王充爲代表人物。〔註292〕它的主要觀點是天的形狀像蓋子一般籠罩著大地。《周髀算經·卷下》云：「天象蓋笠，地法覆槃」〔註293〕意思是天像蓋在人頭頂上的大斗笠，而地像承載天的大盤子，這便是說天地是圓弧之狀。此處以《晉書·天文志》所概括的記載來看《周髀算經》中對於日月星辰運行的說明，其謂：

> 北極之下爲天地之中，其地最高，而滂沲四隤，三光隱映，以爲晝夜。……日麗天而平轉，分冬夏之間日所行道爲七衡六間。〔註294〕
> （《晉書卷十一·天文志上》）

這是說北極的下方是天地的中心，其地勢最高，而天上的星辰便隨著天蓋的旋轉旁流四方，並且以日月星三光的隱現當作是晝夜的區別。

再者，太陽的運轉以北極爲同心圓的中心，每天隨著蓋子旋轉，而這個運轉的軌跡，稱爲「衡」或是「行道」。當這個蓋子在上空旋轉一周稱爲「一天」，而太陽的運轉以北極（蓋頂）爲中心，經過「七衡六間」〔註295〕的週期

〔註291〕《晉書·天文志上》曰：「古言天者有三家：一曰蓋天，二曰宣夜，三曰渾天。」見唐·房玄齡等奉敕撰、楊家駱主編，《新校本晉書並附編六種》全六冊（臺北：鼎文書局，1976年10月），冊一，卷十一，〈天體〉，頁1：278。

〔註292〕周桂鈿認爲：「這一學說保存下來的經典是《周髀算經》一書，史書中記載的代表人物是王充。」見氏著，《秦漢思想史》（石家莊：河北人民出版社，1999年12月），「第十九章 天說的科學思想」，頁492。

〔註293〕見吳·趙爽注、唐·李淳風等注釋，《周髀算經》，收錄於郭書春、劉純校點，《算經十書》（瀋陽：遼寧教育出版社，1998年12月），卷下，頁18。

〔註294〕同注291，冊一，卷十一，冊一，〈天體〉，頁1：278引。

〔註295〕《周髀算經·卷上》曰：「凡爲日月運行之圓周，七衡而六間，以當六月節。六月爲百八十二日、八分日之五。故日夏至而東井極內衡，日冬至在牽牛極外衡也。衡復更終冬至。故曰一歲三百六十五日、四分日之一，歲一內極，一外極。三十日、十六分日之七，月一外極，一內極。是故一衡之間萬九千八百三十三里、三分里之一，即爲百步。欲知次衡徑，倍而增內衡之徑。二之以增內衡徑得三衡徑。次衡放此。」同注293，卷上，頁14～15。

稱爲「一年」，用以說明晝夜長短的變化、四季寒暑的交替等問題。如下（圖十七、十八）〔註296〕所示：

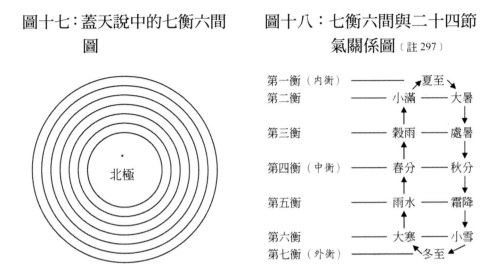

圖十七：蓋天說中的七衡六間圖

圖十八：七衡六間與二十四節氣關係圖〔註297〕

由此可知，蓋天說在於解釋宇宙間的客觀現象，如日月運行、晝夜更迭以及寒暑變化，收錄晝夜、四季、星辰的記載，形成一套宇宙結構論。

（2）渾天說

這一學說的出現影響著中國古代天文學長達一千多年之久。它的主要論點是天球如同一顆雞蛋，天像外表的蛋殼，地像裡頭的蛋黃，用以比喻橢圓形的球體。其主要特點是解決一些蓋天說無法解釋的天象問題，並且能夠依照這一理論，製作出渾天儀（見圖十九），以儀器的實證方法來解說天象與理論間的一致性。關於渾天儀由誰創制，以及渾天說產生於何時的爭議性問題，本文在此不詳細探究，只作理論本身的說明。〔註298〕

〔註296〕該圖式見陳久金、楊小怡著，《中國古代天文與曆法》，（臺北：臺灣商務印書館，1993年10月），「樸素的宇宙學說──蓋天說」，頁123引。

〔註297〕周桂鈿說：「夏至那一天，日在內衡道上運行。從夏至日到大暑日，日在第一衡和第二衡的中間，即第一間運行。大暑日，日在第二衡上。以此類推，處暑日在第三衡，秋分日在第四衡，即中衡上，霜降日在第五衡，小雪日在第六衡，冬至日在第七衡，即外衡上。從冬至開始，日又往內衡方向運行，於大寒、雨水、春分、穀雨、小滿，分別經過第六、五、四、三、二各衡，在夏至那一天，日又回到內衡軌道上。這就是日在七衡六間的軌道上運行，與二十四節氣是相應的。」同注292，「第十九章　天說的科學思想」，頁497。

〔註298〕關於這些問題，本文乃根據周桂鈿的看法爲準據，他指出：「我們認爲渾天儀

圖十九：渾天說之儀器──渾天儀

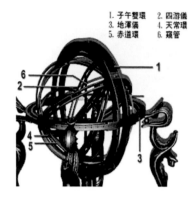

東漢・張衡的渾天說主要記載於〈渾天儀〉中，今見於清・嚴可均（1762
～1843）所校輯的《全上古三代秦漢三國六朝文》內，其謂：

> 渾天如雞子，天體圓如彈丸。地如雞中黃，孤居於內，天大而地小。
> 天表裏有水，天之包地，猶殼之裏黃。天地各乘氣而立，載水而浮。
> 周天三百六十五度四分度之一，又中分之，則一百八十二度八分之
> 五覆地上，一百八十二度八分之五繞地下。故二十八宿半見半隱，
> 其兩端謂之南北極。北極乃天之中也，在正北，出地上三十六度。
> 然則北極上規經七十二度，常見不隱。南極天之中也，在正南，入
> 地三十六度。南極下規七十二度，常伏不見。兩極相去一百八十二
> 度半強。天轉，如車轂之運也，周旋無端，其形渾渾，故曰渾天也。
> 〔註299〕（《全後漢文卷五十五・渾天儀》）

是西漢時落下閎創制的。渾天說思想肇端於西漢，學說體系則形成於東漢，
其代表作就是張衡的《渾天儀注》。……從歷史資料上看，先秦沒有渾天的思
想，西漢時期才有渾天的思想，而沒有地圓思想，到了東漢才有地圓思想。……
總之，我們認為渾天說肇端於漢武帝時的落下閎，經過二百年左右的科學實
驗和激烈爭鳴，到東漢張衡，才形成比較完整的渾天說思想體系，以後的一
千多年中，歷代天文學家都是在這個體系的基礎上豐富發展天文學的。直到
明代中期以後，西方傳教士帶來西方天文學，渾天說的統治地位才逐漸被取
代。」同注292，「第十九章　天說的科學思想」，頁519～531。

〔註299〕同注286，冊一，《全後漢文》，卷五十五，頁1：777～778。又《晉書・天文
志上》則記載著葛洪所引的《渾天儀注》，其曰：「天如雞子，地如雞中黃，
孤居於天內，天大而地小。天表裏有水。天地各乘氣而立，載水而行。周天
三百六十五度四分度之一，又中分之，則半覆地上，半繞地下，故二十八宿
半見半隱，天轉如車轂之運也。」同注291，冊一，卷十一，〈天體〉，頁1：
281。

這段文意是說，張衡將大地被包覆在天之內比喻成「鷄子」與「鷄中黃」的關係。鷄子，指雞蛋；鷄中黃，指雞卵。就觀測到的範圍言，則顯示陸地與天空兩者相對比例的大小，故稱爲「天大而地小」。書中還提到天、地、水、氣四者的關係：天，指天空；地，指狹義的陸地；水，指海水；氣，指天地之氣。這是說明一個中空的圓球，裡面貯存水，而地就浮在水上，天空與陸地則分別承托著氣而成立，地載於水面上而運行周轉。另外，還指出天空的度數是 365 度又 1 / 4 度，其中有一半分布在地的上半，另一半則繞行在地的下半，因爲如此，在地面上吾人只能見到「二十八宿」〔註 300〕在上半部的分布，至於下半部的星宿則隱沒不可見，是以將天空的運行比喻成滾動中的車輪，不停地轉動著。

那麼渾天說與蓋天說有何差異，祝平一先生認爲：「渾天與蓋天最大的不同在於前者認爲天、地有相交會處，而後者則認爲天、地相平行，但二者都沒有地圓的概念。」〔註 301〕換言之，渾天說的「天」不再是蓋天說所言的「蓋笠」之狀，而是一個橢圓的天球，包裹著大地。由於兩漢時期的天文學家對於天、地的認知存有歧異性，進而提出不同的理論來解釋宇宙的結構，因此，才會出現各執一說的渾蓋之爭。〔註 302〕但是，持平而論，渾天說發展到東漢

〔註 300〕陳久金與楊小怡指出「：三國時吳國的陳卓，歸納了石申、甘德和巫咸的工作，併同存異，統計出 1464 顆恆星。這個星數一直沿用到清代，只是個別時候有一、兩顆的出入。……下面的表格是以陳卓星表統計的。……三垣和二十八宿的劃分不是一次完成的，直到唐代的天文啓蒙讀物《丹元子步天歌》，才第一次以三垣二十八宿概括全天可見星空。」同注 296，「持續的恆星觀測」，頁 46～50。

表十：四宮、二十八宿、星官數、星數對照表

四　象	宮　名	宿　　名	星官數	星　數
蒼龍	東宮	角亢氐房心尾箕	46	186
玄武	北宮	斗牛女虛危室壁	65	408
白虎	西宮	奎婁胃昴畢觜參	54	297
朱雀	南宮	井鬼柳星張翼軫	42	245

〔註 301〕見氏著，《說地──中國人認識大地形狀的故事》（臺北：三民書局，2003 年 8 月），「古代世界中的大地形狀」，頁 10～11。

〔註 302〕如西漢的揚雄，原先信蓋天說，後因被桓譚說服，改信渾天說，提出「難蓋天八事」以駁斥之，其說記載於《隋書・天文志上》曰：「漢末，揚子雲難蓋天八事，以通渾天。其一云：『日之東行，循黃道。晝夜中規，牽牛距北極南百一十度，東井距北極南七十度，并百八十度。周三徑一，二十八

時期，由於其說較接近於天文實測的結果，系統性較爲周延，漸漸爲當時的知識份子所接受，反而，蓋天說的系統性較爲薄弱，其說便普遍流行於市井小民中的經驗之談。

（3）宣夜說

相傳宣夜說記載於宣夜之書中，亡佚甚早，〔註303〕今所見的唯一資料，僅有東漢・郗萌（生卒年不詳）據其先師所載的觀點，其曰：

> 宣夜之書亡，惟漢秘書郎郗萌記先師相傳云：「天了無質，仰而瞻之，高遠無極，眼瞀精絕，故蒼蒼然也。譬之旁望遠道之黃山而皆青，俯察千仞之深谷而窈黑，夫青非眞色，而黑非有體也。日月眾星，自然浮生虛空之中，其行其止皆須氣焉。是以七曜或逝或往，或順或逆，伏見無常，進退不同，由乎無所根繫，故各異也。故辰極常居其所，而北斗不與眾星沒也。攝提、塡星皆東行，日行一度，月行十三度，遲疾任情，其無所繫著可知矣。若綴附天體，不得爾也。」〔註304〕（《晉書卷十一・天文志上》）

宿周天當五百四十度，今三百六十度，何也？』其二曰：『春秋分之日正出在卯，入在酉，而晝漏五十刻。即天蓋轉，夜當倍晝。今夜亦五十刻，何也？』其三曰：『日入而星見，日出而不見，即斗下見日六月，不見日六月。北斗亦當見六月，不見六月。今夜常見，何也？』其四曰：『以蓋圖視天河，起斗而東入狼弧間，曲如輪。今視天河直如繩，何也？』其五曰：『周天二十八宿，以蓋圖視天，星見者當少，不見者當多。今見與不見等，何出入無冬夏，而兩宿十四星當見，不以日長短故見有多少，何也？』其六曰：『天至高也，地至卑也。日託天而旋，可謂至高矣。縱人目可奪，水與影不可奪也。今從高山上，以水望日，日出水下，影上行，何也？』其七曰：『視物，近則大，遠則小。今日與北斗，近我而小，遠我而大，何也？』其八曰：『視蓋橑與車輻間，近杠轂即密，益遠益疎。今北極爲天杠轂，二十八宿爲天橑輻。以星度度天，南方次地星間當數倍。今交密，何也？』。」見唐・魏徵等撰，《隋書》全三冊（臺北：史學出版社，1974 年 5 月），卷十九，〈天體〉，頁 1：506～507。到了東漢，有支持蓋天說的王充，《晉書・天文志上》曰：「漢王仲任據蓋天之說，以駁渾儀。」同注291，冊一，卷十一，〈天體〉，頁 1：280～281。如以今人的研究來檢視揚雄的「難蓋天八事」，是否眞能駁斥蓋天說，仍有爭議之處，尚須商榷。可參見金祖孟，《中國古宇宙論》（上海：華東師範大學出版社，1991 年 9 月），「論揚雄的『難蓋天八事』」，頁 88～94。

〔註303〕《晉書・天文志上》曰：「漢靈帝時，蔡邕於朔方上書，言『宣夜之學，絕無師法』。」同注291，冊一，卷十一，〈天體〉，頁 1：278。據此可知，在東漢靈帝以後，宣夜說因爲沒有師傳，已經不甚流行。

〔註304〕同注291，冊一，卷十一，〈天體〉，頁 1：279。

依據這段文意可知，此說的主要觀點有二個部分：一是「天了無質，仰而瞻之，高遠無極」，二是「日月眾星，自然浮生虛空之中，其行其止皆須氣焉」。所謂「天了無質」等句是描摹天的形狀與範圍，說天本身是無形無質的。在仰觀它時，顯現出其高遠而無窮盡的距離感，人們所看到的天是一片蔚藍色，如同人眺望遠山皆爲青色，俯瞰幽谷皆成黑色，這表明人的眼睛在視覺上產生錯覺，其實是「青非眞色，而黑非有體」之故。

再者，「日月眾星」等句是描摹星辰之狀，說明它們飄浮於虛空之中的原因是受到氣的承托而不墜，並且在氣的作用下，或運行，或靜止，有著不同的運動狀態。最明顯的例子是七曜，即是日、月、火、水、木、金、土等七顆行星，它們有時消失，有時出現；有時順行，有時逆行，這種變化是「伏見無常，進退不同」的，也難怪主張宣夜說的人要稱其「由乎無所根繫，故各異也」。意思是表明眾星東升西落時，並不是循著相同的軌跡在運行，因此才會呈現出進退不同的差異。其中，較特別的是辰極，即北極星，其位置固定不動，而鄰近的北斗也沒有跟其他的星一起隱沒，只是繞著北極星轉動。而行星——木星（攝提）和土星（塡星）——自西向東移行。〔註305〕太陽每天運行一度，月亮每天運行十三度，快慢不同。是以星辰的運行爲「無所繫著」，亦即隨著氣的作用在空間中運行，並非共同綴附在天體上一起運行的。由此可以，宣夜說主張天的範圍是無限延伸的，日月星辰不是依附於天體上，而是自由地飄浮在虛空中，任由氣的作用而運行。這種的宇宙結構論，就連西方著名的學者李約瑟（Joseph Needham）都曾經稱讚它是「想像空間無限」，比起西方古代的天文理論跳脫了束縛，並且更加向前推進。〔註306〕

總而言之，由於漢代人對於天地作一物理性的探索，才發展出各具特色的蓋天、渾天、宣夜等三種學說，這些試圖詮釋宇宙結構的理論中，都含藏著一個相同的目的，即是古人想要完善地解釋宇宙的結構性問題，並由此問

〔註305〕見鄭文光，《中國天文學源流》（臺北：萬卷樓圖書有限公司，2000年3月），「第七章宇宙結構體系」，頁207。

〔註306〕李約瑟認爲：「這種宇宙觀點和出于希臘文化的任何學理一樣開明。宣夜派想像空間無限而天體疏落的浮游于其中。他們的見解遠比束縛歐洲人天文思想達一千年以上的亞利斯多得，托勒米的同心水晶球的概念爲前進（這一點值得注意）。雖漢學家傾向于宣夜說無勢之説，但深入中國人思想之中，似比初看發生較大影響。」見氏著、曹謨譯，《中國之科學與文明》全十五冊（臺北：臺灣商務印書館，1975年1月），第五冊天文學，「（3）宣夜説（無限空間）」，頁5：69～70。

題意識爲出發點，建立一套系統性的理論，以解決人類自古以來對於宇宙之謎的好奇與疑惑。

2、明末清初方孔炤父子的宇宙結構論：地圓說

方以智的著作《物理小識》〔註307〕、《通雅》〔註308〕及方孔炤父子合編的《圖象幾表》〔註309〕中，記載著豐富的質測之學，如地圓說、九重天說等天文曆算之學的探討，從這些大量的自然知識所建構出科學的宇宙論，足以視之爲跨入近代自然科學的前身。〔註310〕關於方以智天文曆算之學的整體內容，本文擬不細究，僅就兩個主要的特色作一概述。

（1）「桴豆之喻」的地圓說

自古以來，人類便將身處的天地描繪成一個直覺印象——「天圓地方」〔註

〔註307〕有關《物理小識》中的天文知識，主要收錄在卷之一「天類、曆類」及卷之二「風雷雨暘類、地類、占候類」中。同注19，頁1～65。

〔註308〕有關《通雅》中的天文知識，重要篇幅在卷十一與卷十二「天文類」，其內容有〈曆測〉、〈陰陽〉、〈月令〉、〈農時〉等。同注19，上冊，頁421～476。

〔註309〕在《圖象幾表》中，探討天文知識的篇幅，主要集中於卷之七「旁徵」類，其內容有〈崇禎曆書約〉收錄於〈圜中〉、〈大圜〉、〈二曜〉、〈五緯〉，以及〈兩間質約〉（或稱〈兩間質測〉）等篇。見同注1，冊五，卷之七，頁5：591～649。對此，馮錦榮認爲：「方氏學派中人最早留意西洋曆法之學的乃是方孔炤。……而《崇禎曆書約》一卷之中，主要列舉了『圜中』（內容包括大地兀然浮空而不墜、五帶之說、九重天說、伽利略（Galileo）『天漢乃細星稠密』之說）、『大圜』（內容爲地圓說）、『二曜』（內容有日躔、月離、朦朧分、氣差、日月交食）、『五緯』（內容引用了多祿某〔即托勒密，Glaudius Ptolemy，85～165〕的古測和第谷〔Tycho Brahe，1546～1601〕的新測等論說）、『日數』、『兩間質約』（內容包括三際說、四行說、風雷雨電的形成等）。據我估計，他最少摘錄了湯若望《新法曆引》《曆法西傳》（《崇禎曆書》所收）、熊三拔《泰西水法》等書而成《崇禎曆書約》。基本上說，這是較重於介紹西學的方面。到了方以智、揭暄、方中通、游藝諸人，則較重於鑽研，並且道出西學不足之處。」同注66，「Ⅲ本論之二　方氏學派之主張（二）象數觀」，頁178。

〔註310〕俞宣孟指出：「宇宙論在其產生的時候，由於缺少實證的手段而具有超越經驗的性質，因而曾和本體論一起被歸入形而上學。儘管直到今天，關於宏觀宇宙的研究仍然具有很強的理論推測的性質，但是由於人類實驗手段的發展（太空望遠鏡、人類登月取回月球岩石樣品、登上火星的探測器等等），這些理論也獲得了強而有力的經驗依據。今天對宇宙的研究同古時候哲學宇宙論已大不相同，它獲得了宏觀物理學、天體物理學的名稱，早已不是形而上學的了，而是屬於自然科學的了。」見氏著，《本體論研究》（上海：上海人民出版社，1999年5月），「第一章　本體論概述」，頁29。

〔註311〕《大戴禮記·曾子天圓》中載曾子與弟子單居離的對話，曾子曰：「天之所生上首，地之所生下首，上首謂之圜，下首謂之方，如誠天圜而地方，則是四

311〕（見圖二十），這一直是人們習以為常的觀念。因此，古人一旦被問及「天地是什麼？」時，通常都會不假思索的如此回答。所謂「地方」有兩個意義：一指大地為「方形」，另一則是指地為平面。〔註 312〕如同《晉書‧天文志上》所云：「天圓如張蓋，地方如棋局。……所以知天之形如倚蓋也。」〔註 313〕同樣地《周髀》家也認為天是圓形，如張開的車蓋，地是方形，像平正的棋盤。但是，「地方」觀念並不是一夕之間就能夠改變的，在一切原始民族當中，天圓地方說無疑是最早出現的、樸素的、直觀的宇宙圖式。〔註 314〕

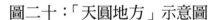

圖二十：「天圓地方」示意圖

　　然而，吾人對於大地和宇宙的認識將永遠停留在此嗎？如前述所言，在兩漢時期已經出現蓋天、渾天、宣夜等三種學說，這三者的觀點都比起天圓地方說要來得進步與精確，這就表明人類對於宇宙的探索正向前邁入一步。事實上，以今日的科學水平來看，在東漢出現的天象觀測儀器——渾天儀，正是古代天地概念實體化的雛型，這也說明儀器的日新月異總是伴隨著學說的進步而產生。

　　那麼，在明末清初桐城方孔炤父子身上，是否也可以看到此一脈絡的延續與發展呢？以《圖象幾表》而言，其中就收錄有一幅〈三輪六合八觚圖〉〔註 315〕

　　　角之不撝也。且來，吾語汝。參嘗聞之夫子曰：『天道曰圓，地道曰方，方曰幽而圓曰明』。」見清‧王聘珍撰，《大戴禮記解詁》（臺北：文史哲出版社，1986 年 4 月），卷五，第五十八，頁 98～99。

〔註 312〕祝平一指出：「所謂『地方』有兩個意義：一指大地為『方形』。雖然漢朝人對『地方』不無質疑，但從當時主流的宇宙觀看來，地確為方形。地方的觀點表現在占卜用的栻盤、明堂建築、地圖的畫法等。另外，『地方』則指地為平面。」同注 301，「古代世界中的大地形狀」，頁 9。

〔註 313〕《晉書‧天文志上》曰：「《周髀》家云：『天圓如張蓋，地方如棋局。天旁轉如推磨而左行，日月右行，隨天左轉，故日月實東行，而天牽之以西沒。……天之居如倚蓋，故極在人北，是其證也。極在天之中，而今在人北，所以知天之形如倚蓋也。』」同注 291，冊一，卷十一，〈天體〉，頁 1：279。

〔註 314〕同注 305，「第七章宇宙結構體系」，頁 215。

〔註 315〕根據尚智叢指出，此圖式乃援引自傳教士湯若望《渾天儀說》（收入《崇禎曆書》）及儒士李之藻《渾蓋通憲圖說》（收入《天學初函》）等譯介的書籍。見

（見圖二十一），此一圖式的形狀與渾天儀的構造相近，是圖底下注曰：

圖二十一：《圖象幾表·三輪六合八觚圖》〔註316〕

凡設三輪，水而臬之，則知地平；針而丙之，則知子午；繩而垂之，
則知上下。輪皆有先後天八卦、十二宮周期之度，是爲六合，是爲
八觚，此大舜璿璣之始圖約法也。于是出入地平，可定二極，腰旋
黃赤，形如雙環，日月交分，經緯皆可距度，四破取一是爲象限，
欲求一星，立地可得，今以有徵無中之理，借此彌繪，以世言圓，
皆畫毬如鏡之扁圓也，非圓圓也。〔註317〕（《圖象幾表卷之三·三
輪拱架幾表説》）

此圖式可視爲一種幾何式的天球儀（Celestial Globe）。依據此段文意，所謂「三
輪」，指圖中所標示的地平輪、子午輪、卯酉輪。進而，將此一木製的儀器放在
水中，當呈現爲水平狀態時，可見到地平輪，以針丙之，可見到子午輪，以繩
子垂之，可見到卯酉輪。在球儀輪軸的上下方都刻有「先後天八卦」〔註318〕、

氏著，《明末清初（1582～1687）的格物窮理之學——中國科學發展的前近代
形態》（成都：四川教育出版社，2003 年 5 月），「附表 6.3」，頁 264。參見本
論文附錄六：桐城方氏學派所引西學原書概況表的説明，頁 302～304。

〔註316〕同注 1，冊五，卷之三，「八卦」，〈三輪拱架幾表説〉，頁 5：281。
〔註317〕同注 1，冊五，卷之三，「八卦」，〈三輪拱架幾表説〉，頁 5：281。
〔註318〕先天八卦的方位，以〈乾〉、〈坤〉、〈坎〉、〈離〉爲四正卦，其次序分別是：〈乾〉
南、〈坤〉北、〈離〉東、〈坎〉西、〈兌〉東南、〈震〉東北、〈巽〉西南、〈艮〉
西北；而後天八卦的方位，以〈坎〉、〈離〉、〈震〉、〈兌〉爲四正卦，其次序
分別是：〈離〉南、〈坎〉北、〈震〉東、〈兌〉西、〈乾〉西北、〈坤〉西南、〈艮〉
東北、〈巽〉東南。對此，方孔炤在《圖象幾表·宿度圓圖》曰：「世皆以圓
圖爲平地，扁輪耳。當知此爲卯酉日月之輪，即可以此爲子午直極之輪。則
〈復〉〈姤〉亦可象二極也，先天〈乾〉〈坤〉應極，故六子交午中輪，後天

「十二宮」〔註319〕周期的度數，以配中國曆算的十二時辰、二十四節氣。「六合」，指方位的上下四方。「八觚」，指此圖的地平輪、子午輪、卯酉輪相互交錯，分割圓體而成八個象限。方以智以爲，這一構造的作用就同於古代《尚書・舜典》所言「在璿璣玉衡，以齊七政」〔註320〕之意，稱讚它爲「此大舜璿璣之始圖約法也」。

於是，以地平軸爲橫座標，可確定上下的南北二極之位置。〔註321〕在球儀腰間旋轉的黃道和赤道二線，形狀就如同兩個圓環，以此擬配天空中日月交分之狀，於是，經緯度就可以蠡測得知，並且以表東西南北四方的「四破」，擇一當作一個象限（空間範圍），進而，想要探求天上某一顆星辰的位置，只要將此球儀豎立在地上就能夠知曉其方位。這種以實際的儀器來推測看不見的星辰的做法，方以智以爲，這就是「今以有徵無中之理，借此彌綸」之旨要。然而，世人所言「圓」的概念，其實都是指「晝球」，它僅是如同鏡子般呈現出扁圓之形，並非是一個立體的圓體之概念，也因此他才會有「以世言圓，皆晝球如鏡之扁圓也，非圓圓也」〔註322〕的感慨。

〈坎〉〈離〉應極，故〈震〉〈兌〉東西轉輪，〈巽〉〈艮〉偏東，〈乾〉〈坤〉偏西，猶今晷測，言北海頂線，林邑頂線也。」同注1，冊五，卷之二，「卦畫」，〈宿度圓圖〉，頁5：231～232。

〔註319〕「十二宮」，指黃道十二宮，分別是：魔羯：子（冬至、小寒）、寶瓶：亥（大寒、立春）、雙魚：戌（雨水、驚蟄）、白羊：酉（春分、清明）、金牛：申（谷雨、立夏）、陰陽：未（小滿、芒種）、巨蟹：午（夏至、小暑）、獅子：巳（大暑、立秋）、雙女：辰（處暑、白露）、天秤：卯（秋分、寒露）、天蠍：寅（霜降、立冬）、人馬：丑（小雪、大雪）。同注1，冊五，卷之二，「卦畫」，〈黃道宿度〉，頁5：225。

〔註320〕同注4，冊二，頁2：87～88。

〔註321〕馮錦榮指出：「我推測『三輪六合八觚圖』是採用地平坐標系。這是以地平面爲基準，用平經平緯來表示天球上天體位置的坐標系。平經又叫做方位角，從正南向東或西計算，一般以東爲負，以西爲正。」同注66，「Ⅲ本論之二　方氏學派之主張（二）象數觀」，頁180～181。

〔註322〕相較於方以智對此圖式的看法，方孔炤乃援引邵子的先後天易學觀點作爲闡發，其曰：「邵子曰：『〈乾〉〈坤〉定上下之位，〈坎〉〈離〉列日月之門』，則先天圓圖八卦，當拱架而倨觀之，非但平痺而論南北也。學者觀之而得，雙旋向北之象焉。自〈乾〉、〈兌〉、〈離〉、〈震〉而旋左，是向北也；自〈巽〉、〈坎〉、〈艮〉、〈坤〉而旋者，亦向北也。故邵子以〈坤〉〈震〉十六卦爲不用，言四分用三也。後天圖，則日月之腰輪也，以人身水火言，則坎離亦倨圓矣。故曰：綫統而折圍之，枝根而經絡之，無非圓者，一在二中，無非輪，無非交，則何不可縱午平直觀之耶？」同注1，冊五，卷之三，「八卦」，〈三輪拱架幾表說〉，頁5：281～282。

此一圖式自從被方孔炤父子援引入《圖象幾表》之後，在方以智的學生游藝（字子六，生卒年不詳）所著的《天經或問前集》中，亦可見其收錄之，內容的文字解說上也僅有幾處不同而已。〔註323〕由此可見，此一圖式流傳於方氏學派當中所帶來的重要啓示與影響。另外，關於方以智接受西學的程度問題，張永堂先生在〈方以智與西學〉一文指出：

> 方以智所交往的西士雖然只有畢方濟與湯若望二人，但是穆尼閣的可能性也很大。……方以智雖與西士有所交往，但其西學知識主要還是來自西書。因此，欲了解方以智接受西學的情形，需要先了解他所閱讀的西書。……除了〔天學初函〕以外，方以智起碼還讀了以下的西書：1.湯若望〔主制群徵〕上、下卷。2.金尼閣〔西儒耳目資〕三卷。3.穆尼閣〔天步眞原〕三卷。4.〔崇禎曆書〕一三七卷。5.湯若望〔遠鏡說〕一卷。6.〔坤輿格致〕。7.利瑪竇〔坤輿萬國全圖〕。據侯外廬的推測，方以智還看過以下二書：8.〔名理探〕。9.〔辯學三筆〕。……此外，坂出祥伸還推測方以智很可能讀過以下一書：10.〔遠西奇器圖說〕。而閱讀時間大抵是自崇禎四年（1631）至永曆四年（1650），亦即方以智二十一歲至四十歲之間。〔註324〕

根據張氏的考察可知，方以智當時與西士交往期間，不僅涉獵過由李之藻所編的《天學初函》中的西方地圓說，〔註325〕並且從湯若望等撰的《崇禎曆書》

〔註323〕游藝注曰：「凡設三輪，水而枭之，則知地平；針而丙之，則知子午；繩而垂之，則知上下。輪皆有先後天八卦、十二宮周期之度，是爲三輪，是爲六合，是爲八觚，此大舜璿璣之始圖約法也。於是出入地平，可定南北二極，腰旋黃赤二道，形如雙環，日月交分，經緯皆可距度，四破取一是爲象限，欲求一星，立地可得，今以有徵無中之理，借此彌綸，以世言圓，皆畫球如鏡之扁圓也，非圓圓也。」見清‧游藝撰，《天經或問前集》，收錄於《四庫全書珍本》四集，冊一百六十四（臺北：臺灣商務印書館，1979年），頁164：4～5。

〔註324〕見氏著，《明末方氏學派研究初編——明末理學與科學關係試論》（臺北：文鏡文化事業有限公司，1987年1月），「第三編」，頁110～121。是書承蒙謝仁眞惠借複印，謹此致謝。

〔註325〕據洪健榮的考察，《天學初函》中所錄耶穌會士譯著中有關地圓說的敍述，如下表所示：

表十一：《天學初函》中所錄耶穌會士譯著中有關地圓說的敍述

書　名	著　者	内　　　容
簡平儀說 （1611）	熊三拔撰說， 徐光啓箚記	地本圓體，其居天中，不過一點，一點者，無分數可論也。

所譯介的西方天文學理論中，認識到托勒密（Glaudius Ptolemy，85～165）地心體系與第谷（Tycho Brahe，1546～1601）的宇宙模型，進而主張不同於傳統「天圓地方」的舊說，而改採「脬豆之喻」的地圓說。如方以智於《物理小識》中曰：

> 天圓地方，言其德也。地體實圓，在天之中，喻如脬豆，脬豆者，以豆入脬，吹氣鼓之，則豆正居其中央，或謂此遠西之說。〔註326〕

（《物理小識卷之一・曆類・圓體》）

在他看來，舊說「天圓地方」僅是古人用以比喻天地定而不移的德性，並無涉及天地之物理性的探究。他也認爲大地的形體是圓球狀，並且包覆於天空之中，比方而言，就像是「脬豆」之物。脬，指柔軟有彈性可鼓起如魚腹之氣囊的東西。是以將豆子裝入在脬之內，吹氣使它鼓起而呈現豆子在中央的情形，這種「脬豆之喻」的觀點，事實上，便是西方傳來的地圓概念。另外，在《圖象幾表・星土說》則有具體的說明云：

> 嘗考地球之說如豆在脬，吹氣則豆正在中，此其理也。然未言其如蓏有蒂臍，而赤道之腰，分南北東西，與二極，爲六合矩也。卯伏必分上下，圓物水浮絲懸，便自定分，三輪五線，証知中國當胸，西乾當左乳。中土以卦策，定禮樂，表性命，治教之大成，獨爲明

表度説 （1614）	熊三拔口授， 周子愚、卓爾康筆記	地本圓體。解曰：造物主之初造物也，必定物之本像焉，地之本像，圓體也。世有云天圓地方，動靜之義，方圓之理耳。
天問略 （1615）	陽瑪諾	地爲圓體，懸于空際，上下四旁，皆有人居。地毬懸于十二重天之中央，如雞卵黃在青之中央。
職方外紀 （1623）	艾儒略	天體，一大圓也，地則圓中一點，定居中心，永不移動。……可見天圓地方，乃語其動靜之德，非以形論也。地旣圓形，則無處非中，所謂東西南北之分，不過就人所居立名，初無定準。

參見氏著，〈明末清初熊明遇、熊人霖對西方地圓說的反應〉，收錄於龍村倪、葉鴻灑主編，《第四屆科學史研討會彙刊》，（中央研究院科學史委員會，1996年12月），表一，頁111引。

〔註326〕在此條下，方以智又曰：「黃帝問歧伯：『地爲下乎？』歧伯曰：『地，人之下，天之中也。』帝曰：『憑乎？』曰：『大氣舉之』。邵子、朱子，皆明地形浮空，兀然不墜，以世無平子、冲之、一行、康節諸公耳。孔子曰：『天子失官，學在四夷，猶信。』世士不考，相傳地浮水上，天包水外，謬矣。地形如胡桃肉，凸山凹海，自徐玄扈奏立曆局，而《崇禎曆書》今成矣。老父以學者從未實究，故作《崇禎曆書》約）。」同註19，卷之一，「曆類」，〈圓體〉，頁18。

備中正，豈偶然乎？當北極之下者，无用之地也，黃道之下，人靈
物盛，而中國在腰輪之南，天地人相應其幾，自應地勢符天，全地
應之。〔註327〕（《圖象幾表卷之二‧星土說》）

依據這段文意，方以智以為，地圓概念的最佳比喻就是「脬豆之喻」，這一道
理可清楚表示大地是個球體，此即地球之說。再者，他又進一步以瓜蒂為北
極、瓜臍為南極之喻作說明。〔註328〕並且指出赤道為地球的腰際，分成東西
南北四方，再加上南北二極，即為六合矩。以〈三輪六合八觚圖〉（見圖二十
一）來解釋，「卯伏」，指卯酉輪，其環為上下之狀。如將此一圓體之物以繩
懸吊於水中漂浮時，則上面的三輪五線，即地平輪、子午輪、卯酉輪為三輪，
以南北極、晝長、晝短及赤道為五線，〔註329〕各自定分。由此，他認為，這
可以證明中國的地理位置，如同居於人身胸前的正中，而西乾（西土）如同
位居人身胸前的左乳。這顯示居住在這塊土地上的中國人，以卦策示吉凶，
制禮作樂，推行教化，深知性命之理，成就治教的盛事，這豈不是中國居於
天下中心的必然之理。接著，他又以為，北極之地，極寒無人居住，是無用
的地方，而處於黃道之位，地靈人傑，物產豐饒，是以中國的位置在赤道的
南方，「人受天地之中以生，各以所在為中」，〔註330〕意思是人稟受天地而生，
天地人三者相互感應，如同「地勢符天」之意。

　　綜合上述而言，由於明末清初耶穌會士將西學東傳之故，方以智吸收湯

〔註327〕同注1，冊五，卷之二，「卦畫」，頁5：239～240。
〔註328〕對此，方以智在《物理小識‧曆類》亦曰：「圓六合難狀也。愚者以瓜蒂、瓜
　　　　臍喻之，渾天與地相應。所謂北極，如瓜之蒂；所謂南極，如瓜之臍。瓜自
　　　　蒂至臍，以其中界之周圍，為東西南北一輪，是赤道也，腰輪也。黃道則太
　　　　陽日輪之纏路也，斜絡于赤道，半出赤道內，半出赤道外，約周度十二宮而
　　　　平輪之，子午縱輪之，卯酉橫輪之，皆一也。」同注19，卷之一，「曆類」，
　　　　〈黃赤道〉，頁19。
〔註329〕由南北極、晝長、晝短及赤道等五線，將地球劃分為五個區間帶，稱為五帶。
　　　　在《通雅‧天文》曰：「故以瓜喻之，自北蒂而南臍，為五帶，曰北極圈內；
　　　　曰南極圈內，遠日而冷者也；曰在晝長、晝短二圖之間，其地甚熱，應赤道
　　　　近日故也；曰在北極、晝長二圖之間；曰在南極、晝短二圖之間；此二地謂
　　　　之正帶，日迤照者也。」同注19，上冊，卷十一，〈天文‧曆測〉，頁1：438。
〔註330〕《圖象幾表‧《崇禎曆書》約》方以智按曰：「此益證地之圓，而北極應地，
　　　　地如瓜焉。有蒂有臍，蒂應北極，臍應南極者，皆如軸中，乃其體也。體必
　　　　貴用，用在腰輪，腰自為東西南北，而腰輪之南為心胸，即中華也。其喻如
　　　　錘，以其不定而有定也，人受天地之中以生，各以所在為中，而北極之南，
　　　　正當中和用地。」同注1，冊五，卷之七，「旁徵」，〈圓中〉，頁5：596。

若望等人傳入的西方地圓概念與天象觀測儀器的「渾天儀」，並且以「脬豆之喻」的地圓說作為其宇宙結構論的基礎，闡揚中土所具有「明備中正」、「人靈物盛」的特色，姑且不評騭其說法正確與否，這一看法的提出在當時誠可謂有其時代意義。另外，對於學界有關明末清初西方地圓說所帶來的衝擊與反應的討論，此處，為免旁生枝節，本文擬不細究。〔註331〕

（2）九重天說

我國哲學中，關於「天」字的意涵及用法，概括而言，主要有三種，即是人格天、物質天、形上天。〔註332〕在方以智的天文曆算之學中，所談論的天，很顯然地大多是屬於物質天的討論範圍，其中有一個特別的地方，便是談到中西方的九重天之說。首先，在《通雅・天文》中，他談到中國的九天之說，其曰：

> 阮籍用「九蒼之高」。〈天問〉云「圜則九重」。王逸注〈招魂〉：「九
> 關即九重也」。崔駰〈達旨〉用「九乾」。王褒〈九懷〉與魏・張淵
> 賦用「九靈」。揚雄用「九閡」。相如用「上暢九垓」。〈樂志〉：「逝
> 九閡。」垓、陔，皆階也。〈靈憲〉言「天有九位」。道書言九霄。《大

〔註331〕 對於此一議題的討論，有學者持以下的看法：如郭永芳的主要論點在於自利瑪竇傳入西方地圓說之後所引發中國知識界的震驚、駁難，以及對地圓說有關「西學東源」式與方、圓美學上的爭議；林東陽則認為，地圓概念對習於蓋天說的中國人無異是一個天翻地覆的天文地理革命，並嚴重威脅到抱持「我族中心主義」中國人的天下觀。見郭永芳，〈西方地圓說在中國〉，收錄於《中國天文學史文集》第四集（北京：科學出版社，1986年），頁155～163；林東陽，〈利瑪竇的世界地圖及其對明末士人社會的影響〉，收錄於《紀念利瑪竇來華四百周年中西文化交流國際學術會議論文集》（臺北：輔仁大學出版社，1983年），頁359～375。

〔註332〕「天」字具有四種不同的意涵及用法：（一）人格天　此種天具有神格，是宇宙最高的主宰，擁有絕對的權威及支配命令。……（二）物質天　就是將天視為萬物之一，經常與相對之地連用，稱為天地，不具有造物主的身分。（頁144）……（三）形上天　即是將天視為宇宙萬物化生的本原，超驗的普遍規律。此時所提到的天，已具有第一因的內涵。……（四）其他意義的天字：此部分的天字使用，與天的本義無關，而是具有其他意義。例如表示國家的「天下」、表示國君的「天子」、表示時機的「天時」、表示天之門戶的「天門」、表示上天災難的「天災」、表示壽命的「天年」、表示天上星宿的「天一」以及表示長於天文之學的「天士」等。以上四種分類中，以形上天的價值最高，不僅跳脫出神格色彩，追求最高層次的超越之普遍法則；也就是一種具有豐沛生命力和創造力的宇宙本體。同註81，「第四章第一節　天與道相合的天道觀」，頁144～145。

霄琅書》亦分九天之名。〔註333〕（《通雅卷十一‧天文‧曆測》）
依據此段文意，方以智考察中國歷代典籍中用以表達「九天」概念的諸多用法，歸結而言，正如他所說的「九蒼、九重、九關、九乾、九靈、九閡、九陔、九位，皆言九天也。」由此可知，雖然每一詞語看起來不相同，但是語意的表達卻是相同的，皆是形容天的廣大深遠之意。再者，關於九天的具體內容爲何，他指出，在西漢‧揚雄的《太玄》〔註334〕中便早已提及，此後經由吳澄〔註335〕（1249～1333）的詳細闡發，最後實徵於遠西耶穌會士的利瑪竇（Matteo Ricci，1552～1610）之手。對此，其曰：

> 九天之名，分析於《太玄》，詳論于吳草盧，覈實于利江西。按《太玄經》：「九天，一中天；二羨天；三從天；四更天；五睟天；六廓天；七咸天；八沈天；九成天。」此虛立九名耳。吾草盧澄，始論天之體實九層。至利西江入國而暢言之：自地而上，爲月天、水天、金天、日天、火天、木天、土天、恆星天，至第一重爲宗動天，去地六萬四千七百三十二萬八千六百九十餘里。……此九層相包如蔥頭，日月星辰定在其體內，如木節在枝，因天而動，而天體本明通

〔註333〕同注 19，上冊，卷十一，〈天文‧曆測〉，頁 1：437。

〔註334〕《太玄》曰：「九天：一爲中天，二爲羨天，三爲從天，四爲更天，五爲睟天，六爲廓天，七爲咸天，八爲沈天，九爲成天。」鄭萬耕注曰：「《太玄》八十一首，每九首爲一『天』，表示一年四季的變化過程。而以每九首之第一首的首名命名。」同注 199，〈太玄數〉，頁 298、327。由此可見，揚雄所謂的九天之名，其實只是該書八十一篇之九組篇目，而非描述自然現象中的「天」。

〔註335〕《吳文正公集‧吳公行狀》曰：「先生諱澄，字幼清，晚稱伯清，姓吳氏。其先自豫章之豐城遷居崇仁。……學者稱之曰草盧先生。」見元‧吳澄撰，《吳文正公集》，收錄於《元人文集珍本叢刊》全八冊（臺北：新文豐出版股份有限公司，1985 年 4 月），冊三，卷首，「行狀」，頁 3：27～29。又《宋元學案‧草盧學案》曰：「吳澄，字幼清，撫州崇仁人。……爲學者言朱子於道問學之功居多，而陸子以尊德性爲主，問學不本於德性，則其蔽必偏於語言訓釋之末，故學必以德性爲本，庶幾得之。議者遂以先生爲陸氏之學，非許氏崇信朱子本意。然亦莫知朱陸之爲何如也。……元統元年辛，年八十五，追封臨川郡公，諡文正。初，先生所居屋數間，鉅夫題曰草盧，故學者稱爲草盧先生。」見明‧黃宗羲撰、清‧全祖望補，楊家駱主編，《宋元學案》全三冊（臺北：世界書局，1991 年 9 月），下冊，卷九十二，頁 1715～1716。關於吳澄對宇宙萬物根源的探討，可參見方旭東，《尊德行與道問學——吳澄哲學思想研究》（北京：人民出版社，2005 年 3 月），「第一章理氣先後」至「第三章理一分殊」，頁 1～62。

透如琉璃，毫無限隔也。〔註336〕（《通雅卷十一・天文・曆測》）

由此可知，他批評揚雄《太玄經》中所列九種天的名稱，只不過是虛立其篇目而已，到吳澄才開始提出天體有「九層結構」〔註337〕的說法，直到萬曆年間利瑪竇來華之後，帶來西方的天文學知識才暢然明白。此處，方以智援引利氏所言的九重天概念，相當於近代天文學中的宇宙模型，其「地」，指地球；「天」，則是代指各大行星之意。以地球爲中心向外排列，分別是月天、水天、金天、日天、火天、木天、土天、恆星天等八重天，而距離地球最遙遠的第一重天稱爲宗動天，它距離大地約有六億多公里遠，這些行星層層相環，其形狀如同蔥頭般層層包裹，故名爲九重天。〔註338〕日月星辰則固定在此天體之內，猶如木節連枝，牢不可分，隨著各個行星而運行著，是以天體的形狀如同琉璃一般「本明通透」，而且它的範圍是毫無阻隔的無限廣大。接著，方以智又謂：

地與海本是圓形，而同爲一球，居天球之中，如雞卵黃在青內。有謂地爲方者，乃語其定而不移之性，非語其形體也。天既包地，則二極、周度、緯度、赤道皆相應。但天包地爲甚大，其度廣；地處天中爲甚小，其度狹。直行北方二百五十里，北極出，高一度，足

〔註336〕同注19，上冊，卷十一，〈天文・曆測〉，頁1：437～438。

〔註337〕《吳文正公集・答人問性理》曰：「今當以太虛中作一空盤，卻以八者之行較其遲速。天行最速，一日過了太虛空盤一度；鎮星之行比天稍遲，於太虛盤中雖略過了些子而不及於天，積二十八個月則不及天三十度；歲星之行比鎮星尤遲，其不及於天，積十二個月與天爭差三十度；熒惑之行比歲星更遲，其不及於天，積六十日爭差三十度；太陽之行比熒惑又遲，但在太虛之盤中，一日行一周匝，無餘無欠，比天之行一日不及天一度，積一月則不及天三十度；太白之行稍遲於太陽，但有疾時，遲疾相準，則與太陽同；晨星之行又稍遲於太白，但有疾時，遲速相準，則與太白同；太陰之行最遲，一日所行比天爲差十二三四度，其行遲，故退度最多。今人不曉，以爲逆行，則謂太陰之行最疾也。今次其行之疾遲：天一、土二、木三、火四、日五、金六、水七、月八。天、土、木、火，其行之速過於日；金、水、月，其行之遲又不及日，此其大率也。」同注335，冊三，卷之二，「答問」，頁95。

〔註338〕在《圖象幾表・《崇禎曆書》約》中，記載著九重天各自的運轉週期，其曰：「宗動天，其最上者，列宿而下，土、木、火、日、金、水、月，相次，故名九重。宗動天一日一周；列宿天（恆星天）二萬四千四百一周，填星天（土天）廿九年百五十五日廿五刻一周；歲星天（木天）十一年三百十三日七十刻一周；熒惑天（火天）一年三百廿一日九十三刻一周；日輪天（日天）三百六十五日二十三刻一周；太白天（金天）、辰星天（水天）俱隨日周，月輪天（月天）二十七日三十一刻一周，此以氣限分重，非有形隔也。」同注1，冊五，卷之七，「旁徵」，〈圜中〉，頁5：598。

徵地形果圓。周九萬里，厚二萬八千六百三十六里零三十六丈，上下四傍，皆生齒居，如蟻之遊，大氣鼓之，各以足所履爲下，首所向爲上。利公自太西浮海入中國，至晝夜平線，見南北二極皆平轉，南過大浪山，見南極出地三十二度；則大浪與中國正對矣。又按西書，南亞墨利加瑪八作，正中國對足處。〔註339〕（《通雅卷十一·天文·曆測》）

如前述可知，方以智透過耶穌會士譯介的西書得知西方地圓說，他也接受此一觀點。從此一段落的內容可知，乃是他節錄利瑪竇《乾坤體義》〔註340〕的內容稍作改益而成。其大意是說，大地與海洋同在一個球體之中，故呈現爲圓形，此一球體即爲地球，以此比附於中國傳統的「地如雞中黃」之說，並且解釋自古的「天圓地方」觀念，僅是表明天地有著固定不移的特性，而不是指出它的形體。再者，說明地與天兩者的比例，一是天之大而度廣，一是地之小而度狹，〔註341〕從而概括出地球的圓周爲九萬里，厚度爲二萬八千餘丈，並指出地球居於宇宙之中是受到大氣所承托之故，以及人足所履之處爲下，人頭所向之處爲上，定出上下的方位。最後，說明利瑪竇乘船至中國之前，在海上航行經過晝夜平線的赤道〔註342〕時，發現南北二極呈現平轉的現象，南行到大浪山時，蠡

〔註339〕同注 19，上冊，卷十一，〈天文·曆測〉，頁 1：438。

〔註340〕利瑪竇曰：「地與海本是圓形，而合爲一球，居天球之中，誠如雞子黃在青內。有謂地爲方者，語其德靜而不移之性，非語其形體也。天既包地，則彼此相應，故天有南北二極，地亦有之；天分三百六十度，地亦同之；……直行北方者，每路二百五十里覺北極出高一度，南極入低一度；……則不特審地形果圓，……所居渾淪一球，原無上下，蓋在天之內，何瞻非天，總六合內，凡足所行即爲下，凡首所向即爲上，其專以身之所居分上下者，未然也。且予自太西浮海入中國，至晝夜平線，已見南北二極皆在平地，略無高低。道轉而南過大浪峰，已見南極出地三十六度，則大浪峰與中國上下相爲對待矣。……故謂地形圓而週圍皆生齒者，信然矣。」見利瑪竇著，《乾坤體義》，收錄於《欽定四庫全書》，子部六，天文算法類一，第 787 冊（臺北：臺灣商務印書館，1986 年），卷上，〈天地渾儀說〉，頁 756～757。

〔註341〕江曉原認爲：「無論自天文學理論抑或自與宇宙模型的關係而言，明末輸入中土之西方地圓說實有兩大要義：一、地爲球形；二、地與『天』相比非常之小。」見江曉原、鈕衛星著，《天文西學東漸集》（上海：上海書店出版社，2001 年 11 月），〈明清之際中國學者對西方宇宙模型之研究及態度〉，頁 366。

〔註342〕《物理小識·曆類》曰：「晝夜長短，由於日之出入，日行盈縮由於南北極之出地高下，中國處赤道北，夏至近北，則晝長夜短；冬至近南，則晝短夜長，處赤道南者反是，北極之下，半年晝半年夜，《周髀》已言之矣。」同注 19，卷之一，〈晝夜差〉，頁 28～29。

測到南極出於地表三十二度，此時的位置正好是大浪山與中國正相對之位。進而，方以智又談到西方眼中的新世界地理知識，其曰：

> 又以地勢分五大洲。曰歐邏巴，南至地中海；北至臥蘭的亞及冰海；東至大乃河墨河的湖大海；西至大西洋。曰利未亞，南至大浪山；北至地中海；東至西紅海、仙勞冷祖島；西至河摺亞諾蒼，即此州；只以聖地之下，微路與亞細亞相聯，其餘全為四海所圍。曰亞細亞，南至沙馬大臘、呂宋等島；北至西增白臘及北海；東至日本島、大明海；西至大乃河墨河的湖大海、西紅海、小西洋。曰南、北亞墨利加，全為四海所圍，南北以微地相聯。曰墨瓦臘泥加，盡在南方，惟見南極出地，而北極常藏焉；其界未審何如，故不敢訂之，惟知其北邊，與大小瓜哇及墨瓦臘泥峽為境。大約各州有百餘國。〔註343〕
>
> （《通雅卷十一·天文·曆測》）

這是說利瑪竇所傳入的新世界地理知識，乃是依照東西南北的地位，將地球分成「五大洲」〔註344〕的地域，分別是：歐邏巴（今歐洲），利未亞（今非洲），亞細亞（今亞洲），南、北亞墨利加（今南北美洲），墨瓦臘泥加（今南極洲和大洋洲）等，這代表著方以智所認知到的天下觀，已經打破傳統觀念以中國為天下的「中國的天下」，而是「五大洲的天下」，同時，也表示他接受傳教士利瑪竇〈坤輿萬國全圖〉以及艾儒略〈職方外紀〉的地理學觀點。是以明末清初西方地圓說與五大洲的地理知識傳入中國之後的影響，誠如陳衛平先生所言：

> 地球為圓形的學說衝擊了中國獨居天下之中、東西南北皆夷狄的偏見，……五大洲的知識衝擊了中國即天下的狹隘觀念。〔註345〕

由此可知，地圓說與五大洲概念傳入中土之後，在當時中國知識份子的心中，

〔註343〕同注19，上冊，卷十一，〈天文·曆測〉，頁1：438～439。

〔註344〕《明史·列傳·意大里亞》曰：「意大里亞，居大西洋中，自古不通中國。萬曆時，其國人利瑪竇至京，為《萬國全圖》，言天下有五大洲。第一曰亞細亞洲，中凡百餘國，而中國居其一。第二曰歐邏巴洲，中凡七十餘國，而意大里亞居其一。第三曰利未亞洲，亦百餘國。第四曰亞墨利加洲，地更大，以境土相連，分為南北二洲。最後得墨瓦臘泥加洲為第五。而域中大地盡矣。其說荒渺莫考，然其國人充斥中土，則其地固有之，不可誣也。」見清·張廷玉等奉敕撰、楊家駱主編，《新校本明史并附編六種》全十二冊（臺北：鼎文書局，1975年6月），冊十一，卷三百二十六，外國七，頁11：8459。

〔註345〕見氏著，《第一頁與胚胎——明清之際的中西文化比較》（上海：上海人民出版社，1992年4月），「第一章第三節」，頁81～83。

這確實是一種衝擊，也是一種挑戰。從上述方以智的論述來看，顯然地他的態度是接受這種新的世界觀，並不是採取激烈的言論抨擊與駁斥。〔註346〕

綜合前述可知，雖然這些天文知識本身與《周易》並無關涉，可視之爲方孔炤父子羼入于《周易》之中，從而擴大易學所涵蓋的領域。因此，就學術思想史的意義言，確實顯揚明代易學發展中寓藏有科學精神的成分，故吾人應當持平而論，不能片面地抹殺《圖象幾表》所具有科學易的部分及其歷史的特殊意義。再者，就易學史而言，方以智的天文曆算之學，一方面乃是紹述北宋・邵雍的觀物思想，以及程朱派「即物窮理」的格物之說，作更深入的物理性探究，另一方面也反映出桐城方氏學派在「物理」的質測方面所作出的獨特貢獻。

綜合前述，宇宙結構論的內涵可以分爲哲學的與科學的二種模式，由於近代以來學科領域劃分之故，一分爲二，各擅其長。然而，中國思想家對於宇宙奧秘的探究常常是以萬物爲一體的思維來把握，是故在方以智易學的宇宙論中，同樣能看到此一特點，經由上述的分析之後，對於「哲學」與「科學」的宇宙結構論兩者的特性，吾人歸納爲以下三點作說明：

其一，就探索的根源言：雖然「哲學」與「科學」的宇宙結構論兩者所研究的共同對象是「宇宙」，但是在探索宇宙根源的問題上，前者是爲經驗現象界之所以可能作出一超越根據，是以抽象概念之推衍與論證的過程來證成萬物背後的形上根源，如中國傳統哲學的「道」、「太極」、「易」等，這些都是先於經驗而獨立存在的本體概念。至於後者是在經驗現象界中找尋物質性的最終媒介，是以儀器觀測、理論推衍來掌握萬物的秩序性及其物性，如日月星辰的運轉周期、冷熱剛柔的屬性等。

其二，就研究的途徑言：前者是以哲學方法爲基礎來研究宇宙萬象，將

〔註346〕明末清初的知識份子中，對於傳教士利瑪竇所傳入的地圓說持反對態度者有王夫之。如王夫之在《思問錄外篇》中反駁曰：「渾天家言天地如雞卵，地處天中猶卵黃。黃雖重濁，白雖輕清，而白能涵黃使不墜於一隅爾，非謂地之果肖卵黃而圓如彈丸也。利瑪竇至中國而聞其說，執滯而不得其語外之意，遂謂地形之果如彈丸，因以其小慧附會之，而爲地球之象。人不能立乎地外以全見地，則言出而無與爲辨。乃就利瑪竇之言質之，其云地周圍盡於九萬里，則非有窮大而不可測者矣。……瑪竇身處大地之中，目力亦與人同，乃倚一遠鏡之技，死算大地爲九萬里，使中國有人爲如子瞻、元澤者，會不足以當其一笑，而百年以來，無有能窺其狂駭者，可歎也。」見氏著，《船山全集》全十六冊（長沙：嶽麓書社，1996年2月），冊十二，頁12：458～460。

存有與存在物視爲一整體，從因果法則的邏輯思辨中，導引出宇宙的起源問題。而後者是以科學方法爲基礎來研究宇宙萬物，僅將宇宙視爲一物質性的組成，強調量化的分析與統計，試圖發現萬物萬殊中所構成的基礎物質。

　　其三，就開展的結構言：前者是經由哲學的思辨與推衍而呈現出宇宙結構的面貌，它並不是經驗中所見的具體事物，而是抽象化的圖象所組成的宇宙結構，如上述方以智〈密衍〉中的「圖書式宇宙論」即爲其代表。然而，後者在科學儀器的輔助下，對於可感可見的事物，進行觀測、分析後，所形塑出來的宇宙結構，如上述九重天說的天體組成即是此一代表。